Saucen

365 unwiderstehliche
Rezepte

ANNE SHEASBY

Saucen

365 unwiderstehliche Rezepte

h.f.ullmann

Für Mum, Bunny und Sjeord

Originalausgabe erschienen unter dem Titel: The Big Book of Sauces
Konzipiert, erstellt und gestaltet von Duncan Baird Publishers Ltd

Copyright © Duncan Baird Publishers 2005
Text copyright © Anne Sheasby 2005
Fotografien copyright © Duncan Baird Publishers 2006

ISBN der Originalausgabe: 978-1-84483-156-2

Managing Designer: Manisha Patel
Art Director: Sailesh Patel
Studio-Fotografien: William Lingwood
Fotografie-Assistent: Estelle Cuthbert
Foodstyling: Lucy McKelvie
Requisitenstyling: Helen Trent

© 2010 für die deutsche Ausgabe: Tandem Verlag GmbH
h.f.ullmann ist ein Imprint der Tandem Verlag GmbH

Redaktion: Redaktionsbüro Holger Vornholt, Köln
Übersetzung aus dem Englischen: Holger Vornholt
Satz: Noch & Noch Satz- und Reprotechnik, Menden
Projektkoordination: Swetlana Dadaschewa
Gesamtherstellung: h.f.ullmann publishing, Königswinter, Deutschland

Coverdesign: Simone Sticker
Coverfoto: TLC Fotostudio GmbH

Printed in China

ISBN 978-3-8331-5777-6

10 9 8 7 6 5 4 3 2 1
X IX VIII VII VI V IV III II I

Anmerkung des Verlegers:
Die in diesem Buch zusammengestellten Rezepte, Informationen und Hinweise wurden von der Autorin und allen an der Veröffentlichung des Buches beteiligten Personen nach bestem Wissen erarbeitet und von ihnen und dem Verlag mit größtmöglicher Sorgfalt überprüft. Dennoch sind versehentliche inhaltliche Fehler und Auslassungen nicht völlig auszuschließen. Für etwaige fehlerhafte Angaben oder Probleme, die durch Zubereitung oder Verzehr der in den Rezepten beschriebenen Speisen auftreten, können Autorin, Verlag und Verlagsmitarbeiter keinerlei Haftung übernehmen. Schwangere, stillende Mütter und Personen, die eine spezielle Diät oder eine besondere Medikation befolgen, sollten ärztlichen Rat einholen, bevor sie eines der in diesem Buch enthaltenen Rezepte zubereiten.

Alle Rechte vorbehalten.

Um sich über Neuerscheinungen von h.f.ullmann zu informieren, fordern Sie bitte unseren Newsletter unter **www.ullmann-publishing.com** an.
h.f.ullmann, Im Mühlenbruch 1, 53639 Königswinter, Deutschland
newsletter@ullmann-publishing.com; Fax: +49 (0) 22 23-27 80-708

Inhalt

Einleitung	6
Grundwissen über Saucen	7
Rezepte für selbst gemachte Fonds	10
Grundsaucen	12
Klassische Saucen	26
Nudelsaucen	44
Saucen zu Fisch und Meeresfrüchten	64
Saucen zu Fleisch, Geflügel und Wild	82
Salsas und Würzsaucen	100
Salatsaucen und Dressings	118
Leichte Saucen	140
Herzhafte und süße Dips	158
Süße Saucen und Coulis	174
Register	206

Einleitung

Eine gute Sauce gibt vielen Gerichten erst den „letzten Schliff", indem sie die Aromen der meisten Speisen ergänzt und verstärkt, aber niemals überdeckt. Ein einfaches gegrilltes Steak, ein Stück Hühnerfleisch oder ein Fischfilet kann durch eine gute Sauce in etwas sehr Besonderes verwandelt werden. Saucen verleihen Gerichten nicht nur Aromen und Farbe, sondern auch „Biss". Es gibt eine riesige Auswahl an Saucen – ob herzhaft oder süß, üppig oder leicht, heiß oder kalt –, sodass für jeden Geschmack immer etwas Passendes dabei ist.

Die folgenden Seiten enthalten eine breite Palette an unwiderstehlichen Rezepten: Viele Grundsaucen und „Klassiker", köstliche Nudelsaucen, delikate Saucen zu Fisch, Fleisch und Geflügel und eine kreative Kollektion von Salsas und Würzsaucen, ergänzt durch wohlschmeckende Salatsaucen und Vinaigrettes. Auch ein Kapitel über leichtere, gesündere Saucen darf nicht fehlen – ideal für alle, die auf ihr Gewicht achten müssen. Herzhafte und süße Dips sind ebenfalls dabei, gefolgt von einer verlockenden Auswahl von köstlichen süßen Saucen und Coulis, denen man nur sehr schwer widerstehen kann! Neben dieser inspirierenden Kollektion von Rezepten, die zu allen Arten von Speisen und für alle Gelegenheiten passen, enthält dieses Buch zudem einen Grundkurs in der Saucenzubereitung.

Viele Rezepte sind schnell und leicht zuzubereiten, weil sie sich aus einer schier unüberschaubaren Menge von möglichen Zutaten auf die paar wenigen konzentrieren, die wirklich wichtig und auch leicht erhältlich sind. Nützliche Informationen etwa über Vorbereitungs- und Kochzeiten gibt es zu jedem einzelnen Rezept, ebenso verschiedene Servierempfehlungen. Informationen über die Anzahl der Portionen und die Menge der Sauce (wenn möglich) gibt es ebenfalls in jedem einzelnen Rezept. Variationen der Zutaten und nützliche Küchentipps finden sich am Ende vieler Rezepte.

Nun kann die Reise durch die wunderbare Welt der Saucen also beginnen – der Perfektion der Lieblingsgerichte steht in Zukunft nichts mehr im Wege!

Grundwissen über Saucen

DIE VERSCHIEDENEN SAUCEN-TYPEN

Saucen können sich in Struktur und im Geschmack erheblich voneinander unterscheiden, aber sie sollten – egal, ob dick oder dünn, glatt oder stückig, herzhaft oder süß – einen festen Bestandteil der bewährten Künste jedes Kochs bilden.

Es gibt zahlreiche verschiedene Saucen-Typen, darunter solche auf Basis einer Mehlschwitze, braune oder emulgierte Saucen, auf Gemüse basierende Saucen und Pürees, Bratensaucen und aromatisierte Butter, dazu noch Salsas, Würzsaucen, Salatsaucen und Vinaigrettes sowie herzhafte und süße Dips. Und nicht zu vergessen all die süßen Saucen, Fruchtpürees und Coulis, die zu den absoluten Favoriten vieler Leute zählen. Sie alle sind in diesem Buch enthalten.

GRUNDTECHNIKEN DER SAUCENZUBEREITUNG

SAUCEN EINDICKEN

Saucen können auf verschiedene Arten und zu verschiedenen Zeitpunkten eingedickt werden. Manche Saucen werden direkt zu Anfang mit einer Mehlschwitze eingedickt, andere wiederum am Ende durch Eigelb, Butter oder Sahne. Ein anderes Verdickungsmittel, das am Ende der Zubereitung eingesetzt wird, in Beurre manié, auch bekannt als „Mehlbutter" – gleiche Anteile von weicher Butter und Mehl werden zu einer weichen Paste verknetet, die man dann schrittweise in die kochende Sauce oder Flüssigkeit rührt, bis diese eindickt.

Man kann Saucen aber auch mit Speisestärke, Pfeilwurzpulver oder Kartoffelmehl eindicken, indem man diese Pulver mit ein wenig kalter Flüssigkeit wie Wasser oder Milch vermengt und in die heiße Sauce rührt, bis diese aufkocht und eindickt. Mit Pfeilwurzpulver oder Kartoffelmehl eingedickte Saucen müssen sofort serviert werden, denn wenn sie länger als 1 Minuten weiter köcheln, verlieren sie ihre Bindekraft und werden wieder dünn. Mit Speisestärke eingedickte Saucen müssen dagegen noch 2–3 Minuten weiter köcheln, um die Speisestärke zu garen.

AUF MEHLSCHWITZEN BASIERENDE SAUCEN

Eine Mehlschwitze ist eine Mischung aus gleichen Teilen Butter und Mehl, die eine Zeitlang zusammen erhitzt werden, bevor man Flüssigkeit angießt. Man schmilzt die Butter, rührt das Mehl ein, und fertig ist die Mehlschwitze. Sie wird je nach Rezept nun noch für eine bestimmte Zeit weiter erhitzt.

Für eine klassische helle Béchamelsauce wird die Mehlschwitze zwar eine Zeit gekocht, aber nicht gebräunt, während die Mehlschwitze bei braunen Saucen wie der Spanischen Sauce erhitzt wird, bis sie bräunt. Die Flüssigkeit – meist Milch oder Fond – wird nun schrittweise in die Mehlschwitze eingerührt. Die Mischung wird sanft erhitzt, bis sie aufkocht und eindickt. Dabei muss sie unbedingt ständig gerührt werden. Die eingedickte Sauce muss nun noch 2–3 Minuten sanft köcheln, damit sich der Mehlgeschmack verliert. Aus demselben Grund lässt man Saucen, bei denen man Butter, Mehl und Flüssigkeit gleichzeitig in den Topf gibt und dann unter ständigem Rühren aufkocht, bis die Sauce eindickt, noch 3–4 Minuten vor dem Servieren weiter köcheln.

EMULGIERTE SAUCEN

Es gibt zwei verschiedene Arten von emulgierten Saucen – einmal die heiße Butter-Emulsion wie in der Sauce Hollandaise oder der Beurre blanc, und zum anderen die kalte Emulsion von Öl und Eigelb wie in Mayonnaise. Bei einer Butter-Emulsion wird die ursprüngliche Flüssigkeit zunächst während des Kochens reduziert, damit die Sauce einen intensiveren Geschmack erhält. Dieser wird dann durch das Eindicken mit Butter oder Eiern noch einmal verstärkt.

SAUCEN REDUZIEREN

Eine andere Methode, Saucen oder Fonds einzudicken, besteht darin, sie ohne Deckel sehr stark zu kochen, damit Flüssigkeit verdampft und die Sauce dadurch an Volumen verliert. Die Zeit für das Reduzieren richtet sich nach der Menge der Flüssigkeit. Allerdings ist zu beachten, Saucen vor dem Reduzieren nicht zu würzen, da sich durch das Einkochen die Aromen der Sauce verstärken.

Wenn der Fond oder die Sauce reduziert ist, muss man sämtliche Verunreinigungen von der Oberfläche entfernen, am besten mit einem Schaumlöffel. Auf keinen Fall darf diese Methode bei Saucen angewendet werden, die Eier oder Joghurt enthalten, da diese dann sofort gerinnen. Schnelle Sahnesaucen können normalerweise durch Einkochen reduziert werden, auch wenn bei Crème fraîche dabei ebenfalls die Gefahr des Gerinnens besteht.

FRUCHTPÜREES UND COULIS

Fruchtpürees und Coulis sind einfach herzustellen. Aus ihnen entstehen köstlichen Fruchtsaucen, die perfekt zu Desserts wie frischen Früchten, Eiscreme, Sorbets, Obsttorten und Schaumgebäck wie Meringues passen. Zudem verleihen sie den Desserts auch optisch den „letzten Schliff". Fruchtcoulis entstehen aus pürierten rohen oder leicht gekochten Früchten. Dann gibt man das Püree durch ein Sieb, süßt es und aromatisiert es eventuell noch mit Likör. So entsteht eine delikate und intensiv gefärbte Fruchtsauce.

Am besten eignen sich Obstsorten wie Himbeeren, Erdbeeren, gemischte Beeren, Mangos, Pfirsiche und Aprikosen für die Herstellung von Fruchtcoulis. Manche Frucht- oder Gemüsesaucen können auch dadurch eingedickt werden, dass man sie mit dem Handrührgerät, im Mixer oder in der Küchenmaschine püriert.

SÄMIGE SAUCEN

Um Saucen schnell und effektiv sämiger zu machen, einfach ein wenig kalte, gewürfelte ungesalzene Butter in die fertige Sauce mischen – sie erhält dadurch einen reicheren, cremigen Geschmack. Dadurch wird die Sauce gleichzeitig ein wenig angedickt und bekommt einen leichten Glanz.

SELBST GEMACHTE FONDS

Ein guter selbst gemachter Fond macht im Geschmack der fertigen Sauce den entscheidenden Unterschied. Deshalb lohnt sich der geringe Aufwand, den die Herstellung eines Fonds bereitet. Selbst gemachten Fond kann man sehr gut einfrieren, deshalb sollte man immer gleich eine größere Menge davon kochen. Dann abkühlen lassen und dann in handlichen, kleinen Portionen einfrieren. So hat man für die Zukunft immer etwas davon passend zur Hand. Entscheidend ist auch hier die Verwendung erstklassiger, frischer Zutaten, damit ein geschmackvoller Fond entstehen kann, der als Grundlage für eine breite Palette von köstlichen Saucen dient.

Heute gibt es auch eine ganze Reihe von verbesserten Fertigprodukten auf dem Markt, darunter Brühwürfel, lösliche Brühe, Instant-Bouillon, Fond-Konzentrate und gekühlter frischer Fond. Zahlreiche wichtige Rezepte in diesem Buch basieren auf selbst gemachtem Fond, aber wer ein wenig in Zeitdruck ist und eine schnelle Lösung sucht, sollte eher zu Instant-Bouillon, Fond-Konzentraten oder gekühltem frischem Fond greifen als zu Brühwürfeln oder löslicher Brühe. Gekaufte Brühwürfel und lösliche Brühe sind oftmals stark und sehr salzig und sollten deshalb nur sparsam verwendet werden. Man beachte auf jeden Fall die Rezeptauswahl für die wichtigsten selbst gemachten Fonds auf den Seiten 10–11, die für viele Rezepte dieses Buches wichtig sind.

DIE AUSRÜSTUNG DES SAUCENKOCHS

Die Ausrüstung für das Zubereiten von Saucen beschränkt sich auf ein paar grundlegende Dinge. Ein qualitativ hochwertiger kleiner bis mittelgroßer Topf ist nötig, um einen langsamen, gleichmäßigen Garprozess sicherzustellen. Kupfertöpfe sind ideal, aber sehr teuer, sodass ein Edelstahltopf von guter Qualität eine vernünftige Wahl darstellt. Am besten sind Saucentöpfe mit Stielgriff. Sehr nützlich ist auch ein Wasserbadtopf oder eine Bain-Marie – vor allem bei der Zubereitung von Saucen, bei denen es auf sanftes, gleichmäßiges Erhitzen ankommt, beispielsweise bei einer Crème Anglaise.

Ein hochwertiger Schneebesen aus rostfreiem Stahl ist unverzichtbar, um die Bildung von Klumpen in der Sauce zu verhindern und Saucen schön glattzurühren. Auch ein einfacher Holzlöffel wird auf jeden Fall benötigt.

Ein Nylonsieb ist ideal, um Fruchtpürees zu filtern oder Coulis zu bereiten. Es ist besser als ein Stahlsieb, denn dieses könnte einen leicht metallischen Geschmack an die Sauce abgeben oder deren Farbe verfälschen, vor allem bei säurehaltigen Fruchtsaucen. Deshalb lieber das Nylonsieb verwenden. Hilfreich ist auch eine konische Form des Siebes, wenn man Saucen oder Fonds in kleinere Behälter abseihen will.

Für die Zubereitung mancher Saucen ist auch ein kleiner Mixer oder eine Küchenmaschine unverzichtbar. Mörser und Stößel hingegen sind sehr nützlich bei der Herstellung von Pestos und anderen dicken Saucen. Auf dem Markt sind mittlerweile auch elektrische Saucenkocher erhältlich.

SAUCEN SERVIEREN

Manche Saucen werden heiß serviert, anderer vorzugsweise kalt, und bei manchen Saucen geht beides. Jedes Rezept in diesem Buch enthält eine Empfehlung, bei welcher Temperatur die jeweilige Sauce serviert werden sollte. Wenn eine eingedickte Sauce wie etwa Crème Anglaise kalt auf den Tisch kommen soll, muss ihre Oberfläche nach der Zubereitung mit Fettpapier oder Backpapier abgedeckt werden, damit sich beim Abkühlen keine Haut bildet. Dies gilt ebenso für Saucen, die im Voraus zubereitet und später wieder aufgewärmt werden sollen.

„ERSTE HILFE" FÜR SAUCEN

WIE MAN KLUMPIGE ODER GERONNENE SAUCEN RETTET
- Um eine klumpige Sauce zu retten, einfach rigoros mit dem Schneebesen rühren, bis die Sauce glatt wird. Alternativ kann man die Sauce auch im Mixer oder in der Küchenmaschine glatt pürieren oder sie durch ein Sieb gießen, um die Klumpen zu entfernen.
- Bei der Zubereitung emulgierter Saucen wie Mayonnaise oder Sauce Hollandaise kann die Benutzung eines Mixers oder einer Küchenmaschine verhindern, dass die Sauce gerinnt oder auseinanderfällt.
- Wenn eine emulgierte Sauce wie etwa Sauce Hollandaise Anzeichen der Gerinnung zeigt, sofort einen Eiswürfel dazugeben und gründlich glattrühren. Die Sauce sollte sich dann erneut verbinden.
- Wird eine emulgierte Sauce wie etwa Beurre Blanc während der Zubereitung fettig oder zerfällt sogar, ist sie zu heiß geworden. Einfach einen Eiswürfel dazugeben und gründlich glattrühren, das sollte die Sauce retten.
- Bei der Zubereitung einer emulgierten Sauce wie Mayonnaise müssen alle Zutaten Zimmertemperatur haben. Wenn die Eier direkt aus dem Kühlschrank kommen, wird die Mayonnaise wahrscheinlich gerinnen.
- Bei der Zubereitung einer Sauce mit Ei wie etwa Crème Anglaise 1 Teelöffel Speisestärke zu der Eier-Zucker-Mischung dazugeben, um das Risiko der Gerinnung zu reduzieren. Wenn die Sauce eingedickt ist, einfach noch etwas köcheln lassen, damit sich der Geschmack der Speisestärke verliert.
- Wenn eine mit Ei zubereitete Sauce Anzeichen der Gerinnung oder des Auseinanderfallens zeigt, schnell in eine saubere Schüssel füllen, einen oder zwei Eiswürfel dazugeben und kräftig rühren, um die Sauce abzukühlen – nun sollte sie wieder geschmeidig werden.

ANMERKUNGEN ZU DEN REZEPTEN

- Alle Maßangaben mit Löffeln meinen gestrichene Löffel, wenn nicht ausdrücklich anders vermerkt (1 EL = 1 Esslöffel, 1 TL = 1 Teelöffel, 2 EL = 2 Esslöffel, 2 TL = 2 Teelöffel usw.)
- Wenn nicht ausdrücklich anders vermerkt, sollten Eier der Größe „medium" verwendet werden.
- In den betreffenden Rezepten werden Backtemperaturen für Elektroherde und Gasherde angegeben. Für einen Umluftherd verringern sich die angegebenen Temperaturen um ca. 20 °C, möglicherweise verändert sich auch die Garzeit. Für die genaue Einstellung des eigenen Herdes sollte man in der Bedienungsanleitung des Herstellers nachschauen.
- Einige Rezepte in diesem Buch sehen die Verwendung von rohen oder nur leicht gekochten Eiern vor. Diese Rezepte eignen sich nicht für Babys, Kleinkinder, Schwangere, ältere Personen oder Kranke.

Rezepte für selbst gemachte Fonds

GEMÜSEFOND

VORBEREITUNGSZEIT *15 Minuten* **KOCHZEIT** *1 Stunde 15 Minuten* **ERGIBT** *ca. 1,2 l*

- 1 große Zwiebel, gehackt
- 2 Stangen Lauch, gewaschen & geschnitten
- 2 Karotten, in Scheiben geschnitten
- 4 Stangen Sellerie, gehackt
- 175 g Steckrübe, gewürfelt
- 1 Pastinake in dicken Scheiben
- 1 frisches Bouquet garni oder 2 Lorbeerblätter
- 8 schwarze Pfefferkörner
- 1/2 TL Meersalz
- 1,7 l Wasser

1. Das Gemüse mit dem Bouquet garni oder den Lorbeerblätter, dem Pfeffer und dem Salz in einen großen Topf geben. Das Wasser auffüllen und gut vermischen.
2. Langsam aufkochen, dann bei reduzierter Hitze teilweise zugedeckt ca. 1 Stunde sanft köcheln lassen. Regelmäßig den Schaum abschöpfen, der sich an der Oberfläche bildet.
3. Vom Herd nehmen und leicht abkühlen, dann den Fond durch ein Sieb abgießen. Noch einmal abschmecken und dann abkühlen lassen.
4. Sofort verwenden oder zugedeckt im Kühlschrank bis zu 3 Tage aufbewahren.

VARIATION *Anstelle der Zwiebel kann man 6 Schalotten verwenden.*
KÜCHENTIPP *Dieser Fond hält sich eingefroren im verschlossenen Behälter bis zu 3 Monate.*

FISCHFOND

VORBEREITUNGSZEIT *10 Minuten* **KOCHZEIT** *45 Minuten* **ERGIBT** *ca. 850 ml*

- 1 kg rohe Gräten und Fischfetzen, gewaschen
- 1 große Zwiebel, gehackt
- 2 Karotten, in Scheiben geschnitten
- 3 Stangen Sellerie, gehackt
- 1 Lorbeerblatt
- 1 kleines Bund frische Petersilie
- Meersalz & frisch gemahlener schwarzer Pfeffer
- 1 l Wasser

1. Den Fisch mit dem Gemüse in einen großen Topf geben. Lorbeerblatt, Petersilie, Gewürze und wasser dazugeben und gut vermischen.
2. Langsam aufkochen, dann bei reduzierter Hitze teilweise zugedeckt ca. 30 Minuten sanft köcheln lassen. Regelmäßig den Schaum abschöpfen, der sich an der Oberfläche bildet.
3. Vom Herd nehmen und leicht abkühlen, dann den Fond durch ein Sieb abgießen. Noch einmal abschmecken und dann abkühlen lassen.
4. Sofort verwenden oder zugedeckt im Kühlschrank bis zu 2 Tage aufbewahren.

VARIATION *Anstelle der Zwiebel 2 Stangen Lauch oder 6 Schalotten verwenden. Die Karotten durch 2 Pastinaken ersetzen.*
KÜCHENTIPP *Dieser Fond hält sich eingefroren im verschlossenen Behälter bis zu 1 Monat.*

FLEISCHFOND (RIND ODER LAMM)

VORBEREITUNGSZEIT *15 Minuten* **KOCHZEIT** *2 Stunden 45 Minuten* **ERGIBT** *ca. 700 ml*

- 450 g Suppenfleisch vom Rind oder Lammschulter, gewürfelt
- 450 g rohe Rinder- oder Lammknochen
- 1,7 l Wasser
- 6 Schalotten oder 1 große Zwiebel, gehackt
- 2 Karotten, in Scheiben geschnitten
- 1 Steckrübe, gehackt
- 2 Stangen Sellerie, gehackt
- 1 frisches Bouquet garni oder 2 Lorbeerblätter
- Meersalz & frisch gemahlener schwarzer Pfeffer

1. Den Backofen auf 220 °C (Gas Stufe 7) vorheizen. Das Fleisch und die Knochen auf dem Backblech ca. 30 Minuten braun braten, gelegentlich umrühren.
2. Fleisch, Knochen und Bratensaft in einen großen Topf geben. Wasser, Gemüse, Bouquet garni oder Lorbeerblatt sowie Gewürze dazugeben und gut vermischen.
3. Langsam aufkochen, dann bei reduzierter Hitze teilweise zugedeckt ca. 2 Stunden sanft köcheln lassen. Regelmäßig Schaum und Fett abschöpfen, die sich an der Oberfläche bilden.
4. Vom Herd nehmen und leicht abkühlen, dann den Fond durch ein Sieb abgießen. Noch einmal abschmecken und dann abkühlen lassen.
5. Sofort verwenden oder zugedeckt im Kühlschrank bis zu 2 Tage aufbewahren. Vor der Weiterverarbeitung nach Belieben das Fett von der Oberfläche entfernen.

VARIATION *Anstelle der Zwiebel oder Schalotten 2 Stangen Lauch verwenden.*
KÜCHENTIPP *Dieser Fond hält sich eingefroren im verschlossenen Behälter bis zu 3 Monate.*

GEFLÜGELFOND

VORBEREITUNGSZEIT *10 Minuten* **KOCHZEIT** *2 Stunden 15 Minuten* **ERGIBT** *ca. 700 ml*

- 1 Suppenhuhn
- 1 große Zwiebel, gehackt
- 2 Karotten, in Scheiben geschnitten
- 2 Stangen Sellerie, gehackt
- 2 Lorbeerblätter
- Meersalz & frisch gemahlener schwarzer Pfeffer
- 1,7 l Wasser

1. Alle Zutaten in einen großen Topf geben und gut miteinander vermischen.
2. Langsam aufkochen, dann bei reduzierter Hitze teilweise zugedeckt ca. 2 Stunden sanft köcheln lassen. Regelmäßig Schaum und Fett abschöpfen, die sich an der Oberfläche bilden.
3. Vom Herd nehmen und leicht abkühlen, dann den Fond durch ein Sieb abgießen. Noch einmal abschmecken und dann abkühlen lassen.
4. Sofort verwenden oder zugedeckt im Kühlschrank bis zu 3 Tage aufbewahren. Vor der Weiterverarbeitung nach Belieben das Fett von der Oberfläche entfernen.

VARIATION *Anstelle des Suppenhuhns die fleischige Karkasse von 1 Pute verwenden. Die Zwiebel durch 6 Schalotten ersetzen.*
KÜCHENTIPP *Dieser Fond hält sich eingefroren im verschlossenen Behälter bis zu 3 Monate.*

KAPITEL 1
GRUNDSAUCEN

Grundsaucen sind ein wichtiger Bestandteil der Küche, jeder Koch sollte ihre Zubereitung beherrschen. Dieses Kapitel bietet eine große Auswahl von köstlichen Grundsaucen, die man – einfach so, wie sie sind – bereits hervorragend zu Fleisch, Fisch oder Gemüse servieren kann. Darüber hinaus enthält es aber auch weitere wichtige Grundsaucen, die als Basis für verlockende Rezepte wie Fleisch- oder Gemüselasagne dienen können, wie etwa die feine Tomatensauce.

Grundsaucen sind einfach herzustellen und eignen sich besonders für die „Anfänger" unter den Saucenköchen. Sie können – genau wie die „Fortgeschrittenen" – in diesem Kapitel aus einem umfassenden Angebot wählen, von heller Grundsauce über Käsesauce (Sauce Mornay), schnelle Tomatensauce, fruchtige süßsaure Sauce, Brotsauce, Minzsauce, traditionelle Bratensauce, Creme aus frischem Meerrettich, pikante Sataysauce bis hin zu Tomatenketchup. Auch ein Rezept für glutenfreie helle Grundsauce ist enthalten – ideal für alle, die unter einer Gluten-Unverträglichkeit leiden.

001 HELLE GRUNDSAUCE

VORBEREITUNGSZEIT 5 Minuten **KOCHZEIT** 10 Minuten **FÜR 4 PERSONEN** Ergibt ca. 300 ml

15 g Butter
15 g Mehl
300 ml Milch

Meersalz & frisch gemahlener schwarzer Pfeffer

1 Die Butter in einem kleinen Topf schmelzen, das Mehl hinzufügen und unter ständigem Rühren 1 Minute lang kochen lassen. Den Topf vom Herd nehmen und schrittweise die Milch unterrühren.
2 Den Topf erneut auf den Herd setzen und den Inhalt langsam aufkochen. Dabei umrühren, bis die Sauce eindickt und glatt wird. Noch 2–3 Minuten unter ständigem Rühren sanft köcheln lassen. Mit Salz und Pfeffer abschmecken und heiß servieren.

SERVIEREMPFEHLUNGEN *Passt zu Schinkenbraten vom Schwein oder gebratener Hühnerbrust, aber auch zu gegrillten Schollen- oder Seezungenfilets sowie zu Saubohnen oder grünen Bohnen.*

002 KÄSESAUCE (SAUCE MORNAY)

VORBEREITUNGSZEIT 5 Minuten **KOCHZEIT** 10 Minuten **FÜR 4 PERSONEN** Ergibt ca. 300 ml

15 g Butter
15 g Mehl
300 ml Milch

1 TL Dijon-Senf
55 g reifer Cheddar oder Greyerzer, fein gerieben

Meersalz & frisch gemahlener schwarzer Pfeffer

1 Die Butter in einem kleinen Topf schmelzen, das Mehl hinzufügen und unter ständigem Rühren 1 Minute lang kochen lassen. Den Topf vom Herd nehmen und schrittweise die Milch unterrühren.
2 Den Topf erneut auf den Herd setzen und den Inhalt langsam aufkochen. Dabei umrühren, bis die Sauce eindickt und glatt wird. Noch 2–3 Minuten unter ständigem Rühren sanft köcheln lassen.
3 Erneut vom Herd nehmen und den Senf untermischen, danach den Käse einrühren, bis er geschmolzen ist. Mit Salz und Pfeffer abschmecken und heiß servieren.

SERVIEREMPFEHLUNGEN *Passt zu Fischfrikadellen vom Grill, aus der Pfanne oder aus dem Backofen, aber auch zu gekochtem Blumenkohl oder zu Brokkoli.*

003 GLUTENFREIE HELLE GRUNDSAUCE

VORBEREITUNGSZEIT 5 Minuten **KOCHZEIT** 10 Minuten **FÜR 4 PERSONEN** Ergibt ca. 300 ml

2 EL Speisestärke
300 ml Milch

15 g Butter

Meersalz & frisch gemahlener schwarzer Pfeffer

1 Die Speisestärke in einer Schüssel mit 4 Esslöffel Milch zu einer weichen Paste vermengen. Die restliche Milch in einem Topf bei mittlerer Hitze aufkochen, dann über die Paste geben und alles gründlich verrühren, damit keine Klumpen entstehen.
2 Die Mischung in den Topf zurückgeben und unter ständigem Rühren langsam aufkochen, bis die Sauce eindickt.
3 Die Hitze reduzieren und die Sauce 2–3 Minuten sanft köcheln lassen, dann die Butter unterrühren, bis sie völlig geschmolzen ist. Mit Salz und Pfeffer abschmecken und heiß servieren.

SERVIEREMPFEHLUNGEN *Passt zu gegrilltem oder gebratenem Heilbutt oder zu gekochten Saubohnen.*

004 SCHNELLE TOMATENSAUCE

VORBEREITUNGSZEIT 5 Minuten **KOCHZEIT** 40 Minuten **FÜR 4–6 PERSONEN** Ergibt ca. 800 ml

- 1 EL Olivenöl
- 1 Zwiebel, fein gehackt
- 2 Knoblauchzehen, gepresst
- 2 Dosen gehackte Tomaten à 400 g
- 2 EL Tomatenmark
- 2 EL halbtrockener Sherry oder Rotwein
- ½ TL hellbrauner Zucker
- Meersalz & frisch gemahlener schwarzer Pfeffer
- 1 EL frische gemischte Kräuter, gehackt (nach Belieben)

1. Das Öl in einem Topf erhitzen, Zwiebel und Knoblauch hinzugeben und 8–10 Minuten sanft weich dünsten.
2. Tomaten, Tomatenmark, Sherry oder Rotwein und Zucker hinzugeben und alles gut vermischen. Mit Salz und Pfeffer abschmecken.
3. Aufkochen und ohne Deckel ca. 25 Minuten kochen lassen, bis die Sauce genügend eingedickt ist. Dabei gelegentlich umrühren.
4. Die Kräuter unterrühren (wenn erwünscht), abschmecken und heiß servieren.

SERVIEREMPFEHLUNGEN *Passt gut zu gegrillten Lammkoteletts oder Hähnchenschenkeln.*

005 FEINE TOMATENSAUCE

VORBEREITUNGSZEIT 5 Minuten **KOCHZEIT** 45 Minuten **FÜR 4–6 PERSONEN** Ergibt ca. 850 ml

- 40 g Butter
- 1 rote Zwiebel, fein gehackt
- 2 Knoblauchzehen, gepresst
- 2 Dosen gehackte Tomaten à 400 g
- 150 ml Rotwein
- 2 EL Tomatenmark
- ½ TL Kristallzucker
- 1 Bouquet garni
- Meersalz & frisch gemahlener schwarzer Pfeffer

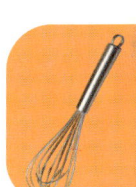

1. Die Butter in einem Topf schmelzen, Zwiebel und Knoblauch hinzufügen und ca. 10 Minuten sanft weich dünsten.
2. Tomaten, Rotwein, Tomatenmark, Zucker und das Bouquet garni hinzugeben und gut mischen. Aufkochen, dann die Hitze reduzieren und ohne Deckel ca. 30 Minuten sanft köcheln lassen, bis die Sauce genügend eingedickt ist. Dabei gelegentlich umrühren.
3. Das Bouquet garni entfernen, mit Salz und Pfeffer abschmecken und heiß servieren.

SERVIEREMPFEHLUNGEN *Passt zu Nudelgerichten wie etwa Tagliatelle oder Fusili, zu Fleischbällchen oder gekochtem Gemüse, aber auch als Grundlage für eine Lasagne.*

006 SARDELLENSAUCE

VORBEREITUNGSZEIT 5 Minuten **KOCHZEIT** 10 Minuten **FÜR 4–6 PERSONEN** Ergibt ca. 350 ml

- 15 g Butter
- 15 g Mehl
- 300 ml Milch
- 50 g Sardellen in Öl aus der Dose, abgetropft und fein gehackt
- 1 EL frischer Zitronensaft
- Meersalz & frisch gemahlener schwarzer Pfeffer

1. Die Butter in einem kleinen Topf schmelzen, das Mehl 1 Minute lang einrühren. Vom Herd nehmen und schrittweise die Milch unterrühren.
2. Den Topf erneut auf den Herd setzen und den Inhalt langsam aufkochen. Dabei umrühren, bis die Sauce eindickt und glatt wird. Noch 2–3 Minuten sanft köcheln lassen.
3. Die Sardellen und den Zitronensaft einrühren und erneut sanft erhitzen. Mit Salz (wenn nötig) und Pfeffer abschmecken und heiß servieren.

SERVIEREMPFEHLUNGEN *Passt zu gegrillten oder gebratenen Thunfisch-Steaks oder Krabben.*

007 PETERSILIENSAUCE

VORBEREITUNGSZEIT *5 Minuten* **KOCHZEIT** *10 Minuten* **FÜR 4 PERSONEN** *Ergibt ca. 300 ml*

15 g Butter
15 g Mehl
300 ml Milch

2–3 EL frische Petersilie, fein gehackt

Meersalz & frisch gemahlener schwarzer Pfeffer

1 Die Butter in einem kleinen Saucentopf schmelzen, das Mehl 1 Minute lang einrühren. Vom Herd nehmen und schrittweise die Milch unterrühren.
2 Den Topf auf den Herd setzen und den Inhalt langsam aufkochen, bis die Sauce eindickt und glatt wird. Noch 2–3 Minuten unter ständigem Rühren sanft köcheln lassen.
3 Die Petersilie einrühren und erneut sanft erhitzen. Mit Salz und Pfeffer abschmecken und heiß servieren.

SERVIEREMPFEHLUNGEN *Passt zu gebratenen Kabeljau- oder Schellfischfilets, aber auch zu Krustenbraten vom Schwein, zu Saubohnen, Zuckermais oder frischem Spinat.*
VARIATIONEN *150 ml Milch kann man durch dieselbe Menge Gemüsefond oder Crème double ersetzen. Anstelle der Petersilie passen 1–2 Esslöffel frische, fein gehackte gemischte Kräuter.*
KÜCHENTIPP *Wenn die Petersiliensauce dicker werden soll, einfach die Mengen von Butter und Mehl auf je 25 g erhöhen. Ansonsten bleibt das Rezept gleich.*

008 TRADITIONELLE BRATENSAUCE

VORBEREITUNGSZEIT *5 Minuten* **KOCHZEIT** *30 Minuten* **FÜR 2–4 PERSONEN** *Ergibt ca. 175 ml*

- 25 g weiche Butter
- 15 g Mehl
- 1 kleine Zwiebel, grob gehackt
- 250 ml Fleisch- oder Hühnerfond *(siehe Rezepte auf Seite 11)* oder Kochwasser vom Gemüse, sowie den gesamten Bratensaft vom Fleisch
- 50 ml Rot- oder Weißwein (oder 50 ml Brühe)
- 1 TL Hefeextrakt
- 1 TL getrocknete gemischte Kräuter
- Meersalz & frisch gemahlener schwarzer Pfeffer

1. 15 g Butter in einer kleinen Schüssel mit dem Mehl vermengen, bis eine gut durchmischte Beurre manié entsteht (siehe Küchentipp unten). Beiseite stellen.
2. Die restliche Butter in einem kleinen Topf schmelzen, die Zwiebel hinzufügen und 8–10 Minuten sanft weich dünsten.
3. Den Fond oder das Gemüsewasser und den Bratensaft, den Wein, den Hefeextrakt und die Kräuter unterrühren. Aufkochen, dann bei reduzierter Hitze zugedeckt 5 Minuten köcheln lassen.
4. Mit einem Schaumlöffel die Zwiebel entfernen. Die Flüssigkeit erneut aufkochen, dann die Beurre manié stückweise hinzugeben. Dabei ständig rühren, damit sich die Butter gut in der Flüssigkeit auflöst. Fortfahren, bis die gesamte Beurre manié in der Sauce aufgelöst ist.
5. Unter ständigem Rühren weiterkochen, bis die Sauce eindickt. Weitere 5 Minuten köcheln lassen, dabei ständig weiter umrühren. Mit Salz (wenn nötig) und Pfeffer abschmecken und heiß servieren.

SERVIEREMPFEHLUNGEN *Passt zu Rinder-, Lamm-, Schweine- oder Truthahnbraten oder Brathähnchen, aber auch gut zu Leber, Nieren und Schinkenspeck aus der Bratpfanne.*
VARIATIONEN *Statt der Zwiebel 2 Schalotten verwenden. Ein wenig Bratensatz in die Sauce mischen, wenn ein intensiverer Geschmack und eine dunklere Farbe erwünscht sind.*
KÜCHENTIPP *Beurre manié, auch als Mehlbutter bekannt, wird am Ende der Zubereitung zur Sauce hinzugegeben, um diese einzudicken. Man verknetet gleiche Anteile von Butter und Mehl zu einer weichen Paste, die dann nach und nach in die kochende Sauce eingerührt wird, bis diese eindickt.*

009 CREME AUS FRISCHEM MEERRETTICH

VORBEREITUNGSZEIT *15 Minuten* **KOCHZEIT** *keine* **FÜR 4–6 PERSONEN** *Ergibt ca. 250 ml*

- 150 ml Crème double
- 2–3 EL frischer Meerrettich, gerieben (nach Belieben)
- 2 TL Weißweinessig
- Meersalz & frisch gemahlener schwarzer Pfeffer
- 1 kleine Prise feinster Kristallzucker

1. Die Crème double in eine Schüssel geben und so lange steif schlagen, bis dicke Spitzen stehen bleiben. Beiseite stellen.
2. In einer anderen Schüssel den Meerrettich mit dem Essig vermischen, dann die Mixtur vorsichtig unter die geschlagene Crème double heben.
3. Mit Salz, Pfeffer und Zucker abschmecken. Abdecken und bis zum Servieren in den Kühlschrank stellen.

SERVIEREMPFEHLUNGEN *Passt zu warmem oder kaltem Rinderbraten oder zu Makrele, Lachs oder Forelle, entweder gebraten oder geräuchert.*

010 BROTSAUCE

VORBEREITUNGSZEIT *40 Minuten* **KOCHZEIT** *15 Minuten* **FÜR 4–6 PERSONEN** *Ergibt ca. 350 ml*

4 ganze Gewürznelken
1 kleine Zwiebel, geschält
6 schwarze Pfefferkörner
1 kleines Lorbeerblatt
1 Zweig frischer Thymian

300 ml Milch
85 g frische weiße
 Brotkrümel
15 g Butter, gewürfelt

Meersalz & frisch gemahlener
 schwarzer Pfeffer
frisch geriebene Muskatnuss
 (nach Belieben)
2 EL Schmand

1 Die Nelken in die ganze Zwiebel stecken und mit den Pfefferkörnern, dem Lorbeerblatt, dem Thymian und der Milch in einen Topf geben. Langsam aufkochen, dann vom Herd nehmen und 30 Minuten stehen lassen.
2 Die Milch in einen sauberen Topf abseihen, die Zwiebel, Gewürze und Kräuter nicht mehr verwenden. Die Brotkrümel in die Milch einrühren, dann langsam aufkochen und unter ständigem Rühren 5–10 Minuten köcheln lassen, bis die Sauce eindickt.
3 Die Butter unterrühren, bis sie geschmolzen ist, dann mit Salz, Pfeffer und Muskatnuss (wenn erwünscht) abschmecken. Den Schmand unterrühren und sofort servieren.

SERVIEREMPFEHLUNGEN *Passt zu traditionellem Truthahnbraten oder Rebhuhn.*

011 APFELSAUCE

VORBEREITUNGSZEIT *10 Minuten* **KOCHZEIT** *10–15 Minuten* **FÜR 4 PERSONEN**

450 g Kochäpfel, geschält,
 von den Kerngehäusen
 befreit & und in Stücke
 geschnitten

25 g Butter
½ TL fein abgeriebene
 Zitronenschale (nach
 Belieben)

1 Prise hellbrauner Zucker
 (nach Belieben)

1 Die Äpfel und die Butter mit 2–3 Esslöffel Wasser in einen kleinen Topf geben und die Zitronenschale hinzufügen (wenn erwünscht). Zugedeckt ca. 10 Minuten sanft kochen lassen, bis die Äpfel weich sind, dabei gelegentlich umrühren.
2 Den Topf vom Herd nehmen und die Äpfel mit einem Holzlöffel zu Püree verarbeiten.
3 Mit ein wenig Zucker abschmecken (wenn erwünscht). Zum Abkühlen beiseite stellen und warm oder kalt servieren.

SERVIEREMPFEHLUNGEN *Passt zu Schwein, Pute, Ente oder Gans.*

012 MINZSAUCE

VORBEREITUNGSZEIT *10 Minuten, plus Standzeit* **KOCHZEIT** *keine* **FÜR 4 PERSONEN** *Ergibt ca. 3 Esslöffel*

1 kleines Sträußchen frische
 Minze, ohne Stängel
2 TL feinster Zucker

1 EL kochendes Wasser
1 EL Weißweinessig

1 Die Minzeblätter waschen, trocken schütteln, fein wiegen und mit dem Zucker in eine kleine Schüssel geben.
2 Das kochende Wasser über die Minzeblätter und den Zucker schütten und sorgfältig umrühren, dann ca. 5 Minuten beiseite stellen, bis der Zucker sich aufgelöst hat.
3 Den Essig dazugeben und alles gut vermischen. Beiseite stellen und vor dem Servieren 1–2 Stunden ruhen lassen. Bei Zimmertemperatur servieren.

SERVIEREMPFEHLUNGEN *Passt zu gegrillten oder gebratenen Lammsteaks, -koteletts oder -würstchen.*

013 CRANBERRY-ORANGEN-SAUCE

VORBEREITUNGSZEIT *5 Minuten* **KOCHZEIT** *30 Minuten* **FÜR 6–8 PERSONEN** *Ergibt ca. 300 ml*

1 kleine Orange
225 g frische Cranberries
115 g feinster Kristallzucker
150 ml Wasser
1–2 EL Ruby Port (nach Belieben)

1. Mit dem Zestenreißer die Orangenschale fein abreiben, dann den Saft auspressen. Den Orangensaft mit den Cranberries, dem Zucker und dem Wasser in einen Topf geben.
2. Langsam aufkochen und dann 20–30 Minuten ohne Deckel kochen lassen, bis die Cranberries weich sind, dabei gelegentlich umrühren.
3. Den Topf vom Herd nehmen und den Inhalt leicht abkühlen lassen. Mit dem Schaumlöffel die Hälfte der Cranberries in eine Schüssel umfüllen. Die restlichen Cranberries mit dem Fruchtsaft im Mixer oder in der Küchenmaschine pürieren.
4. Das Cranberry-Püree zu den Cranberries in die Schüssel geben, dann die Orangenschale und den Portwein (wenn erwünscht) zufügen und alles gut vermischen. Weiter abkühlen lassen und warm oder kalt servieren.

SERVIEREMPFEHLUNGEN *Passt zu warmem oder kaltem Truthahnbraten oder Brathähnchen sowie zu Schweine- oder Entenbraten.*

KÜCHENTIPP *Die Hochsaison für frische Cranberries geht von Oktober bis Dezember, man bekommt sie aber bis in den Januar hinein. Tiefgefroren sind sie das ganze Jahr über erhältlich.*

014 GRÜNE PFEFFERSAUCE

VORBEREITUNGSZEIT *5 Minuten* **KOCHZEIT** *25 Minuten* **FÜR 2–4 PERSONEN** *Ergibt ca. 200 ml*

150 ml trockener Weißwein
2 EL Weinbrand
200 ml Crème fraîche oder Crème double
1 TL Dijon-Senf oder Rotisseur-Senf
1 EL eingelegte grüne Pfefferkörner, abgetropft
2 EL gehackte frische Petersilie oder Schnittlauch
Meersalz & frisch gemahlener schwarzer Pfeffer

1 Den Wein und den Branntwein in einem kleinen Topf aufkochen. Ohne Deckel ca. 10 Minuten köcheln lassen, bis die Flüssigkeit auf die Hälfte reduziert ist.
2 Die Crème fraîche oder Crème double in die Sauce einrühren, langsam aufkochen und etwa 10 Minuten leicht sprudelnd kochen lassen, bis die Sauce leicht eindickt.
3 Den Senf untermischen, dann die grünen Pfefferkörner und die Petersilie oder den Schnittlauch einrühren. Mit Salz und Pfeffer abschmecken und heiß servieren.

SERVIEREMPFEHLUNGEN *Passt zu gebratenen Entenbrüsten, aber auch zu Lachsfilets vom Grill.*

015 GRÜNE SAUCE

VORBEREITUNGSZEIT *10 Minuten* **KOCHZEIT** *10 Minuten* **FÜR 4 PERSONEN** *Ergibt ca. 300 ml*

15 g Butter
15 g Mehl
300 ml Milch
2 Sträußchen Brunnenkresse, geputzt, gewaschen und fein gehackt
Meersalz & frisch gemahlener schwarzer Pfeffer

1 Die Butter in einem kleinen Topf schmelzen, das Mehl 1 Minute lang einrühren. Vom Herd nehmen und schrittweise die Milch unterrühren.
2 Erneut auf den Herd setzen und langsam aufkochen. Dabei umrühren, bis die Sauce eindickt und glatt wird. Noch 2–3 Minuten unter ständigem Rühren sanft köcheln lassen.
3 Die Brunnenkresse einrühren und erneut sanft erhitzen. Mit Salz und Pfeffer abschmecken.
4 Den Topf vom Herd nehmen und den Inhalt leicht abkühlen lassen, dann die Sauce im Mixer oder in der Küchenmaschine pürieren.
5 Die Sauce in den Topf zurückgeben und vor dem Servieren erneut sanft erhitzen. Noch einmal abschmecken und heiß servieren.

SERVIEREMPFEHLUNGEN *Passt zu Lamm- und Truthahnbraten, Brathähnchen und Thunfischsteaks.*

016 PIKANTE PAPRIKASAUCE

VORBEREITUNGSZEIT *5 Minuten* **KOCHZEIT** *15 Minuten* **FÜR 4–6 PERSONEN** *Ergibt ca. 325 ml*

25 g Butter
1 kleine Zwiebel, fein gehackt
25 g Mehl
1 TL Paprikapulver
200 ml Milch
4–5 EL trockener Sherry
Meersalz & frisch gemahlener schwarzer Pfeffer

1 Die Butter in einem kleinen Topf schmelzen, die Zwiebel hinzufügen und ca. 5 Minuten dünsten. Das Paprikapulver und das Mehl 1 Minute lang einrühren.
2 Vom Herd nehmen und die Milch und den Sherry unterrühren..
3 Erneut langsam aufkochen. Dabei umrühren, bis die Sauce eindickt und glatt wird. Noch 2–3 Minuten sanft köcheln lassen, mit Salz und Pfeffer abschmecken und heiß servieren.

SERVIEREMPFEHLUNGEN *Passt zu im Ofen gebackenen Hähnchenschenkeln oder Putenbrustfilets.*

017 ROTE PAPRIKASAUCE

VORBEREITUNGSZEIT *20 Minuten* **KOCHZEIT** *35 Minuten* **FÜR 2–4 PERSONEN** *Ergibt ca. 175 ml*

1 EL Sonnenblumenöl
1 rote Zwiebel, gehackt
1 Knoblauchzehe, gepresst
1 große rote Paprikaschote, gehäutet und gehackt
3 reife Tomaten, enthäutet, entkernt und gehackt
100 ml Gemüsefond *(siehe Rezept auf Seite 10)*
1 frisches Bouquet garni
Meersalz & frisch gemahlener schwarzer Pfeffer

1 Das Öl in einem Topf erhitzen. Zwiebel, Knoblauch und Paprika hinzufügen und ca. 10 Minuten sanft weich dünsten.
2 Die Tomaten, den Fond, das Bouquet garni und die Gewürze hinzugeben. Aufkochen und ohne Deckel 20 Minuten köcheln lassen. Das Bouquet garni entfernen.
3 Vom Herd nehmen und leicht abkühlen lassen, dann die Sauce im Mixer oder in der Küchenmaschine pürieren. Das Püree durch ein Sieb streichen.
4 Die Sauce wieder in den Topf geben und sanft erhitzen. Erneut abschmecken und heiß servieren. Alternativ nach dem Sieben abkühlen lassen und gut gekühlt servieren.

SERVIEREMPFEHLUNGEN *Passt zu Zucchini aus der Bratpfanne oder gedämpften grünen Bohnen oder Spargel, aber auch zu gebratenen Schollen- oder Rotzungenfilets.*
KÜCHENTIPPS *So werden Tomaten enthäutet: Die Tomaten an der Basis kreuzweise einschneiden. In eine Schüssel legen und mit kochendem Wasser übergießen. Nach ca. 30 Sekunden die Tomaten mit dem Schaumlöffel herausnehmen und in eine Schüssel mit kaltem Wasser geben. Aus dem Wasser nehmen und die Haut abziehen. Zum Entkernen die Tomaten halbieren und die Kerne entfernen.*

So werden Paprika gehäutet: Die Paprikaschoten halbieren und mit den Schnittflächen nach unten auf den Rost einer Grillpfanne legen. Für 10–15 Minuten unter den vorgeheizten Grill des Backofens stellen, dann herausnehmen, mit einem feuchten Trockentuch abdecken und abkühlen lassen. Wenn die Paprika kalt ist, die Haut, die Kerngehäuse und die Kerne entfernen.

018 FRUCHTIGE SÜSS-SAURE SAUCE

VORBEREITUNGSZEIT *5 Minuten* **KOCHZEIT** *15–20 Minuten* **FÜR 4 PERSONEN** *Ergibt ca. 250 ml*

1 EL Speisestärke
125 ml Ananassaft
2 EL helle Sojasauce
2 EL hellbrauner Zucker
2 EL Tomatenmark
2 EL trockener Sherry
2 EL Apfelessig
1–2 EL frische Petersilie oder frischer Koriander, gehackt (nach Belieben)
Meersalz & frisch gemahlener schwarzer Pfeffer

1 In einem kleinen Topf die Speisestärke mit dem Ananassaft vermengen, die Sojasauce, den Zucker, das Tomatenmark, den Sherry und den Essig dazumischen.
2 Unter ständigem Rühren langsam aufkochen, bis die Sauce etwas eindickt. 10 Minuten sanft köcheln lassen, gelegentlich umrühren.
3 Die Petersilie oder den Koriander (wenn erwünscht) einrühren, mit Salz und Pfeffer abschmecken und heiß servieren.

SERVIEREMPFEHLUNGEN *Passt zu gekochten Mischbohnen, zu Grillspießen vom Schwein oder Hähnchen oder zu Geschnetzeltem vom Rind oder Hähnchen.*

019 PIKANTE SATAY-SAUCE
VORBEREITUNGSZEIT *10 Minuten* **KOCHZEIT** *30 Minuten* **FÜR 6–8 PERSONEN** *Ergibt ca. 500 ml*

- 115 g trocken geröstete oder ungesalzene Erdnüsse
- 1 EL Olivenöl
- 3 Schalotten, fein gehackt
- 2 Knoblauchzehen, gepresst
- 1 frische rote oder grüne Chilischote, entkernt und fein gehackt
- 2,5 cm frische Ingwerwurzel, geschält und fein geschnitten
- 400 g Kokosmilch aus der Dose
- Saft von 1 Limette
- 1 EL hellbrauner Zucker
- Meersalz

1. Die Erdnüsse im Mixer oder in der Küchenmaschine fein hacken und beiseite stellen.
2. In einem Saucentopf das Öl erhitzen, die Schalotten hinzufügen und ca. 5 Minuten weich dünsten. Knoblauch, Chili und Ingwer dazugeben und weitere 2 Minuten dünsten.
3. Den Topf vom Herd nehmen, den Inhalt zu den Nüssen in die Küchenmaschine geben und kurz mixen.
4. Die Mischung zurück in den Topf geben, dann die Kokosmilch, den Limettensaft und den Zucker einrühren.
5. Unter ständigem Rühren langsam aufkochen und bei reduzierter Hitze ohne Deckel 10–15 Minuten köcheln lassen, bis die Sauce eindickt. Dabei gelegentlich umrühren. Mit Salz abschmecken (falls erforderlich) und heiß servieren.

SERVIEREMPFEHLUNGEN *Passt als Dip zu marinierten Grillspießen vom Rind oder Lamm, aber auch zu Häppchen von gekochtem oder rohem gemischtem Gemüse.*

020 WILDPILZ-WEINSAUCE
VORBEREITUNGSZEIT *15 Minuten* **KOCHZEIT** *25 Minuten* **FÜR 4–6 PERSONEN** *Ergibt ca. 500 ml*

- 25 g Butter
- 4 Schalotten, fein gehackt
- 175 g braune Champignons, in Scheiben geschnitten
- 175 g frische Wildpilze, in Scheiben geschnitten
- 1 Knoblauchzehe, gepresst
- 125 ml trockener Weißwein
- 100 ml Gemüsefond *(siehe Rezept auf Seite 10)*
- 150 ml Crème fraîche
- 1 TL getrocknete italienische Kräuter
- Meersalz & frisch gemahlener schwarzer Pfeffer

1. Die Butter in einem Saucentopf schmelzen, die Schalotten hinzufügen und ca. 5 Minuten weich dünsten.
2. Die Pilze und den Knoblauch dazugeben und bei großer Hitze braten, bis alles weich ist.
3. Den Wein angießen und aufkochen. Sprudelnd kochen lassen, bis die Flüssigkeit auf die Hälfte reduziert ist.
4. Fond, Crème fraîche, Kräuter und Gewürze einrühren, aufkochen und dann ca. 7 Minuten köcheln lassen, bis die Sauce eindickt. Dabei gelegentlich umrühren. Heiß servieren.

SERVIEREMPFEHLUNGEN *Passt gut zu gebratenen oder gegrillten Lammsteaks oder zu Hähnchenbrustfilets. Passt auch gut zu gegrillten oder in der Pfanne gebratenen Polentascheiben.*
VARIATION *Statt Crème fraîche kann man auch Crème double verwenden.*

021 PILZ-SAHNESAUCE

VORBEREITUNGSZEIT *10 Minuten* **KOCHZEIT** *15 Minuten* **FÜR 4–6 PERSONEN** *Ergibt ca. 600 ml*

- 150 ml Gemüsefond *(siehe Rezept auf Seite 10)*
- 300 ml Crème double
- 40 g Butter
- 175 g braune Champignons, in Scheiben geschnitten
- 115 g weiße Champignons, in Scheiben geschnitten
- 1–2 EL frische gemischte Kräuter wie Petersilie, Schnittlauch & Majoran oder Oregano, fein gehackt
- Meersalz & frisch gemahlener schwarzer Pfeffer

1 Die Brühe mit der Crème double in einen Saucentopf geben. Langsam aufkochen, dann sanft köcheln lassen, bis die Sauce leicht eindickt. Gelegentlich umrühren.
2 In der Zwischenzeit die Butter in einer Bratpfanne schmelzen, die Pilze hinzufügen und 5 Minuten weich dünsten. Bei starker Hitze weiterkochen, bis die Flüssigkeit verdampft ist. Dabei gelegentlich umrühren.
3 Die Pilze mit den Kräutern an die Sahnesauce geben und unter ständigem Rühren erneut erhitzen. Mit Salz und Pfeffer abschmecken und heiß servieren.

SERVIEREMPFEHLUNGEN *Passt zu gebratener Hähnchenbrust oder zu gegrillten Rindersteaks, aber auch zu gebackenen Kabeljau- oder Schellfischfilets sowie zu Thunfisch-Steaks.*
VARIATIONEN *Statt Crème double kann man auch Crème fraîche verwenden. Braune und weiße Champignons lassen sich durch frische gemischte Wildpilze ersetzen.*

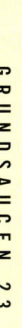

GRUNDSAUCEN

022 GRILLSAUCE

VORBEREITUNGSZEIT *10 Minuten* **KOCHZEIT** *20 Minuten* **FÜR 4–6 PERSONEN** *Ergibt ca. 500 ml*

- 25 g Butter
- 1 rote Zwiebel, fein gehackt
- 400 g gehackte Tomaten aus der Dose
- 4 EL helles Bier (Pilsener, Export, Lager)
- 1 EL Rotweinessig
- 1 EL Worcestersauce
- 1 EL Tomatenmark
- 1 EL hellbrauner Zucker
- 2 TL Dijon-Senf
- Meersalz & frisch gemahlener schwarzer Pfeffer

1 Die Butter in einem Saucentopf schmelzen, die Zwiebel hinzufügen und ca. 5 Minuten weich dünsten.
2 Tomaten, Bier, Essig, Worcestersauce, Tomatenmark, Zucker und Senf dazugeben und alles gut miteinander vermischen.
3 Sanft aufkochen, dabei umrühren, dann 10 Minuten ohne Deckel köcheln lassen, bis die Sauce eindickt. Dabei gelegentlich umrühren. Mit Salz und Pfeffer abschmecken und heiß servieren.

SERVIEREMPFEHLUNGEN *Passt zu gegrilltem Gemüse, Grillspießen vom Huhn oder Hähnchenschenkeln.*

023 TOMATENKETCHUP

VORBEREITUNGSZEIT *5 Minuten* **KOCHZEIT** *40 Minuten* **FÜR 4–6 PERSONEN** *Ergibt ca. 500 ml*

- 2 EL Olivenöl
- 1 kleine rote Zwiebel, fein gehackt
- 2 Knoblauchzehen, gepresst
- 400 g gehackte Tomaten aus der Dose
- 1 EL Tomatenmark
- 2 EL Rotwein
- 60 g hellbrauner Zucker
- 2 EL Rotweinessig
- 2 TL Dijon-Senf
- Meersalz & frisch gemahlener schwarzer Pfeffer

1 Das Öl in einem Saucentopf erhitzen, Zwiebel und Knoblauch hinzufügen und 5 Minuten dünsten. Die Tomaten, das Tomatenmark und den Rotwein untermischen.
2 Aufkochen, dann bei reduzierter Hitze etwa 25 Minuten ohne Deckel köcheln lassen, bis der Großteil der Flüssigkeit verdampft und die Sauce zu einem sehr dicken Brei reduziert ist. Dabei gelegentlich umrühren.
3 Den Topf vom Herd nehmen und den Inhalt leicht abkühlen lassen, dann die Mischung im Mixer oder in der Küchenmaschine pürieren.
4 Den Topf ausspülen und die Mischung wieder hineingeben, dann den Zucker, den Essig, den Senf und die Gewürze untermischen. Erneut aufkochen und 5 Minuten bei reduzierter Hitze sanft köcheln lassen.
5 Den Topf vom Herd nehmen und den Inhalt leicht abkühlen lassen und mit Salz und Pfeffer abschmecken. Warm servieren oder ganz abkühlen lassen und kalt servieren.

SERVIEREMPFEHLUNGEN *Passt zu gebratenen oder gegrillten Frikadellen, Bratwürstchen, Rippchen, Lammkoteletts oder Hähnchenschenkeln.*

024 SCHNELLE CHILISAUCE

VORBEREITUNGSZEIT *10 Minuten* **KOCHZEIT** *20 Minuten* **FÜR 6 PERSONEN** *Ergibt ca. 450 ml*

- 1 EL Olivenöl, eventuell mit Chili aromatisiert
- 5 Frühlingszwiebeln, fein gehackt
- 1 frische rote Chilischote, entkernt und fein gehackt
- 1 Knoblauchzehe, gepresst
- 400 g gehackte Tomaten aus der Dose
- ein Spritzer frischer Zitronensaft
- 1 EL hellbrauner Zucker
- Meersalz & frisch gemahlener schwarzer Pfeffer
- 2 TL Speisestärke
- mittelscharfe Chilisauce zum Abschmecken (nach Belieben)

1 Das Öl in einem kleinen Saucentopf erhitzen, Frühlingszwiebeln, Chili und Knoblauch hinzufügen und 5 Minuten weich dünsten.
2 Tomaten, Zitronensaft, Zucker, Salz und Pfeffer untermischen. Langsam aufkochen, dann zugedeckt etwa 10 Minuten sanft köcheln lassen, dabei gelegentlich umrühren.
3 In einer kleinen Schüssel die Speisestärke mit 1 Esslöffel kaltem Wasser vermengen, die Mischung unter die Sauce rühren. Unter ständigem Rühren erneut aufkochen, dann die Hitze reduzieren und 3 Minuten sanft köcheln lassen. Dabei weiter umrühren.
4 Erneut abschmecken und Chilisauce hinzugeben (falls erwünscht). Heiß servieren.

SERVIEREMPFEHLUNGEN *Passt zu Seeteufel und Heilbutt oder zu Riesengarnelen (Tiger Prawns), aber auch zu gefüllten Zucchini, Paprikaschoten oder Kürbis.*

KAPITEL 2
KLASSISCHE SAUCEN

Natürlich darf in diesem Buch ein Kapitel mit klassischen Saucenrezepten nicht fehlen. Viele dieser Saucen, wie etwa Mayonnaise, Aïoli oder Hollandaise, sind zwar weithin bekannt, aber vielleicht hat man trotzdem noch nie versucht, sie selbst herzustellen. Doch wer erst einmal einige grundlegende Techniken verinnerlicht hat, kann sehr leicht eine ganze Reihe klassischer Saucen zu Hause zubereiten.

Die folgenden Seiten enthalten eine verlockende Auswahl an Rezepten, alle mit leicht zu verstehenden Anweisungen versehen. Der geringe Mehraufwand, den es bedeutet, diese köstlichen Saucen selbst herzustellen, lohnt sich allemal. Wer erst einmal einige dieser „Klassiker" zubereitet hat, wird so schnell nicht mehr zu Fertigsaucen greifen!

Das folgende Kapitel bietet zahlreiche weitere klassische Saucenrezepte wie Béchamelsauce, Sauce Soubise (Zwiebelsauce), Rahmsauce, Spanische Sauce, Jägersauce, Sauce Tartare, Remoulade, Beurre blanc, klassisches Pesto, Safransauce und Cumberland-Sauce.

025 BÉCHAMELSAUCE

VORBEREITUNGSZEIT *35 Minuten* **KOCHZEIT** *10 Minuten* **FÜR 4 PERSONEN** *Ergibt ca. 300 ml*

300 ml Milch
1 kleine Zwiebel oder Schalotte, halbiert
1 kleine Karotte, in dicke Scheiben geschnitten
1 Lorbeerblatt
6 schwarze Pfefferkörner
einige Stängel frische Petersilie
15 g Butter
15 g Mehl
Meersalz & frisch gemahlener schwarzer Pfeffer
frisch geriebene Muskatnuss (nach Belieben)

1. Die Milch in einen kleinen Topf füllen, Zwiebel oder Schalotte, Karotte, Lorbeerblatt, schwarze Pfefferkörner und Petersilie dazugeben und erhitzen. Kurz vor dem Kochen vom Herd nehmen und 30 Minuten durchziehen lassen.
2. Die aromatisierte Milch in eine Schale abseihen. In einem weiteren Topf die Butter schmelzen und das Mehl 1 Minute einrühren. Den Topf vom Herd nehmen und schrittweise die aromatisierte Milch unterrühren.
3. Erneut auf den Herd setzen und langsam aufkochen. Dabei umrühren, bis die Sauce eindickt und glatt wird. Noch 2–3 Minuten langsam und unter ständigem Umrühren köcheln lassen. Mit Salz, Pfeffer und Muskatnuss (wenn erwünscht) abschmecken und heiß servieren.

SERVIEREMPFEHLUNGEN *Passt zu gegrillten oder gebratenen Schollen- und Seezungenfilets oder zu gebratenen Hähnchenbrustfilets, aber auch zu gekochten feinen Erbsen oder Babykarotten.*
KÜCHENTIPP *Wenn die Sauce dicker werden soll, die Mengen von Butter und Mehl auf je 25 g erhöhen. Das obige Rezept ändert sich dadurch nicht.*

026 SAUCE SOUBISE (ZWIEBELSAUCE)

VORBEREITUNGSZEIT *10 Minuten* **KOCHZEIT** *20 Minuten* **FÜR 4 PERSONEN** *Ergibt ca. 350 ml*

40 g Butter
1 große Zwiebel, fein gehackt
20 g Mehl
300 ml Milch
Meersalz & frisch gemahlener schwarzer Pfeffer

1. 20 g Butter in einem Topf schmelzen, die Zwiebel hinzufügen und 10–15 Minuten sanft weich dünsten. Den Topf vom Herd nehmen und beiseite stellen.
2. Die restliche Butter in einem anderen Topf schmelzen, das Mehl 1 Minute lang einrühren. Vom Herd nehmen und schrittweise die Milch unterrühren.
3. Erneut auf den Herd setzen und langsam aufkochen. Dabei umrühren, bis die Sauce eindickt und glatt wird. Noch 2–3 Minuten unter ständigem Rühren köcheln lassen.
4. Die gedünstete Zwiebel unterrühren und weiter erhitzen, dabei ständig umrühren. Mit Salz und Pfeffer abschmecken und heiß servieren.

SERVIEREMPFEHLUNGEN *Passt zu Schinkenbraten, Brathähnchen oder zu Schellfisch oder Seeteufel.*
VARIATION *Statt der Küchenzwiebel 1 große rote Zwiebel verwenden.*
KÜCHENTIPP *Beim Schneiden oder Hacken von Zwiebeln das Wurzelende intakt lassen, das verhindert die Freisetzung des scharfen Saftes, der die Augen zum Tränen bringt.*

027 JÄGERSAUCE

VORBEREITUNGSZEIT *15 Minuten* **KOCHZEIT** *35 Minuten* **FÜR 4–6 PERSONEN** *Ergibt ca. 500 ml*

- 55 g Butter
- 1 kleine Zwiebel, fein gehackt
- 225 g Champignons, in feine Scheiben geschnitten
- 25 g Mehl
- 175 ml trockener Weißwein
- 250 ml Hühner- oder Rinderfond *(siehe Rezepte auf Seite 11)*
- 1 EL Tomatenmark
- 1 EL gemischte frische Kräuter wie Petersilie, Basilikum & Oregano, gehackt
- 1 EL Weinbrand
- Meersalz & frisch gemahlener schwarzer Pfeffer

1 Die Butter in einem kleinen Topf schmelzen, Zwiebel und Pilze hinzufügen und ca. 5 Minuten weich dünsten. Das Gemüse mit dem Schaumlöffel aus dem Topf nehmen, beiseite stellen und warm halten.
2 Das Mehl 2 Minuten in die verbleibende Flüssigkeit einrühren, bis es bräunt. Vom Herd nehmen und schrittweise Wein, Brühe und Tomatenmark unterrühren.
3 Erneut auf den Herd setzen und langsam aufkochen. Dabei umrühren, bis die Sauce leicht eindickt. 15 Minuten sanft köcheln lassen, bis die Sauce glatt und glänzend ist. Gelegentlich umrühren.
4 Die gedünstete Zwiebel und die Pilze, die Kräuter und den Weinbrand einrühren. Mit Salz und Pfeffer abschmecken und heiß servieren.

SERVIEREMPFEHLUNGEN *Passt zu Hühnerbrust aus dem Backofen oder zu Geschnetzeltem aus der Pfanne vom Rind.*

028 RAHMSAUCE

VORBEREITUNGSZEIT *5 Minuten* **KOCHZEIT** *10 Minuten* **FÜR 4 PERSONEN** *Ergibt ca. 300 ml*

- 20 g Butter
- 20 g Mehl
- 300 ml Hühner-, Fisch-, Gemüse- oder Fleischfond
- 2 EL Crème double
- ½ TL frischer Zitronensaft
- Meersalz & frisch gemahlener schwarzer Pfeffer

1 Die Butter in einem kleinen Topf schmelzen, das Mehl 2 Minuten lang einrühren, bis es bräunt. Vom Herd nehmen und schrittweise den Fond unterrühren.
2 Erneut auf den Herd setzen und langsam aufkochen. Dabei umrühren, bis die Sauce eindickt und glatt wird. 2–3 Minuten sanft unter ständigem Rühren köcheln lassen.
3 Crème double und Zitronensaft einrühren. Mit Salz und Pfeffer abschmecken und heiß servieren.

SERVIEREMPFEHLUNGEN *Passt zu gebratener oder gebackener Hühnerbrust oder Filets von Kabeljau oder Scholle, aber auch zu gegrillten Lamm- oder Schweinekoteletts.*

029 FEINE KÄSESAUCE

VORBEREITUNGSZEIT *10 Minuten* **KOCHZEIT** *10 Minuten* **FÜR 4 PERSONEN** *Ergibt ca. 300 ml*

15 g Butter
15 g Mehl
300 ml Vorzugsmilch
85 g reifer Emmentaler, gerieben
25 g frischer Parmesan, fein gerieben
1 TL Dijon-Senf
Meersalz & frisch gemahlener schwarzer Pfeffer
frisch geriebene Muskatnuss (nach Belieben)

1 Die Butter in einem kleinen Topf schmelzen, das Mehl 1 Minute lang einrühren. Vom Herd nehmen und schrittweise die Milch unterrühren.
2 Erneut auf den Herd setzen und langsam aufkochen. Dabei umrühren, bis die Sauce eindickt und glatt wird.
3 Käse und Senf dazugeben und gut vermischen. Bei sanfter Hitze ca. 5 Minuten kochen, bis der Käse geschmolzen ist und die Sauce glatt wird und glänzt. Dabei ständig umrühren. Mit Salz, Pfeffer und Muskatnuss (wenn erwünscht) abschmecken und heiß servieren.

SERVIEREMPFEHLUNGEN *Passt zu Schweinebraten oder Schinkenbraten aus dem Ofen oder zu gebratenem Kabeljau oder Heilbutt, zu gekochtem Blumenkohl oder Brokkoli, aber auch zu Gnocchi oder Makkaroni.*
VARIATIONEN *Anstelle von Emmentaler und Parmesan passen auch Cheddar oder Greyerzer. Statt Dijon-Senf kann man anderen scharfen Senf verwenden.*

030 SAUCE BORDELAISE

VORBEREITUNGSZEIT *10 Minuten* **KOCHZEIT** *1 Stunde 15 Minuten* **FÜR 4–6 PERSONEN** *Ergibt ca. 400 ml*

- 25 g Butter
- 1 Scheibe ungeräucherter Rückenspeck, ohne Schwarte, fein gewürfelt
- 2 Schalotten, fein gehackt
- 1 Karotte, klein geschnitten
- 55 g Pilze, klein geschnitten
- 3 EL Mehl
- 300 ml Rinderfond *(siehe Rezept auf Seite 11)*
- 300 ml Rotwein
- 1 Bouquet garni
- Meersalz & frisch gemahlener schwarzer Pfeffer

1 Die Butter in einem Topf schmelzen, den Speck hinzufügen und 2 Minuten kochen lassen, dabei umrühren. Die Schalotten, Karotte und Pilze dazugeben und ca. 8 Minuten weich und braun dünsten.
2 Das Mehl einrühren, bis es leicht bräunt. Vom Herd nehmen und schrittweise den Fond und den Wein unterrühren.
3 Erneut langsam aufkochen, dabei umrühren, und kochen lassen, bis die Sauce eindickt. Das Bouquet garni und die Gewürze hinzugeben. Zugedeckt ca. 1 Stunde köcheln lassen, gelegentlich umrühren.
4 Vom Herd nehmen, leicht abkühlen lassen, dann die Sauce durch ein Sieb streichen. Den Topf ausspülen und die gefilterte Sauce wieder einfüllen. Vor dem Servieren noch einmal sanft erhitzen. Mit Salz und Pfeffer abschmecken und heiß servieren.

SERVIEREMPFEHLUNGEN *Passt zu Rindermedaillons aus der Pfanne oder zu Lammbraten, Fasan oder Hase.*
VARIATION *Anstelle des ungeräucherten Specks kann man geräucherten Speck verwenden.*

031 SPANISCHE SAUCE

VORBEREITUNGSZEIT *10 Minuten* **KOCHZEIT** *1 Stunde 15 Minuten* **FÜR 4 PERSONEN** *Ergibt ca. 300 ml*

25 g Butter
1 Scheibe durchwachsener Speck, ohne Schwarte, fein gewürfelt
1 kleine Zwiebel, fein gehackt
1 kleine Karotte, klein geschnitten
1 Stange Sellerie, klein geschnitten
55 g Champignons, klein geschnitten
25 g Mehl
450 ml Fleisch- oder Rinderfond *(siehe Rezept auf Seite 11)*
2 EL Tomatenmark
1 frisches Bouquet garni *(siehe Küchentipp unten)*
Meersalz & frisch gemahlener schwarzer Pfeffer

1. Die Butter in einem Topf schmelzen, den Speck hinzufügen und 2–3 Minuten kochen lassen, dabei immer wieder umrühren.
2. Zwiebel, Karotte, Sellerie und Pilze dazugeben und etwa 6–8 Minuten weich dünsten. Das Mehl einrühren, bis es leicht bräunt.
3. Vom Herd nehmen und schrittweise den Fond unterrühren. Wieder auf den Herd geben und erneut langsam aufkochen, dabei umrühren, bis die Sauce eindickt.
4. Das Tomatenmark, das Bouquet garni und die Gewürze hinzugeben. Halb zugedeckt ca. 1 Stunde köcheln lassen, gelegentlich umrühren.
5. Die Sauce durch ein Sieb in einen sauberen Topf streichen. Vor dem Servieren noch einmal sanft erhitzen. Mit Salz und Pfeffer abschmecken und heiß servieren.

SERVIEREMPFEHLUNGEN *Passt zu gegrillten oder in der Pfanne gebratenen Steaks vom Rind, Reh oder Hirsch, aber auch zu gebratener Lammleber oder zu Lammnieren.*
KÜCHENTIPP *Ein Bouquet garni besteht aus 3 Zweigen frischer Petersilie, 2 Zweigen frischem Thymian und einem Lorbeerblatt, festgebunden an einem Stück Stangensellerie oder Lauch.*

032 SAUCE DEMI-GLACE

VORBEREITUNGSZEIT *5 Minuten* **KOCHZEIT** *20 Minuten* **FÜR 4–6 PERSONEN** *Ergibt ca. 300 ml*

1 Portion Spanische Sauce *(siehe Rezept oben)*
300 ml Rinderfond *(siehe Rezept auf Seite 11)*
Meersalz & frisch gemahlener schwarzer Pfeffer
ein kleines Stückchen Butter *(nach Belieben)*

1. Die Spanische Sauce mit der Brühe in einem Topf vermischen. Aufkochen und bei starker Hitze ungefähr auf die Hälfte einkochen. Sämtliche Verunreinigungen, die an die Oberfläche gespült werden, abschöpfen.
2. Vom Herd nehmen und die Sauce durch ein feines Sieb geben. Wieder in den Topf füllen, mit Salz und Pfeffer abschmecken und noch einmal sanft erhitzen. Dabei ständig umrühren.
3. Für mehr Glanz und einen intensiveren Geschmack die Butter in die Sauce rühren (wenn erwünscht). Heiß servieren.

SERVIEREMPFEHLUNGEN *Passt zu Rinderbraten oder Fasan, aber auch zu gebratenen Lammkottelets oder Steaks vom Reh oder Hirsch.*
KÜCHENTIPP *Am besten gelingt dieses Rezept mit selbst gemachtem Rinderfond (für weitere Details über die Herstellung und Aufbewahrung von selbst zubereiteten Fonds siehe die Seiten 10 und 11).*

033 SAUCE ROBERT

VORBEREITUNGSZEIT *10 Minuten* **KOCHZEIT** *20 Minuten* **FÜR 4–6 PERSONEN** *Ergibt ca. 350 ml*

- 15 g Butter
- 2 Schalotten, fein gehackt
- 125 ml trockener Weißwein
- 3 EL Weißweinessig
- 300 ml Sauce Demi-Glace (siehe Rezept auf Seite 32)
- 2 TL Dijon-Senf
- 70 g Gewürzgurken, abgetropft und klein geschnitten (nach Belieben)
- 2 TL frische Petersilie, fein gehackt
- Meersalz & frisch gemahlener schwarzer Pfeffer

1 Die Butter in einem Topf schmelzen, die Schalotten hinzufügen und ca. 5 Minuten weich dünsten.
2 Wein und Essig einrühren, dann die Flüssigkeit bei großer Hitze ohne Deckel auf ca. 3 Esslöffel reduzieren.
3 Die Sauce Demi-Glace untermischen. Aufkochen, dann bei reduzierter Hitze ohne Deckel 10 Minuten köcheln lassen, gelegentlich umrühren.
4 Den Topf vom Herd nehmen und den Senf, die Gewürzgurken (falls erwünscht) und die Petersilie einrühren. Mit Salz und Pfeffer abschmecken und heiß servieren.

SERVIEREMPFEHLUNGEN *Passt zu gegrillten oder im Ofen gebackenen Schweine- oder Lammkoteletts, zu Rouladen vom Rind oder zu Bratwürstchen.*
KÜCHENTIPP *Der Vorgang in Schritt 2 dieses Rezepts ist auch als „Reduzieren" bekannt – durch starkes Einkochen verdampft Flüssigkeit. Die Aromen werden dabei konzentriert und die Sauce wird eingedickt.*

034 SAUCE MOUSSELINE (SCHAUMSAUCE)

VORBEREITUNGSZEIT *5 Minuten* **KOCHZEIT** *10 Minuten* **FÜR 4–6 PERSONEN** *Ergibt ca. 300 ml*

- 2 Eigelb
- 1 EL frischer Zitronensaft
- 115 g zimmerwarme Butter, gewürfelt
- 6 EL Crème double, leicht geschlagen
- Meersalz & frisch gemahlener schwarzer Pfeffer

1 Die Eigelb mit dem Zitronensaft in eine hitzebeständige Schüssel geben und gut miteinander vermischen. Die Masse im Wasserbad ca. 4 Minuten lang rühren, bis sie hell wird und eindickt.
2 Die Butter stückweise unterrühren, bis die Mischung weiter eindickt und emulgiert. Jedes Stück Butter muss völlig in der Sauce gebunden sein, bevor das nächste zugefügt wird.
3 Wenn die gesamte Butter verarbeitet und die Sauce glatt und glänzend ist, die Schüssel aus dem Wasserbad nehmen und die Sauce 1 Minute lang rühren.
4 Die Crème double vorsichtig unter die Sauce heben, dann mit Salz und Pfeffer abschmecken. Einen kleinen Spritzer Zitronensaft einrühren, falls erwünscht. Kalt servieren.

SERVIEREMPFEHLUNGEN *Passt zu gegrillter Hühnerbrust, aber auch zu gekochten Artischockenherzen oder zu Spargel.*

035 REMOULADE

VORBEREITUNGSZEIT *10 Minuten* **KOCHZEIT** *keine* **FÜR 4–6 PERSONEN** *Ergibt ca. 200 ml*

- 2 TL Kapern, abgetropft und fein gehackt
- 3 Cocktail-Gürkchen, abgetropft und klein geschnitten
- 1 Sardellenfilet aus der Dose, abgetropft und fein gehackt
- 150 ml Mayonnaise *(siehe Rezept auf Seite 37)*
- 1 TL Dijon-Senf
- 2 TL frischer Estragon, fein gehackt
- 2 TL frische Petersilie, fein gehackt
- Meersalz & frisch gemahlener schwarzer Pfeffer

1. Kapern, Gürkchen und Sardelle in eine kleine Schüssel geben und alles gut vermischen.
2. Mayonnaise, Senf und Kräuter hinzufügen und verrühren. Mit Salz und Pfeffer abschmecken und kalt servieren.

SERVIEREMPFEHLUNGEN *Passt zu kaltem Rindfleisch, Schweinefleisch und Hühnerfleisch, aber auch zu Krabben oder hartgekochten Eiern.*

036 SAUCE HOLLANDAISE

VORBEREITUNGSZEIT *20 Minuten* **KOCHZEIT** *2–3 Minuten* **FÜR 4–6 PERSONEN** *Ergibt ca. 150 ml*

- 3 EL Weißweinessig
- 6 schwarze Pfefferkörner
- 1 Zwiebelscheibe oder ½ Schalotte
- 1 Lorbeerblatt
- 1 Stück Muskatblüte
- 2 Eigelb
- 115 g zimmerwarme Butter, gewürfelt
- Meersalz & frisch gemahlener schwarzer Pfeffer
- frisch gepresster Zitronen- oder Limettensaft

1. Essig, Pfefferkörner, Zwiebel oder Schalotte, Lorbeerblatt und Muskatblüte in einen Topf mit dickem Boden geben. Aufkochen und bei reduzierter Hitze auf 1 Esslöffel Flüssigkeit einkochen. Vom Herd nehmen und beiseite stellen.
2. Das Eigelb mit 15 g Butter und einer Prise Salz in eine feuerfeste Schüssel geben und gut mit dem Schneebesen vermischen. Den reduzierten Essig durch ein kleines Sieb dazuschütten und einrühren.
3. Die Eiermasse 3–4 Minuten im Wasserbad rühren, bis sie hell wird und eindickt.
4. Die restliche Butter stückweise unterrühren, bis die Mischung weiter eindickt und emulgiert. Jedes Stück Butter muss völlig in der Sauce gebunden sein, bevor das nächste zugefügt wird.
5. Die Schüssel aus dem Wasserbad nehmen und die Sauce 1 Minute lang rühren. Mit Salz, Pfeffer und etwas Zitronen- oder Limettensaft abschmecken und sofort servieren.

SERVIEREMPFEHLUNGEN *Passt zu Lachssteaks vom Grill oder aus der Pfanne oder zu Riesengarnelen, aber auch zu gekochtem Spargel oder zu ganzen Artischocken.*
KÜCHENTIPP *Wenn Sauce Hollandaise überhitzt, beginnt sie zu gerinnen, und wenn sie zu kalt wird, wird sie fest. Wenn die Hollandaise zu gerinnen beginnt, einfach einen Eiswürfel hinzugeben und kräftig rühren, die Sauce sollte sich wieder verbinden.*
Man kann eine Sauce Hollandaise auch in der Küchenmaschine herstellen. Die Butter schmelzen und lauwarm abkühlen lassen. Den reduzierten Essig mit dem Eigelb und einer Prise Salz in die Küchenmaschine geben und leicht vermischen. Bei laufendem Motor die geschmolzene Butter in einem dünnen, gleichmäßigen Strahl hinzugeben und mixen, bis die Sauce dick wird und emulgiert. Mit Salz, Pfeffer und etwas Zitronen- oder Limettensaft abschmecken.

037 SAUCE HOLLANDAISE MIT KRÄUTERN

VORBEREITUNGSZEIT *20 Minuten* **KOCHZEIT** *2–3 Minuten* **FÜR 4–6 PERSONEN** *Ergibt ca. 150 ml*

3 EL Weißweinessig
6 schwarze Pfefferkörner
1 Zwiebelscheibe oder ½ Schalotte
1 Lorbeerblatt
1 Stück Muskatblüte

2 Eigelb
115 g zimmerwarme Butter, gewürfelt
Meersalz & frisch gemahlener schwarzer Pfeffer

1 EL frische gemischte Kräuter, gehackt
frisch gepresster Zitronen- oder Limettensaft

1 Essig, Pfefferkörner, Zwiebel oder Schalotte, Lorbeerblatt und Muskatblüte in einen Topf mit dickem Boden geben. Aufkochen und bei reduzierter Hitze auf 1 Esslöffel Flüssigkeit einkochen. Vom Herd nehmen und beiseite stellen.
2 Das Eigelb mit 15 g Butter und einer Prise Salz in eine feuerfeste Schüssel geben und gut mit dem Schneebesen vermischen. Den reduzierten Essig durch ein kleines Sieb dazuschütten und einrühren.
3 Die Eiermasse 3–4 Minuten im Wasserbad rühren, bis sie hell wird und eindickt.
4 Die restliche Butter stückweise unterrühren, bis die Mischung weiter eindickt und emulgiert. Jedes Stück Butter muss völlig in der Sauce gebunden sein, bevor das nächste zugefügt wird.
5 Die Schüssel aus dem Wasserbad nehmen und die Sauce 1 Minute lang rühren. Die gehackten Kräuter untermischen, mit Salz, Pfeffer und etwas Zitronen- oder Limettensaft abschmecken und sofort servieren.

SERVIEREMPFEHLUNGEN *Passt zu Lachssteaks oder zu ganzen Regenbogenforellen.*

038 SAUCE TARTARE

VORBEREITUNGSZEIT *10 Minuten, plus Standzeit* **KOCHZEIT** *keine* **FÜR 8–10 PERSONEN** *Ergibt ca. 400 ml*

- 55 g Gewürzgurken, abgetropft und klein geschnitten
- 2 EL Kapern, abgetropft und fein gehackt
- 250 ml Mayonnaise *(siehe Rezept auf Seite 37)*
- 4 EL Crème double
- 1 EL Estragonessig
- 1 EL frische glatte Petersilie, fein gehackt
- 1 EL frischer Schnittlauch, fein gewiegt
- 2 TL frischer Estragon, fein gehackt
- Meersalz & frisch gemahlener schwarzer Pfeffer

1 In einer Schüssel die Gewürzgurken mit den Kapern vermengen. Die Mayonnaise hinzufügen, die Crème double unterheben und alles gut vermischen.
2 Den Essig und die gehackten Kräuter unterheben und gut durchmischen. Mit Salz und Pfeffer abschmecken.
3 Zugedeckt an einem kühlen Ort für ca. 30 Minuten durchziehen lassen, damit sich die Aromen entfalten können. Kalt servieren.

SERVIEREMPFEHLUNGEN *Passt zu gebratenen oder gebackenen Fischfrikadellen, aber auch zu Backfisch, etwa Kabeljau, Scholle oder Schellfisch.*
VARIATIONEN *Die Crème double durch einfachen Frischkäse oder Quark oder durch Crème fraîche ersetzen. Anstelle des Estragonessigs Weißweinessig oder frisch gepressten Zitronensaft verwenden.*
KÜCHENTIPP *Kapern sind die kleinen, noch geschlossenen Blütenknospen eines dornigen Strauches vom Mittelmeer, die nach dem Pflücken sauer eingelegt oder in Salz konserviert werden. Kapern sollten vor dem Gebrauch abgespült werden (vor allem die gesalzenen) und gut abtropfen.*

039 MAYONNAISE

VORBEREITUNGSZEIT *10 Minuten* **KOCHZEIT** *keine* **FÜR 6–8 PERSONEN** *Ergibt ca. 300 ml*

- 2 Eigelb
- 1 TL Dijon-Senf
- 1 EL frischer Zitronensaft oder Weißweinessig
- 1 Prise feinster Kristallzucker
- Meersalz & frisch gemahlener schwarzer Pfeffer
- 300 ml helles Olivenöl oder Sonnenblumenöl

1. Eigelb, Senf, Zitronensaft oder Essig, Zucker, etwas Salz und Pfeffer sowie 1 Esslöffel Öl in den Mixer oder die Küchenmaschine geben. Ca. 20 Sekunden vermischen, bis die Mischung glatt, hell und cremig ist.
2. Bei laufendem Motor schrittweise das restliche Öl in einem gleichmäßige Strahl hinzugeben und mixen, bis die Mayonnaise dick, cremig und glatt ist.
3. Mit Salz und Pfeffer abschmecken, dann sofort servieren oder zugedeckt kalt stellen. Die Mayonnaise hält sich im verschlossenen Behälter im Kühlschrank bis zu 3 Tage lang. 30 Minuten vor dem Servieren aus dem Kühlschrank nehmen. Kalt servieren

SERVIEREMPFEHLUNGEN *Passt zu Salaten, dünn geschnittenem kalten Fleisch oder geräuchertem Fisch, aber auch als Grundlage für Saucen, wie Sauce Tartare oder aromatisierte Mayonnaise.*
VARIATIONEN *Anstelle von Zitronensaft oder Weißweinessig passt auch frischer Limettensaft sehr gut.*
KÜCHENTIPP *Die Zutaten für Mayonnaise sollten alle Zimmertemperatur haben. Wenn die Eier direkt aus dem Kühlschrank kommen, könnte die Mayonnaise gerinnen.*

040 AÏOLI

VORBEREITUNGSZEIT *10 Minuten* **KOCHZEIT** *keine* **FÜR 6–8 PERSONEN** *Ergibt ca. 300 ml*

- 2 Eigelb
- 1 EL frischer Zitronensaft
- 4 Knoblauchzehen, gepresst
- ½ TL Meersalz
- frisch gemahlener schwarzer Pfeffer
- 300 ml helles Olivenöl oder Sonnenblumenöl

1. Eigelb, Senf, Zitronensaft oder Essig, Zucker, Salz, etwas Pfeffer und 1 Esslöffel Öl in den Mixer oder die Küchenmaschine geben. Ca. 20 Sekunden vermischen, bis die Mischung glatt, hell und cremig ist.
2. Bei laufendem Motor schrittweise das restliche Öl in einem gleichmäßige Strahl hinzugeben und mixen, bis die Aïoli dick, cremig und glatt ist.
3. Mit Salz und Pfeffer abschmecken, dann sofort servieren oder zugedeckt kalt stellen. Die Aïoli hält sich im verschlossenen Behälter im Kühlschrank bis zu 2 Tage lang. Kalt servieren

SERVIEREMPFEHLUNGEN *Passt zu aufgeschnittenem kalten Brathähnchen oder Lachsfilets, zu Riesengarnelen oder zu mediterranen Fischsuppen, aber auch zu hartgekochten Eiern oder als Dip für Ofenkartoffeln, selbst gemachte Kartoffelchips oder Gemüse-Crudités.*
VARIATION *Anstelle von Zitronensaft passt frischer Limettensaft sehr gut. Der einfache Knoblauch kann durch geräucherten Knoblauch ersetzt werden.*
KÜCHENTIPP *Beim Kauf von Knoblauch dicht gewachsene, feste und sich trocken anfühlende Knollen aussuchen. Hände weg von Knollen mit weichen, schrumpeligen Zehen.*
Beim Gebrauch einer Knoblauchpresse die Knoblauchzehen in der Schale belassen. Das weiche Fruchtfleisch wird durch den Rost gepresst, und die Schale und die Haut verbleiben in der Presse.

041 SAUCE BÉARNAISE

VORBEREITUNGSZEIT *5 Minuten* **KOCHZEIT** *15 Minuten* **FÜR 4–6 PERSONEN** *Ergibt ca. 150 ml*

- 3 EL Estragon- oder Weißweinessig
- ½ TL schwarze Pfefferkörner
- 2 Schalotten, fein gehackt
- einige frische Zweige Estragon
- 1 Lorbeerblatt
- 2 Eigelb
- 115 g zimmerwarme Butter, gewürfelt
- Meersalz & frisch gemahlener schwarzer Pfeffer
- 1–2 EL frische gemischte Kräuter wie Estragon, Petersilie & Kerbel, gehackt
- frischer Zitronensaft (nach Belieben)

1 Essig, Pfefferkörner, Schalotte, Estragonzweige, Lorbeerblatt und 1 Teelöffel Wasser in einen kleinen Topf geben. Aufkochen und auf 1 Esslöffel Flüssigkeit einkochen. Vom Herd nehmen und beiseite stellen.
2 Das Eigelb mit 15 g Butter und einer Prise Salz in eine feuerfeste Schüssel geben und alles gut vermischen. Den reduzierten Essig durch ein kleines Sieb dazugeben und einrühren.
3 Die Eiermasse im Wasserbad 4 Minuten lang rühren, bis sie hell wird und eindickt.
4 Die restliche Butter stückweise unterrühren, bis die Mischung weiter eindickt und emulgiert. Jedes Stück Butter muss völlig in der Sauce gebunden sein, bevor das nächste zugefügt wird.
5 Die Schüssel aus dem Wasserbad nehmen und die Sauce 1 Minute lang rühren. Die Kräuter untermischen, mit Salz, Pfeffer und etwas Zitronensaft (wenn erwünscht) abschmecken und sofort servieren.

SERVIEREMPFEHLUNGEN *Passt zu gebratenen Kabeljaufilets oder Lachssteaks, aber auch zu Rinder- oder Lammsteaks vom Grill oder aus der Pfanne, zu Spargel, grünen Bohnen oder kleinen Zucchini.*

042 BEURRE BLANC

VORBEREITUNGSZEIT *20 Minuten* **KOCHZEIT** *2–3 Minuten* **FÜR 4–6 PERSONEN** *Ergibt ca. 200 ml*

- 3 EL Weißwein
- 3 EL Weißweinessig
- 2 kleine Schalotten, fein gehackt
- 225 g kalte Butter, gewürfelt
- Meersalz & frisch gemahlener schwarzer Pfeffer
- frisch gepresster Zitronensaft
- 1 EL frische Petersilie oder frischer Schnittlauch, fein gehackt (nach Belieben)

1 Wein, Essig und Schalotten in einem kleinen Topf aufkochen und auf ca. 2 Esslöffel reduzieren.
2 Bei sehr geringer Hitze stückweise die Butter einrühren. Die Sauce sollte durch die geschmolzene Butter hell, dick und cremig werden.
3 Vom Herd nehmen und die Sauce mit Salz, Pfeffer und etwas Zitronensaft abschmecken. Petersilie oder Schnittlauch untermischen (wenn erwünscht). Ist eine glatte Sauce erwünscht, einfach vor dem Servieren durch ein Sieb geben. Heiß servieren.

SERVIEREMPFEHLUNGEN *Passt zu gedämpften oder gedünsteten Lachsfilets, ganzer Scholle oder Jakobsmuscheln.*
VARIATIONEN *Petersilie oder Schnittlauch kann durch gehackten Estragon oder Kerbel ersetzt werden. Für eine Beurre rouge verwendet man Rotwein und Rotweinessig anstelle von Weißwein und Weißweinessig.*

043 ROTE BEERENSAUCE

VORBEREITUNGSZEIT *5 Minuten* **KOCHZEIT** *25 Minuten* **FÜR 4 PERSONEN** *Ergibt ca. 150 ml*

115 g rotes Johannisbeer-gelee	fein abgeriebene Schale & Saft von 1 Orange	2 EL Ruby Port
115 g frische Cranberries	1 Zimtstange	

1. Das Johannisbeergelee in einem kleinen Topf gut mit den Cranberries, der Orangenschale, dem Orangensaft, der Zimtstange und dem Portwein vermischen.
2. Unter Rühren sanft aufkochen und ohne Deckel ca. 20 Minuten köcheln lassen, bis die Cranberries weich sind und die Sauce leicht eindickt.
3. Die Zimtstange entfernen und die Sauce warm oder kalt servieren.

SERVIEREMPFEHLUNGEN *Passt zu Lammkoteletts oder Rindersteaks vom Grill oder aus der Pfanne, oder zu Wild-, Fasanen- oder Truthahnbraten.*
VARIATIONEN *Die Cranberries durch frische Blaubeeren ersetzen.*
KÜCHENTIPP *Für dieses Rezept können auch gefrorene Cranberries verwendet werden. Tiefgekühlte Cranberries kann man gefroren (bevorzugt) oder aufgetaut verarbeiten – die Kochzeit verringert sich möglicherweise dadurch ein wenig.*

044 SAUERAMPFERSAUCE

VORBEREITUNGSZEIT *10 Minuten* **KOCHZEIT** *10 Minuten* **FÜR 4 PERSONEN** *Ergibt ca. 350 ml*

15 g Butter
2 kleine Schalotten, fein gehackt
85 g junge Sauerampferblätter, klein gerissen

1 Portion Béchamelsauce *(siehe Rezept auf Seite 28), mit je 20 g Butter und Mehl hergestellt*
2 EL Crème double

Meersalz & frisch gemahlener schwarzer Pfeffer
eine Prise frisch geriebene Muskatnuss

1 Die Butter in einem kleinen Topf schmelzen, die Schalotte darin ca. 5 Minuten weich dünsten. Den Sauerampfer 2 Minuten mitdünsten, bis er zusammenfällt.
2 In einem weiteren Topf die Mischung zusammen mit der Crème double in die warme Bechamelsauce einrühren.
3 Unter ständigem Rühren sanft erhitzen und 2 Minuten köcheln lassen. Mit Salz, Pfeffer und Muskatnuss abschmecken und heiß servieren.

SERVIEREMPFEHLUNGEN *Passt zu Hähnchenbrust oder Heilbuttfilets vom Grill.*

045 SAFRANSAUCE

VORBEREITUNGSZEIT *20 Minuten* **KOCHZEIT** *20 Minuten* **FÜR 4 PERSONEN** *Ergibt ca. 300 ml*

½ TL Safranfäden
40 g kalte Butter, gewürfelt
2 Schalotten, fein gehackt

4 EL trockener Weißwein
300 ml Rahmsauce *(siehe Rezept auf Seite 29)*

Meersalz & frisch gemahlener schwarzer Pfeffer

1 Die Safranfäden in einer kleinen Schüssel zerkrümeln, 2 Esslöffel heißes Wasser dazugeben und 15 Minuten ziehen lassen.
2 15 g Butter in einem Topf schmelzen, die Schalotten hinzufügen und ca. 5 Minuten weich dünsten. Den Wein dazugeben und bei starker Hitze auf 1 Esslöffel reduzieren.
3 Die Safran-Flüssigkeit angießen und die Rahmsauce einrühren. Unter Rühren sanft aufkochen, dann weitere 10 Minuten köcheln lassen. Gelegentlich umrühren.
4 Vom Herd nehmen und die Sauce mit Salz und Pfeffer abschmecken. Stückweise die restliche Butter einrühren und heiß servieren.

SERVIEREMPFEHLUNGEN *Passt zu gebratenen oder gedünsteten Filets vom Schellfisch oder Seeteufel.*

046 WEISSWEIN-SAHNESAUCE

VORBEREITUNGSZEIT *10 Minuten* **KOCHZEIT** *20 Minuten* **FÜR 4–6 PERSONEN** *Ergibt ca. 300 ml*

175 ml trockener Weißwein
200 ml Crème double
100 ml Fisch- oder Gemüsefond *(siehe Rezepte auf Seite 10)*

1 EL frischer Dill oder Kerbel, fein gehackt (nach Belieben)
1 EL frische Petersilie, fein gehackt

Meersalz & frisch gemahlener schwarzer Pfeffer

1 Den Wein in einen Topf geben und bei großer Hitze auf die Hälfte reduzieren.
2 Die Crème double und den Fond einrühren, kurz aufkochen und ohne Deckel 10–15 Minuten köcheln lassen, bis die Sauce leicht eindickt. Gelegentlich umrühren.
3 Den Topf vom Herd nehmen und den Dill und Kerbel (wenn erwünscht) und die Petersilie untermischen. Mit Salz und Pfeffer abschmecken und heiß servieren.

SERVIEREMPFEHLUNGEN *Passt zu ganzen Schollen oder Rotzungen vom Grill oder aus der Pfanne.*

047 KLASSISCHES PESTO

VORBEREITUNGSZEIT *10 Minuten* **KOCHZEIT** *keine* **FÜR 4–6 PERSONEN** *Ergibt ca. 250 ml*

55 g frische Basilikumblätter, grob zerkleinert
55 g Pinienkerne
1 Knoblauchzehe, gepresst
100 ml extra-natives Olivenöl
55 g frischer Parmesan, fein gerieben
Meersalz & frisch gemahlener schwarzer Pfeffer

1. Basilikum, Pinienkerne, Knoblauch und etwas Öl im Mörser mit dem Stößel zu einer Paste verarbeiten.
2. Schrittweise das restliche Öl einarbeiten, den Parmesan untermischen und mit Salz und Pfeffer abschmecken.
3. Man kann das Basilikum mit den Pinienkernen, dem Knoblauch und dem Öl auch im Mixer oder in der Küchenmaschine zu einer weichen Paste vermischen. Dann den Parmesan hinzugeben und noch einmal kurz mixen.
4. In einem Gefäß mit Schraubverschluss und mit einer dünnen Schicht Öl bedeckt, hält sich das Pesto im Kühlschrank 1 Woche lang. Kalt servieren.

SERVIEREMPFEHLUNGEN *Passt zu Teigwaren wie etwa Gnocchi oder Linguine, aber auch zu gegrilltem oder gebratenem Hähnchenfleisch oder zu Schellfischkoteletts.*
VARIATION *25 g Basilikum können gut durch 25 g frische Petersilie ersetzt werden.*

048 ROTWEINSAUCE

VORBEREITUNGSZEIT *10 Minuten* **KOCHZEIT** *15 Minuten* **FÜR 4–6 PERSONEN** *Ergibt ca. 300 ml*

25 g Butter
2–3 Schalotten, fein gehackt
1 kleine Knoblauchzehe, gepresst
2 EL Mehl
2 TL hellbrauner Zucker

300 ml roter Burgunder oder anderer trockener Rotwein
1 EL halbtrockener Sherry
1 TL frischer Thymian oder Rosmarin, fein gewiegt

Meersalz & frisch gemahlener schwarzer Pfeffer

1 Die Butter in einem kleinen Topf schmelzen, Schalotten und Knoblauch hinzufügen und 8–10 Minuten weich dünsten.
2 Mehl und Zucker 1 Minute lang einrühren. Vom Herd nehmen und schrittweise Wein und Sherry unterrühren.
3 Erneut auf den Herd setzen und langsam aufkochen, dabei umrühren, bis die Sauce eindickt. Noch 2–3 Minuten sanft und unter ständigem Umrühren köcheln lassen.
4 Kräuter dazugeben und mit Salz und Pfeffer abschmecken. Heiß servieren.

SERVIEREMPFEHLUNGEN *Passt zu Rinderbraten oder zu Lamm- oder Schweinekoteletts.*
KÜCHENTIPP *Die fertige Sauce leicht abkühlen lassen und nach Belieben im Mixer oder in der Küchenmaschine pürieren, bis sie schön glatt ist. Vor dem Servieren kurz erhitzen.*
Der Rotwein für diese Sauce sollte kräftige Aromen besitzen, aber nicht allzu teuer sein. Beim Kochen verdunstet der Alkohol aus dem Wein, aber die Aromen werden intensiver. Man sollte einen Wein auswählen, den man gerne auch trinken würde.

049 CUMBERLAND-SAUCE
VORBEREITUNGSZEIT *10 Minuten* **KOCHZEIT** *10 Minuten* **FÜR 4–6 PERSONEN**

fein abgeriebene Schale und Saft von 1 Orange
fein abgeriebene Schale und Saft von 1 Zitrone
4 EL rotes Johannisbeergelee
2 EL Rotweinessig
1 TL Dijon-Senf
Meersalz & frisch gemahlener schwarzer Pfeffer
1 EL Speisestärke
4 EL Ruby Port

1 Orangenschale und -saft, Zitronenschale und -saft, Johannisbeergelee, Essig, Senf, eine Prise Salz und Pfeffer mit 4 Esslöffeln Wasser in einem Topf gut vermischen und langsam aufkochen, dabei gelegentlich umrühren.
2 Die Speisestärke in einer kleinen Schüssel mit 1 Esslöffel Wasser und dem Portwein vermengen. Die Masse unter die Sauce rühren und gut durchmischen.
3 Unter ständigem Rühren langsam aufkochen, bis die Sauce eindickt, und noch 2–3 Minuten sanft köcheln lassen. Dabei weiter umrühren.
4 Vom Herd nehmen und zum Abkühlen beiseite stellen. Noch einmal mit Salz und Pfeffer abschmecken und warm oder kalt servieren.

SERVIEREMPFEHLUNGEN *Passt zu gegrilltem oder gebratenem Schnitzel vom Schwein oder zu Fasanen-, Reh- oder Hirschbraten.*
KÜCHENTIPP *In Kochrezepten verwendet wird nur die äußerste Schicht der Schale von unbehandelten Zitrusfrüchten wie Orangen, Zitronen, Limetten und Grapefruits. Sie enthält hoch aromatische, ätherische Öle, die vielen herzhaften und süßen Speisen einen intensiven Geschmack verleihen.*

050 STACHELBEERSAUCE
VORBEREITUNGSZEIT *10 Minuten* **KOCHZEIT** *10 Minuten* **FÜR 6 PERSONEN** *Ergibt ca. 500 ml*

450 g Stachelbeeren
fein abgeriebene Schale und Saft von 1 Orange
150 ml Wasser
25 g Butter, gewürfelt
25 g hellbrauner Zucker
½ TL frisch geriebene Muskatnuss

1 Stachelbeeren mit Orangenschale und -saft und dem Wasser in einem Topf gut vermengen. Die Mischung langsam aufkochen und zugedeckt 5–10 Minuten köcheln lassen, bis die Stachelbeeren weich sind. Gelegentlich umrühren.
2 Vom Herd nehmen und leicht abkühlen lassen, dann die Masse im Mixer oder in der Küchenmaschine fein pürieren.
3 Den Topf ausspülen, das Püree wieder hineingeben und Butter, Zucker und Muskatnuss untermischen. Erneut aufkochen und 1 Minute sanft köcheln lassen. Heiß servieren.

SERVIEREMPFEHLUNGEN *Passt zu fetten Fischsorten wie Makrele oder Forelle vom Grill, aus der Pfanne oder aus dem Backofen, aber auch zu Schweine- oder Gänsebraten sowie gebackenem Camembert.*
VARIATION *Anstelle des braunen Zuckers kann man auch feinsten Kristallzucker verwenden.*
KÜCHENTIPP *Stachelbeersauce ist ein perfekter Begleiter zu herzhaft fetten Speisen wie Makrele, Schwein und Gans sowie gebackenem Weichkäse. Die Säure der erfrischenden, hellgrünen Sauce aus reifen Beeren bildet einen schönen Kontrast zu den fettigen Speisen.*
Die Schalen und kleine Stücke Fruchtfleisch geben dieser Sauce Konsistenz und Farbe. Wenn man allerdings eine glatte Sauce bevorzugt, kann man die pürierte Sauce noch durch ein Sieb streichen.

KAPITEL 3
NUDELSAUCEN

Teigwaren gibt es in sehr vielen verschiedenen Formen und Größen, und sie alle verlangen nach einer köstlichen, selbstgemachten Sauce. Nudelsaucen sollten zusammen mit frisch gekochten, heißen Nudeln serviert werden, und zwar entweder auf den Nudeln oder leicht mit ihnen vermischt.

Jedes der Rezepte in diesem Kapitel enthält eine ganze Reihe Servierempfehlungen, vor allem in Bezug auf die speziellen Nudelsorten. Doch diese Empfehlungen sind keine eisernen Gesetze darüber, welche Nudeln ausschließlich zu einer bestimmten Sauce passen, sondern sollten eher als Leitfaden gesehen werden.

Das folgende Kapitel enthält eine große Auswahl von köstlichen Nudelsaucen, darunter Aglio, olio e peperoncino, scharfe Tomatensauce, Haselnuss-Pesto, Tomatensauce mit Chorizo, Kräutersauce mit Schinken, Käsesauce mit Schinkenspeck, Tomatensauce mit Pancetta und Sahnesauce mit Räucherlachs, aber auch solche „Klassiker" wie Tomaten-Basilikum-Sauce, Bolognese, Primavera (Frühlingssauce) oder Spaghetti Carbonara.

051 ZUCCHINI-PILZ-SAUCE

VORBEREITUNGSZEIT *15 Minuten* **KOCHZEIT** *20 Minuten* **FÜR 4 PERSONEN**

- 55 g Butter
- 1 Zwiebel, fein gehackt
- 1 Knoblauchzehe, gepresst
- 175 g Champignons, in Scheiben geschnitten
- 175 g Zucchini, in feine Scheiben geschnitten
- 25 g Mehl
- 450 ml Milch
- 115 g Cheddar oder Emmentaler, gerieben
- 1–2 EL frische gemischte Kräuter, fein gehackt
- Meersalz & frisch gemahlener schwarzer Pfeffer

1. 25 g Butter in einem Topf schmelzen, Zwiebel, Knoblauch, Pilze und Zucchini hinzufügen und 8–10 Minuten sanft weich dünsten. Das Gemüse mit dem Schaumlöffel auf einen Teller füllen, beiseite stellen und warm halten. Die Flüssigkeit aus dem Topf entfernen.
2. Die restliche Butter in dem Topf schmelzen und das Mehl 1 Minute lang einrühren. Vom Herd nehmen und die Milch schrittweise untermischen.
3. Erneut auf den Herd setzen und langsam aufkochen. Dabei umrühren, bis die Sauce eindickt. Noch 2–3 Minuten langsam unter ständigem Rühren köcheln lassen.
4. Gedünstetes Gemüse, Käse und Kräuter untermischen. Sanft erhitzen, bis der Käse geschmolzen ist, dann mit Salz und Pfeffer abschmecken und heiß servieren.

SERVIEREMPFEHLUNGEN *Passt zu Tagliatelle, Spaghetti oder Penne.*

052 PRIMAVERA (FRÜHLINGSSAUCE)

VORBEREITUNGSZEIT *15 Minuten* **KOCHZEIT** *25 Minuten* **FÜR 4 PERSONEN**

- 2 Karotten, fein gewürfelt
- 2 Zucchini, in Scheiben geschnitten
- 225 g kleine Brokkoli-Röschen
- 115 g frischer Spargel, in je 2,5 cm lange Stücke geschnitten
- 175 g tiefgekühlte Erbsen
- 1 Bund Frühlingszwiebeln, fein gehackt
- 1 Knoblauchzehe, gepresst
- 400 g gehackte Tomaten aus der Dose
- 150 ml Gemüsefond *(siehe Rezept auf Seite 10)*
- 1 EL frische Petersilie, fein gehackt
- 1 EL frisches Basilikum, fein gehackt
- Meersalz & frisch gemahlener schwarzer Pfeffer

1. Karotten, Zucchini, Brokkoli, Spargel, Erbsen, Frühlingszwiebeln, Knoblauch, Tomaten und Fond in einem Topf vermengen und mit Salz und Pfeffer würzen. Unter gelegentlichem Rühren aufkochen, dann bei reduzierter Hitze 10 Minuten köcheln lassen.
2. Ohne Deckel bei starker Hitze weitere 10–15 Minuten kochen, bis das Gemüse weich ist. Dabei gelegentlich umrühren.
3. Kräuter untermischen, mit Salz und Pfeffer abschmecken und heiß servieren.

SERVIEREMPFEHLUNGEN *Passt zu Fusili, Spirali oder Riccioli. Vor dem Servieren nach Belieben mit frisch geriebenem Parmesan bestreuen.*

VARIATION *Statt der Erbsen kann man auch gut Zuckererbsen oder Saubohnen verwenden.*

053 PESTO GENOVESE

VORBEREITUNGSZEIT *10 Minuten* **KOCHZEIT** *keine* **FÜR 4 PERSONEN**

40 g frische Basilikumblätter
15 g frische Petersilie
55 g Pinienkerne
100 ml extra-natives Olivenöl

2 kleine Knoblauchzehen, gepresst
55 g frischer Parmesan, fein gerieben

Meersalz & frisch gemahlener schwarzer Pfeffer

1 Basilikum, Petersilie, Pinienkerne, Olivenöl und Knoblauch im Mixer oder in der Küchenmaschine pürieren.
2 Parmesan untermischen, würzen und noch einmal kurz mixen.
3 In einem Gefäß mit Schraubverschluss und mit einer dünnen Schicht Öl bedeckt, hält sich das Pesto im Kühlschrank 1 Woche lang. Kalt servieren.

SERVIEREMPFEHLUNGEN *Passt gut zu Tagliatelle oder Fettucine, aber auch zu Gnocchi oder Polentascheiben aus der Bratpfanne.*
VARIATION *Der Anteil frische Petersilie kann durch zusätzliches Basilikum ersetzt werden.*
KÜCHENTIPP *Man kann Pesto auch im Mörser mit dem Stößel herstellen. Dazu Basilikum und Petersilie mit Pinienkernen, etwas Öl und Knoblauch im Mörser mit dem Stößel zu einer Paste verarbeiten. Schrittweise das restliche Öl einarbeiten, Parmesan untermischen und mit Salz und Pfeffer abschmecken.*

054 AGLIO, OLIO E PEPERONCINO

VORBEREITUNGSZEIT *10 Minuten* **KOCHZEIT** *10 Minuten* **FÜR 4 PERSONEN**

5 EL Olivenöl
1 kleine Zwiebel, fein gehackt
3–4 Knoblauchzehen, fein gewürfelt oder gepresst
2 frische kleine rote Chilischoten, fein gehackt (für einen milderen Geschmack die Kerne entfernen)

4 getrocknete Tomaten in Öl, abgetropft, trocken getupft und klein geschnitten
2–3 EL frische Petersilie oder frisches Basilikum, gehackt
Meersalz & frisch gemahlener schwarzer Pfeffer

1 1 Esslöffel Öl in einem Topf erhitzen, Zwiebel, Knoblauch und Chili dazugeben und ca. 5 Minuten weich dünsten.
2 Das restliche Öl zusammen mit den getrockneten Tomaten dazugeben. Unter ständigem Rühren sanft erhitzen.
3 Kräuter untermischen, mit Salz und Pfeffer abschmecken und heiß servieren.

SERVIEREMPFEHLUNGEN *Passt gut zu Spaghetti, Spaghettini oder Tagliatelle. Die Nudeln gut mit der Sauce vermischen und vor dem Servieren großzügig mit frisch geriebenem Parmesan bestreuen.*
VARIATIONEN *Statt der roten kann man grüne Chilischoten verwenden. Anstelle der getrockneten Tomaten passen 25–55 g gehackte oder in Scheiben geschnittene, entkernte schwarze Oliven.*

055 TOMATEN-BASILIKUM-SAUCE

VORBEREITUNGSZEIT *15 Minuten* **KOCHZEIT** *30–35 Minuten* **FÜR 4 PERSONEN**

- 1 EL Olivenöl
- 6 Schalotten, fein gehackt
- 2 Knoblauchzehen, fein gehackt
- 2 Stangen Sellerie, klein geschnitten
- 700 g Tomaten, gehäutet, entkernt und gehackt
- 4 getrocknete Tomaten in Öl, abgetropft, trocken getupft und fein gehackt
- 2 EL halbtrockener Sherry
- 1 EL Tomatenmark
- ½ TL hellbrauner Zucker
- Meersalz & frisch gemahlener schwarzer Pfeffer
- 2–3 EL frisches Basilikum, fein gewiegt

1. Das Öl in einem Topf erhitzen, Schalotten, Knoblauch und Sellerie dazugeben und ca. 5 Minuten weich dünsten.
2. Tomaten, getrocknete Tomaten, Sherry, Tomatenmark und Zucker hinzufügen, alles gut vermischen und mit Salz und Pfeffer abschmecken. Aufkochen und dann bei reduzierter Hitze zugedeckt 15 Minuten köcheln lassen. Gelegentlich umrühren.
3. Ohne Deckel bei großer Hitze weitere 10–15 Minuten kochen, bis die Sauce eindickt, dabei gelegentlich umrühren. Basilikum unterrühren und heiß servieren.

SERVIEREMPFEHLUNGEN *Passt zu Penne oder Fusili. Mit frisch geriebenem Parmesan bestreuen und mit einigen frischen Basilikumblättern garnieren. Diese Sauce schmeckt auch köstlich zu gefüllten Teigwaren wie Tortelloni oder Ravioli.*

VARIATIONEN *Anstelle der Schalotten kann man 1–2 kleine Lauchstangen verwenden. Der Sellerie kann durch 2 kleine Karotten ersetzt werden. Statt Basilikum passen auch frische gemischte Kräuter gut zu dieser Sauce.*

056 SCHARFE TOMATENSAUCE
VORBEREITUNGSZEIT *20 Minuten* **KOCHZEIT** *30 Minuten* **FÜR 4 PERSONEN**

- 700 g Tomaten
- 40 g Butter
- 1 Stange Lauch, gewaschen und klein geschnitten
- 1 kleine rote Paprikaschote, entkernt und fein gehackt
- 1 Knoblauchzehe, gepresst
- je 1 TL gemahlenen Kreuzkümmel, gemahlenen Koriander & scharfes Chilipulver
- 175 g Pilze, fein gehackt
- 150 ml trockener Weißwein
- 1 EL Tomatenmark
- Meersalz & frisch gemahlener schwarzer Pfeffer

1 Die Tomaten in eine große Schüssel legen und mit kochendem Wasser übergießen. Nach ca. 30 Sekunden mit dem Schaumlöffel herausnehmen und in kaltes Wasser geben. Abtropfen lassen, die Haut abziehen, die Kerne herausnehmen und das Fruchtfleisch klein schneiden.
2 Die Butter in einem Topf schmelzen, Lauch, Paprika und Knoblauch darin ca. 5 Minuten weich dünsten. Die Gewürze dazugeben und noch 1 Minute weiter dünsten.
3 Tomaten, Pilze, Wein und Tomatenmark einrühren und mit Salz und Pfeffer abschmecken. Aufkochen und zugedeckt 15 Minuten köcheln lassen, gelegentlich umrühren.
4 Ohne Deckel bei starker Hitze weitere 10 Minuten kochen, bis die Sauce leicht eindickt, gelegentlich umrühren. Heiß servieren.

SERVIEREMPFEHLUNGEN *Passt zu Fusili, Penne oder Tortellini. Vor dem Servieren nach Belieben mit frisch geriebenem oder gehobeltem Parmesan bestreuen.*
VARIATION *Anstelle einfacher Tomaten kann man auch Eiertomaten oder Rispentomaten verwenden.*

057 PIKANTE TOMATENSAUCE
VORBEREITUNGSZEIT *15 Minuten* **KOCHZEIT** *30–35 Minuten* **FÜR 4–6 PERSONEN**

- 2 EL Olivenöl
- 1 rote Zwiebel, fein gehackt
- 1 Karotte, klein geschnitten
- 1 Stange Sellerie, fein geschnitten
- 1 Knoblauchzehe, gepresst
- 675 g reife Tomaten, gehäutet, entkernt und gehackt
- 150 ml trockener Weißwein
- 150 ml Gemüsefond *(siehe Rezept auf Seite 10)*
- 1 EL Tomatenmark
- Meersalz & frisch gemahlener schwarzer Pfeffer
- 2 EL frisches Basilikum, gehackt

1 Das Öl in einem Topf erhitzen, Zwiebel, Sellerie und Knoblauch hinzufügen und ca. 10 Minuten sanft weich dünsten.
2 Tomaten, Wein, Brühe und Tomatenmark untermischen und mit Salz und Pfeffer abschmecken.
3 Aufkochen und bei reduzierter Hitze ohne Deckel 20–25 Minuten köcheln lassen, bis die Sauce eindickt. Gelegentlich umrühren.
4 Basilikum einrühren, noch einmal abschmecken und heiß servieren.

SERVIEREMPFEHLUNGEN *Passt Fusili, Penne oder Riccioli.*
VARIATIONEN *Statt der roten Zwiebel eine normale Küchenzwiebel verwenden. Anstelle von Weißwein passt auch Rotwein gut.*

058 KRÄFTIGE TOMATENSAUCE

VORBEREITUNGSZEIT *10 Minuten* **KOCHZEIT** *25 Minuten* **FÜR 4 PERSONEN**

40 g Butter
2 kleine Lauchstangen, gewaschen und klein geschnitten
2 Knoblauchzehen, gepresst
700 g Tomaten, gehäutet, entkernt und grob gehackt
225 g braune Champignons, in Scheiben geschnitten
150 ml Rotwein
1 EL Tomatenmark
Meersalz & frisch gemahlener schwarzer Pfeffer

1 Die Butter in einem Topf schmelzen, Lauch und Knoblauch hinzufügen und ca. 5 Minuten weich dünsten. Tomaten, Pilze, Wein und Tomatenmark untermischen und mit Salz und Pfeffer abschmecken.
2 Aufkochen und bei reduzierter Hitze zugedeckt 10 Minuten köcheln lassen, dabei umrühren.
3 Ohne Deckel bei starker Hitze weitere 10 Minuten kochen, bis die Sauce eindickt, dabei ständig umrühren. Heiß servieren.

SERVIEREMPFEHLUNGEN *Passt zu Tagliatelle, Fettucine oder Linguine.*
VARIATIONEN *Direkt vor dem Servieren 1–2 Esslöffel frisch gehacktes Basilikum in die Sauce mischen. Statt der braunen kann man weiße Champignons verwenden.*
KÜCHENTIPP *Zur Vorbereitung von Lauch das meiste des grünen Teils entfernen und die äußeren Schichten des Lauchs einschneiden, damit man Schmutz und Erde unter kaltem Wasser gut auswaschen kann. Alternativ kann man den Lauch auch erst kürzen, in Scheiben schneiden oder hacken und dann den zerkleinerten Lauch unter fließendem Wasser waschen.*

059 SAUCE MIT SAUBOHNEN UND PETERSILIE

VORBEREITUNGSZEIT *10 Minuten* **KOCHZEIT** *10 Minuten* **FÜR 4 PERSONEN**

350 g Saubohnen (Schälgewicht)
25 g Butter
25 g Mehl
300 ml Milch
150 ml Gemüsefond *(siehe Rezept auf Seite 10)*
eine große Prise Senfpulver
4 EL frische Petersilie, gehackt
Meersalz & frisch gemahlener schwarzer Pfeffer

1 In einem Topf die Saubohnen in kochendem Wasser 5–8 Minuten weich kochen. Abtropfen lassen, beiseite stellen und heiß halten.
2 Inzwischen die Butter in einem weiteren Topf schmelzen und das Mehl 1 Minute lang einrühren. Vom Herd nehmen und schrittweise die Milch und den Fond unterrühren.
3 Erneut auf den Herd setzen und langsam erhitzen, dabei ständig umrühren, bis die Sauce aufkocht und eindickt. Noch 2–3 Minuten langsam unter Rühren köcheln lassen.
4 Saubohnen, Senfpulver und gehackte Petersilie dazugeben, mit Salz und Pfeffer abschmecken und sanft erhitzen. Ständig Umrühren. Heiß servieren.

SERVIEREMPFEHLUNGEN *Passt zu Fusili, Bucati oder Radiatori.*
VARIATIONEN *Gefrorene Saubohnen verwenden, wenn keine frischen erhältlich sind. Vor dem Servieren 55 g fein geriebenen Greyerzer oder Cheddar in die Sauce mischen.*

060 ZUCCHINI-PAPRIKA-SAUCE

VORBEREITUNGSZEIT *10 Minuten* **KOCHZEIT** *25–30 Minuten* **FÜR 4 PERSONEN**

55 g Butter
1 rote Zwiebel, fein gehackt
1 Knoblauchzehe, gepresst
1 rote Paprikaschote, entkernt und gewürfelt
1 gelbe Paprikaschote, entkernt und gewürfelt
4 Zucchini, in Scheiben geschnitten
115 g Champignons, in Scheiben geschnitten
400 g gehackte Tomaten aus der Dose
150 ml Rotwein
1 EL Tomatenmark
Meersalz & frisch gemahlener schwarzer Pfeffer
2 EL frisches Basilikum, gehackt

1 Die Butter in einem kleinen Topf schmelzen, Zwiebel, Knoblauch, Paprika und Zucchini dazugeben und ca. 5 Minuten weich dünsten.
2 Pilze, Tomaten, Rotwein und Tomatenmark untermischen, dann mit Salz und Pfeffer abschmecken. Aufkochen und bei reduzierter Hitze zugedeckt 10 Minuten köcheln lassen, dabei gelegentlich umrühren.
3 Ohne Deckel bei starker Hitze weitere 10–15 Minuten kochen, bis die Sauce eindickt und das Gemüse weich ist, dabei gelegentlich umrühren. Das Basilikum untermischen, noch einmal abschmecken und heiß servieren.

SERVIEREMPFEHLUNGEN *Passt zu Spaghetti, Fettucine oder Tagliatelle.*
VARIATIONEN *Die rote Zwiebel kann durch 1 normale Küchenzwiebel oder 4 Schalotten ersetzt werden. Anstelle des Rotweins kann man trockenen Weißwein oder Gemüsefond verwenden.*

061 KÄSESAUCE MIT GEBACKENEN TOMATEN

VORBEREITUNGSZEIT *20 Minuten* **KOCHZEIT** *20 Minuten* **FÜR 4–6 PERSONEN**

450 g Cherrytomaten
3 EL Olivenöl
4 Schalotten, in dünne Scheiben geschnitten
2 Knoblauchzehen, gepresst
225 g Champignons, in Scheiben geschnitten
250 g Mascarpone
225 g Brie (Gewicht ohne Rinde), entrindet & gewürfelt
4 EL frisches Basilikum, gehackt
Meersalz & frisch gemahlener schwarzer Pfeffer

1 Den Backofen auf 180 °C vorheizen (Gas Stufe 4). Die Tomaten mit den Schnittflächen nach oben in einer Schicht auf eine feuerfeste Platte geben und mit 2 Esslöffeln Öl beträufeln. 10–15 Minuten im Ofen backen, bis sie leicht gar werden.
2 Inzwischen das restliche Öl in einem Topf erhitzen, Schalotten, Knoblauch und Pilze hinzufügen und ca. 5 Minuten weich dünsten. Mascarpone dazugeben und sanft erhitzen, dabei umrühren.
3 Den Brie unterrühren, bis er anfängt zu schmelzen, dann den Topf vom Herd nehmen und vorsichtig die gebackenen Tomaten mit ihrer Flüssigkeit und das Basilikum unterheben. Mit Salz und Pfeffer abschmecken und heiß servieren.

SERVIEREMPFEHLUNGEN *Passt zu Riccioli, Radiatori oder Spirali.*
VARIATIONEN *Statt der Schalotten 1 Zwiebel verwenden. Den Brie kann man auch durch Camembert oder Cambozola (Weichkäse mit Blauschimmel) ersetzen (Rinde entfernen).*

062 GORGONZOLASAUCE MIT WALNÜSSEN

VORBEREITUNGSZEIT *5 Minuten* **KOCHZEIT** *15 Minuten* **FÜR 4 PERSONEN**

1 EL Olivenöl
1 kleine Zwiebel, fein gehackt
1 Knoblauchzehe, gepresst
200 g Crème fraîche
115 g Gorgonzola, gewürfelt
115 g Walnüsse, grob gehackt
2–3 EL frischer Schnittlauch oder Petersilie, gehackt
Meersalz & frisch gemahlener schwarzer Pfeffer

1 Das Öl in einem Topf erhitzen, Zwiebel und Knoblauch dazugeben und 8–10 Minuten sanft weich dünsten.
2 Crème fraîche einrühren und sanft aufkochen, Gorgonzola hinzufügen und bei ständigem Rühren schmelzen lassen.
3 Vom Herd nehmen und Walnüsse und Schnittlauch oder Petersilie unter die Sauce mischen. Mit Salz und Pfeffer abschmecken und heiß servieren.

SERVIEREMPFEHLUNGEN *Passt zu Fusili, Farfalle oder Penne.*
VARIATIONEN *Statt der Zwiebel 2–3 Schalotten verwenden. Die Sauce schmeckt auch mit anderem Blauschimmelkäse gut, etwa Stilton. Die Walnüsse kann man durch Pecannüsse ersetzen.*
KÜCHENTIPP *Wenn gewünscht, können die Walnüsse auch geröstet werden, bevor man sie in die Sauce mischt.*

063 KÄSESAUCE MIT SPINAT

VORBEREITUNGSZEIT *15 Minuten* **KOCHZEIT** *15 Minuten* **FÜR 4 PERSONEN**

25 g Butter
4 Schalotten, fein gehackt
1 Knoblauchzehe, gepresst
25 g Mehl

450 ml Milch
350 g frischer Spinat, gekocht
 und gut abgetropft
115 g Gorgonzola, gewürfelt

Meersalz & frisch gemahlener
 schwarzer Pfeffer

1 Die Butter in einem Topf schmelzen, Schalotten und Knoblauch dazugeben und ca. 5 Minuten weich dünsten. Das Mehl 1 Minute lang einrühren.
2 Vom Herd nehmen und schrittweise die Milch unterrühren. Erneut auf den Herd setzen und langsam erhitzen. Dabei umrühren, bis die Sauce aufkocht und eindickt. Noch 2–3 Minuten langsam und unter ständigem Umrühren köcheln lassen.
3 Den Spinat mit der Rückseite eines Holzlöffels noch einmal gut ausdrücken, dann fein hacken und mit dem Gorgonzola zusammen unter die Sauce geben mischen.
4 Erhitzen, bis der Käse geschmolzen ist. Ständig umrühren. Mit Salz und Pfeffer abschmecken und heiß servieren.

SERVIEREMPFEHLUNGEN *Passt zu Tagliatelle, Linguine oder Spaghetti.*
VARIATIONEN *Statt der Schalotten 1 Zwiebel verwenden. Anstelle von Gorgonzola passt auch in Scheiben geschnittener Cambozola oder geriebener reifer Cheddar gut zu dieser Sauce.*
KÜCHENTIPP *So wird überschüssiges Wasser aus dem Spinat entfernt: Nach dem Kochen in ein Sieb oder einen Durchschlag schütten mit einem Kartoffelstampfer auspressen, oder den Spinat zwischen zwei Platten pressen.*

064 KÄSESAUCE MIT LAUCH

VORBEREITUNGSZEIT *15 Minuten* **KOCHZEIT** *15 Minuten* **FÜR 4 PERSONEN**

55 g Butter
350 g geputzter Lauch,
 gewaschen und in dünne
 Scheiben geschnitten
4 Schalotten, fein gehackt

1 Knoblauchzehe, gepresst
25 g Mehl
450 ml Milch
150 g Greyerzer, gerieben

1 EL frischer Estragon,
 gehackt (nach Belieben)
Meersalz & frisch gemahlener
 schwarzer Pfeffer

1 25 g Butter in einem Topf schmelzen, Lauch, Schalotten und Knoblauch dazugeben und ca. 8–10 Minuten weich dünsten. Mit einem Schaumlöffel das Gemüse auf einen Teller geben, beiseite stellen und heiß halten. Übrig gebliebene Kochflüssigkeit entfernen.
2 Restliche Butter mit Mehl und Milch in den Topf füllen und langsam erhitzen, bis die Sauce aufkocht und eindickt. Dabei ständig umrühren. Noch 3–4 Minuten sanft und unter ständigem Rühren köcheln lassen.
3 Gedünstetes Gemüse, Käse und Estragon (wenn erwünscht) unter die Sauce mischen. Erneut erhitzen, bis der Käse geschmolzen ist. Mit Salz und Pfeffer abschmecken und heiß servieren.

SERVIEREMPFEHLUNGEN *Passt zu Linguine, Fettucine oder Tagliatelle.*

065 BOLOGNESE

VORBEREITUNGSZEIT *10 Minuten* **KOCHZEIT** *1 Stunde 10 Minuten* **FÜR 4–6 PERSONEN**

- 1 EL Olivenöl
- 2 rote Zwiebeln, gehackt
- 1 Möhre, klein geschnitten
- 2 Selleriestangen, fein geschnitten
- 1 Knoblauchzehe, gepresst
- 500 g mageres Hackfleisch vom Rind
- 1 EL Mehl
- 225 g Pilze, in Scheiben geschnitten
- 400 g gehackte Tomaten aus der Dose
- 1 EL Tomatenmark
- 300 ml Fleisch- oder Gemüsefond *(siehe Rezepte auf den Seiten 10 und 11)*
- 300 ml trockener Rot- oder Weißwein
- 2 TL getrocknete italienische Kräuter
- Meersalz & frisch gemahlener schwarzer Pfeffer

1 Das Öl in einem großen Topf erhitzen, Zwiebeln, Karotte, Sellerie und Knoblauch dazugeben und ca. 5 Minuten weich dünsten.
2 Hackfleisch dazugeben und braten, bis es rundum gebräunt ist. Gelegentlich umrühren. Das Mehl 1 Minute lang einrühren.
3 Pilze, Tomaten, Tomatenmark, Brühe, Wein, Kräuter und Gewürze an die Fleischmasse geben und alles gut vermischen.
4 Aufkochen, dann bei reduzierter Hitze zugedeckt ca. 1 Stunde köcheln lassen, bis das Fleisch gar und die Flüssigkeit reduziert ist. Gelegentlich umrühren. Man kann auch 15–20 Minuten vor dem Ende der Kochzeit den Deckel abnehmen und die Sauce bei stärkerer Hitze einkochen, damit sie dicker wird. Heiß servieren.

SERVIEREMPFEHLUNGEN *Ein Klassiker zu Spaghetti oder Spaghettini. Vor dem Servieren mit fein geriebenem frischem Parmesan bestreuen.*
VARIATIONEN *Statt Rindfleisch Lamm oder Schwein verwenden. Wein durch zusätzliche Brühe ersetzen.*

066 SPAGHETTI CARBONARA

VORBEREITUNGSZEIT *10 Minuten* **KOCHZEIT** *15 Minuten* **FÜR 4 PERSONEN**

- 350 g Spaghetti
- Meersalz & frisch gemahlener schwarzer Pfeffer
- 25 g Butter
- 1 EL Olivenöl
- 1 Zwiebel, fein gehackt
- 225 g geräucherter Rückenspeck, klein geschnitten
- 3 Eier, aufgeschlagen
- 6 EL Crème double
- 55 g Pecorino, fein gerieben
- 85 g frischer Parmesan, fein gerieben
- 2 EL gehackte frische Petersilie oder Schnittlauch

1 Die Spaghetti in einem großen Topf in kochendem Salzwasser ca. 10–12 Minuten „al dente" oder weich kochen.
2 Inzwischen in einem weiteren Topf das Olivenöl erhitzen und die Butter schmelzen. Die Zwiebel dazugeben und ca. 5 Minuten weich dünsten.
3 Schinken hinzufügen und 5 Minuten garen, dabei öfter umrühren. Vom Herd nehmen und beiseite stellen.
4 In einer Schüssel Eier, Crème double, Pecorino, 55 g Parmesan, Petersilie oder Schnittlauch und Gewürze gut vermischen.
5 Die Nudeln abtropfen lassen und in einen sauberen Topf geben. Die Schinkenmischung gut unterheben. Die Eiermischung hinzufügen und bei geringer Hitze sanft köcheln lassen – dabei ständig gut durchmischen –, bis das Ei gerade cremig-fest wird. Mit dem restlichen Parmesan bestreuen und sofort servieren.

SERVIEREMPFEHLUNGEN *Passt zu Spaghetti und Tagliatelle.*
VARIATION *Anstelle von Schinken passt auch geräucherter Pancetta.*

067 HASELNUSS-PESTO

VORBEREITUNGSZEIT *10 Minuten* **KOCHZEIT** *keine* **FÜR 4 PERSONEN**

- 55 g frische Basilikumblätter, grob zerkleinert
- 55 g Haselnüsse, leicht geröstet
- 2 Knoblauchzehen, gepresst
- 100 ml Olivenöl
- 85 g frischer Parmesan, fein gerieben
- Meersalz & frisch gemahlener schwarzer Pfeffer

1. Basilikumblätter, Haselnüsse, Knoblauch und Olivenöl im Mixer oder in der Küchenmaschine pürieren. Parmesan dazugeben, würzen und noch einmal kurz mixen.
2. Alternativ kann man das Basilikum mit den Haselnüssen, dem Knoblauch und etwas Öl in einem Mörser mit dem Stößel zu einer Paste verarbeiten. Schrittweise das restliche Öl einarbeiten, den Parmesan untermischen und mit Salz und Pfeffer abschmecken.
3. In eine kleine Schüssel geben und zugedeckt bis zum Servieren kühl stellen. In einem Gefäß mit Schraubverschluss und mit einer dünnen Schicht Öl bedeckt, hält sich das Pesto im Kühlschrank 1 Woche lang. Kalt servieren.

SERVIEREMPFEHLUNGEN *Passt zu gefüllten Teigwaren wie Ravioli, aber auch zu einfachen Spaghetti, grünen Tagliatelle, Farfalle oder Fusili.*
VARIATION *Die Haselnüsse kann man durch leicht geröstete Pinienkerne oder Mandeln ersetzen.*
KÜCHENTIPP *Die köstlichen Basilikumblätter sollten möglichst schonend behandelt werden. Um zu vermeiden, dass sie merklich an Geschmack und Farbe einbüßen, sollte man sie nur mit den Händen zerreißen, statt sie mit dem Messer zu zerschneiden. Wenn man Basilikum mit dem Messer schneidet oder hackt, müssen die zerkleinerten Blätter so schnell wie möglich verwendet werden.*

068 TOMATENSAUCE MIT CHORIZO

VORBEREITUNGSZEIT *20 Minuten* **KOCHZEIT** *25–30 Minuten* **FÜR 4 PERSONEN**

- 55 g Butter
- 1 rote Zwiebel, fein gehackt
- 1 kleine rote Paprikaschote, entkernt und klein geschnitten
- 2 Stangen Sellerie, fein geschnitten
- 2 Knoblauchzehen, gepresst
- 175 g Chorizo, in dünne Scheiben geschnitten
- 400 g gehackte Tomaten aus der Dose
- 4 getrocknete Tomaten in Öl, abgetropft, trocken getupft und klein geschnitten
- 6 EL trockener Weißwein
- 1 EL pürierte getrocknete Tomaten
- Meersalz & frisch gemahlener schwarzer Pfeffer
- 2–3 EL frisches Basilikum, gehackt

1. Die Butter in einem Topf schmelzen, Zwiebel, rote Paprika, Sellerie und Knoblauch hinzufügen und ca. 5 Minuten weich dünsten. Chorizo dazugeben und 1 Minute dünsten.
2. Dosentomaten, getrocknete Tomaten, Weißwein und pürierte Tomaten untermischen und mit Salz und Pfeffer abschmecken. Aufkochen und bei reduzierter Hitze zugedeckt 15 Minuten köcheln lassen, gelegentlich umrühren.
3. Bei großer Hitze ohne Deckel weitere 5–10 Minuten kochen, bis die Sauce eindickt. Gelegentlich umrühren. Basilikum untermischen und heiß servieren.

SERVIEREMPFEHLUNGEN *Passt zu Tagliatelle oder Fettucine.*
VARIATIONEN *Anstelle der Dosentomaten kann man auch frische Tomaten verwenden – 500 g frische Eier- oder Rispentomaten häuten und hacken und wie im Rezept beschrieben verwenden. Zudem kann der Weißwein durch Rotwein ersetzt werden.*

069 KRÄUTERSAUCE MIT SCHINKEN
VORBEREITUNGSZEIT *10 Minuten* **KOCHZEIT** *20 Minuten* **FÜR 4 PERSONEN**

- 2 EL Olivenöl
- 175 g Prosciutto in dünnen Streifen
- 1 rote Zwiebel, fein gehackt
- 2 Zucchini, klein geschnitten
- 1 EL frische glatte Petersilie, gehackt
- 1 EL frisches Basilikum, klein geschnitten
- 1 EL frischer Oregano oder Majoran, gehackt
- 280 g Crème fraîche
- Meersalz & frisch gemahlener schwarzer Pfeffer

1 Das Öl in einer beschichteten Bratpfanne erhitzen, schrittweise den Kochschinken dazugeben – immer nur einige Streifen auf einmal – und bei großer Hitze wellig und knusprig braten. Auf einen Teller geben, beiseite stellen und heiß halten.
2 Das restliche Öl in der Pfanne erhitzen, die Zwiebel hinzufügen und 3 Minuten dünsten. Die Zucchini dazugeben und weitere 7 Minuten gar dünsten.
3 Kräuter und Crème fraîche zum Gemüse geben und sanft erhitzen, dabei umrühren.
4 Den zerrissenen Schinken in feine Streifen oder Stücke schneiden und in die Kräutersauce mischen. Gut umrühren, mit Salz und Pfeffer abschmecken und heiß servieren.

SERVIEREMPFEHLUNGEN *Passt zu Fusili, Rigatoni, Amori oder Spirali, aber auch zu Gnocchi.*
VARIATIONEN *Statt Kochschinken Parmaschinken verwenden. Die rote Zwiebel kann durch 4 Schalotten oder 1 Lauchstange ersetzt werden. Anstelle von Crème fraîche passt Crème double.*

070 KÄSESAUCE MIT SCHINKENSPECK
VORBEREITUNGSZEIT *10 Minuten* **KOCHZEIT** *20 Minuten* **FÜR 4 PERSONEN**

- 2 EL Olivenöl
- 2 kleine Lauchstangen, gewaschen und in Scheiben geschnitten
- 225 g Champignons, in Scheiben geschnitten
- 1 Knoblauchzehe, gepresst
- 2 EL trockener Sherry
- 150 ml Crème double oder Crème fraîche
- Meersalz & frisch gemahlener schwarzer Pfeffer
- 140 g geräucherter Schinkenspeck, gewürfelt
- 115 g Gorgonzola, gewürfelt
- 2 EL gehackte frische Petersilie oder Schnittlauch

1 Das Öl in einer Bratpfanne erhitzen, Lauch, Pilze und Knoblauch dazugeben und ca. 8–10 Minuten weich dünsten.
2 Den Sherry angießen und bei großer Hitze kochen, bis fast die gesamte Flüssigkeit verdampft ist, dabei oft umrühren.
3 Bei reduzierter Hitze Crème double oder Crème fraîche einrühren, mit Salz und Pfeffer abschmecken und noch 1–2 Minuten sanft köcheln lassen.
4 Schinkenspeck, Käse und Petersilie oder Schnittlauch hinzufügen und langsam erhitzen, dabei ständig umrühren. Heiß servieren.

SERVIEREMPFEHLUNGEN *Passt zu Fettucine, Tagliatelle, Linguine oder Spaghetti.*
VARIATIONEN *Anstelle von Gorgonzola passt auch Cambozola oder anderer Blauschimmel-Weichkäse. Statt Schinkenspeck kann man auch mageren Räucherschinken verwenden.*

071 TOMATENSAUCE MIT PANCETTA
VORBEREITUNGSZEIT *15 Minuten* **KOCHZEIT** *20–25 Minuten* **FÜR 4 PERSONEN**

40 g Butter
1 große Zwiebel, gehackt
2 Knoblauchzehen, gepresst
200 g Pancetta, gewürfelt
700 g Tomaten, gehäutet & gehackt

280 g Champignons, halbiert
1 EL Tomatenketchup
1 EL Tomatenmark
Meersalz & frisch gemahlener schwarzer Pfeffer

2 EL frische gemischte Kräuter, gehackt

1 Die Butter in einem Topf schmelzen, Zwiebel, Knoblauch und Pancetta hinzufügen und ca. 5 Minuten weich dünsten.
2 Tomaten, Pilze, Tomatenketchup und Tomatenmark dazugeben, mit Salz und Pfeffer abschmecken und gut umrühren.
3 Aufkochen und bei reduzierter Hitze zugedeckt 20–25 Minuten köcheln lassen, bis das Gemüse weich ist, gelegentlich umrühren.
4 Die Kräuter einrühren, noch einmal abschmecken und heiß servieren.

SERVIEREMPFEHLUNGEN *Passt zu Penne, Fusili oder Riccioli.*
VARIATIONEN *Anstelle von Pancetta kann man auch Chorizo oder durchwachsenen Speck (geräuchert oder ungeräuchert) nehmen. Die frischen Tomaten können durch 2 Tomatendosen à 400 g ersetzt werden. Statt gemischter Kräuter gehacktes Basilikum verwenden.*
KÜCHENTIPP *Pancetta ist ein durchwachsener Speck aus Italien, der geräuchert und ungeräuchert („grün") erhältlich ist. Man verwendet ihn in Rezepten wie diesem, gepökelter Pancetta kann aber auch aufgeschnitten und wie kaltes Fleisch serviert werden.*

072 LAUCHSAUCE MIT SCHINKEN
VORBEREITUNGSZEIT *10 Minuten* **KOCHZEIT** *15 Minuten* **FÜR 4 PERSONEN**

350 g geputzter Lauch, gewaschen und in dünne Scheiben geschnitten
25 g Butter
25 g Mehl
300 ml Milch

150 ml Gemüsefond *(siehe Rezept auf Seite 10),* gekühlt
175 g geräucherter Kochschinken, gewürfelt

2–3 EL frischer Schnittlauch, fein gewiegt
Meersalz & frisch gemahlener schwarzer Pfeffer
55 g reifer Emmentaler, fein gerieben (nach Belieben)

1 Den Lauch über einem Topf mit kochendem Wasser ca. 10 Minuten weich dämpfen.
2 Inzwischen Butter, Mehl, Milch und Brühe in einen Topf geben und langsam erhitzen, dabei ständig umrühren, bis die Sauce aufkocht und eindickt. Weitere 3–4 Minuten köcheln lassen, dabei umrühren.
3 Den Lauch abtropfen lassen, auspressen und mit dem Schinken und dem Schnittlauch unter die Sauce mischen. Mit Salz und Pfeffer abschmecken. Sanft erhitzen, dabei ständig umrühren. Den Käse untermischen (wenn erwünscht) und heiß servieren.

SERVIEREMPFEHLUNGEN *Passt zu Fettucine oder Linguine.*

073 ZUCCHINISAUCE MIT THUNFISCH
VORBEREITUNGSZEIT *10 Minuten* **KOCHZEIT** *20 Minuten* **FÜR 4 PERSONEN**

- 25 g Butter
- 225 g geputzter Lauch, gewaschen und in dünne Scheiben geschnitten
- 225 g Zucchini, in dünne Scheiben geschnitten
- 25 g Mehl
- 425 ml Gemüsefond *(siehe Rezept auf Seite 10)*
- 150 ml trockener Weißwein
- 400 g Thunfisch im Aufguss oder in Öl aus der Dose, abgetropft und zerdrückt
- 1–2 EL frische Petersilie oder Koriander, gehackt
- 1 Spritzer Tabascosauce
- Meersalz & frisch gemahlener schwarzer Pfeffer
- 55 g geröstete Mandelsplitter

1 Die Butter in einem Topf schmelzen, Lauch und Zucchini hinzufügen und zugedeckt ca. 10 Minuten weich kochen, gelegentlich umrühren. Das Mehl 1 Minute einrühren.
2 Vom Herd nehmen und schrittweise Fond und Wein unterrühren. Erneut auf den Herd setzen und langsam aufkochen, dabei umrühren, bis die Sauce eindickt. Noch 2–3 Minuten langsam und unter ständigem Umrühren köcheln lassen.
3 Thunfisch, Petersilie oder Koriander, Tabasco, Salz und Pfeffer untermischen und sanft erhitzen, dabei ständig umrühren. Die Mandelsplitter über die angerichteten Nudeln mit der Sauce streuen und heiß servieren.

SERVIEREMPFEHLUNGEN *Passt zu Tagliatelle, Fettucine oder Linguine.*

074 FEINE THUNFISCHSAUCE
VORBEREITUNGSZEIT *10 Minuten* **KOCHZEIT** *10–15 Minuten* **FÜR 4 PERSONEN**

- 55 g Butter
- 225 g geputzter Lauch, gewaschen und in dünne Scheiben geschnitten
- 225 g Champignons, in Scheiben geschnitten
- 25 g Mehl
- 425 ml Milch
- 400 g Thunfisch im Aufguss oder in Öl aus der Dose, abgetropft und zerdrückt
- 2–3 EL frische Petersilie, gehackt
- eine gute Prise Cayennepfeffer
- Meersalz & frisch gemahlener schwarzer Pfeffer

1 Die Butter in einem Topf schmelzen, Lauch und Pilze hinzufügen und ca. 10 Minuten sanft weich dünsten. Das Mehl 1 Minute lang einrühren.
2 Vom Herd nehmen und schrittweise die Milch unterrühren. Erneut auf den Herd setzen und langsam erhitzen, dabei umrühren, bis die Sauce aufkocht und eindickt. Noch 2–3 Minuten langsam und unter ständigem Umrühren köcheln lassen.
3 Thunfisch, Petersilie, Cayennepfeffer, Salz und Pfeffer untermischen und sanft erhitzen, dabei ständig umrühren. Heiß servieren.

SERVIEREMPFEHLUNGEN *Passt zu Spaghetti, Tagliatelle, Linguine oder Spaghettini.*
VARIATIONEN *Statt Thunfisch kann man Dosenlachs verwenden. Die Pilze können durch in Scheiben geschnittene Zucchini ersetzt werden. Anstelle von Petersilie 1 Esslöffel gehackten Estragon oder Koriander nehmen.*

075 SAHNESAUCE MIT RÄUCHERLACHS

VORBEREITUNGSZEIT *10 Minuten* **KOCHZEIT** *15 Minuten* **FÜR 4 PERSONEN**

25 g Butter
225 g Champignons, halbiert
150 ml trockener Weißwein
280 g Crème fraîche
280 g Räucherlachs in schmalen Streifen oder kleinen Stücken
1 EL frischer Dill, gehackt
1 EL Meerrettichsahne
Meersalz & frisch gemahlener schwarzer Pfeffer

1. Die Butter in einem Topf schmelzen, die Pilze hinzufügen und ca. 5 Minuten sanft weich dünsten.
2. Den Wein angießen, aufkochen lassen und bei großer Hitze kochen, bis die Flüssigkeit auf die Hälfte reduziert ist. Gelegentlich umrühren.
3. Bei reduzierter Hitze die Crème fraîche einrühren und sanft aufkochen lassen.
4. Räucherlachs, Dill, Meerrettichsahne, Salz und Pfeffer hinzugeben, gut vermischen und 1–2 Minuten sanft erhitzen. Heiß servieren.

SERVIEREMPFEHLUNGEN *Passt zu Linguine, Fettucine oder Tagliatelle.*
VARIATIONEN *Statt Pilzen kann man auch in Scheiben geschnittene Zucchini verwenden. Die Crème fraîche kann durch Crème double ersetzt werden. Anstelle von Dill gehackte Petersilie oder gewiegten Schnittlauch nehmen.*

076 GEMÜSESAUCE MIT FORELLE UND MANDELN

VORBEREITUNGSZEIT *10 Minuten* **KOCHZEIT** *15 Minuten* **FÜR 4–6 PERSONEN**

- 2 EL Sonnenblumenöl
- 280 g geputzter Lauch, gewaschen und in dünne Scheiben geschnitten
- 280 g Zucchini, in Scheiben geschnitten
- 25 g Butter
- 25 g Mehl
- 425 ml Fisch- oder Gemüsefond *(siehe Rezepte auf Seite 10)*
- 150 ml trockener Weißwein
- 225 g geräucherte Forellenfilets ohne Haut, zerdrückt
- 2–3 TL frischer Estragon, gehackt
- 55 g geröstete Mandelsplitter
- Meersalz & frisch gemahlener schwarzer Pfeffer

1. Das Öl in einer Bratpfanne erhitzen, Lauch und Zucchini hinzufügen und ca. 8–10 Minuten sanft weich dünsten.
2. Inzwischen die Butter in einem Topf schmelzen und das Mehl 1 Minute lang einrühren. Schrittweise Fond und Wein unterrühren, dann unter ständigem Rühren 2–3 Minuten sanft köcheln lassen.
3. Gedünstetes Gemüse, Forelle und Estragon in die Sauce mischen, dann sanft erhitzen und dabei ständig umrühren.
4. Die Mandelsplitter über die angerichteten Nudeln mit der Sauce streuen, mit Salz und Pfeffer abschmecken und heiß servieren.

SERVIEREMPFEHLUNGEN *Passt zu Tagliatelle, Spaghetti oder Fettucine.*

077 THUNFISCHSAUCE MIT BRUNNENKRESSE

VORBEREITUNGSZEIT *10 Minuten* **KOCHZEIT** *15 Minuten* **FÜR 4 PERSONEN**

- 20 g Butter
- 3 Schalotten, fein gehackt
- 1 Knoblauchzehe, gepresst
- 175 g Brunnenkresse, gewaschen und trocken getupft
- 300 ml Crème fraîche
- 1 TL Dijon-Senf
- Meersalz & frisch gemahlener schwarzer Pfeffer
- 400 g Thunfisch im Aufguss oder in Öl aus der Dose, abgetropft und zerdrückt

1. Die Butter in einem Topf schmelzen, Schalotten, Knoblauch und Brunnenkresse hinzufügen und ca. 5 Minuten sanft weich dünsten.
2. Vom Herd nehmen, beiseite stellen und leicht abkühlen lassen. Die Brunnenkresse-Mischung mit Crème fraîche, Senf und Gewürzen in einem Mixer oder einer Küchenmaschine fein pürieren.
3. Die Mischung in einen Topf geben und sanft erhitzen, dabei ständig umrühren.
4. Den Thunfisch in die Sauce geben und erhitzen, weiter umrühren. Erneut abschmecken und heiß servieren.

SERVIEREMPFEHLUNGEN *Passt zu Farfalle, Conchiglie oder Penne.*
VARIATIONEN *Statt der Schalotten kann man 1 Küchenzwiebel oder rote Zwiebel verwenden.*

078 TOMATENSAUCE MIT MUSCHELN
VORBEREITUNGSZEIT *20 Minuten* **KOCHZEIT** *30–35 Minuten* **FÜR 4 PERSONEN**

- 1 EL Olivenöl
- 1 Zwiebel, fein gehackt
- 2 Knoblauchzehen, fein gehackt
- 2 Stangen Sellerie, klein geschnitten
- 1 rote Paprikaschote, entkernt und fein gehackt
- 115 g Champignons, klein geschnitten
- 700 g reife Eiertomaten, gehäutet, entkernt und grob gehackt
- 4 getrocknete Tomaten in Öl, abgetropft, trocken getupft und fein geschnitten
- 6 EL Rotwein
- 1 EL Tomatenmark
- Meersalz & frisch gemahlener schwarzer Pfeffer
- 225 g gekochte frische Miesmuscheln ohne Schalen
- 2 EL frisches Basilikum, gehackt

1 Das Öl in einem Topf erhitzen, Zwiebel, Knoblauch, Sellerie, Paprika und Pilze hinzufügen und ca. 5 Minuten sanft weich dünsten.
2 Eiertomaten, getrocknete Tomaten, Wein, Tomatenmark untermischen und mit Pfeffer und Salz abschmecken. Aufkochen, dann bei reduzierter Hitze zugedeckt 20–25 Minuten köcheln lassen, bis das Gemüse weich ist, gelegentlich umrühren.
3 Das Muschelfleisch einrühren und bei größerer Hitze ohne Deckel ca. 5 Minuten erhitzen, dabei gelegentlich umrühren. Basilikum zugeben und alles gut verrühren. Heiß servieren.

SERVIEREMPFEHLUNGEN *Passt zu Tagliatelle oder Linguine.*

079 CAJUN-HUHN
VORBEREITUNGSZEIT *15 Minuten* **KOCHZEIT** *15 Minuten* **FÜR 4 PERSONEN**

- 1 EL Olivenöl
- 1 Zwiebel, fein gehackt
- 1 rote Paprikaschote, entkernt und in Streifen geschnitten
- 2 kleine Zucchini, gestiftelt
- 225 g Champignons, halbiert
- 450 g Hühnerbrustfilets, in dünne Streifen geschnitten
- 1 EL Cajun-Gewürz
- 1 EL Speisestärke
- 2 EL trockener Sherry
- 300 ml Hühnerfond *(siehe Rezept auf Seite 11)*
- 2 EL Tomatenmark
- Meersalz & frisch gemahlener schwarzer Pfeffer

1 Das Öl in einem Wok oder einer großen Bratpfanne erhitzen, Zwiebel, Paprika, Zucchini und Pilze dazugeben und unter Rühren 3 Minuten anbraten.
2 Hühnerfleisch hinzufügen und weitere 3–4 Minuten garen, dabei ständig umrühren. Das Cajun-Gewürz beimengen und 1 weitere Minute rühren.
3 Die Speisestärke mit dem Sherry vermengen und mit Brühe, Tomatenmark und Gewürzen in den Wok geben. Rührend erhitzen, bis die Masse aufkocht, dann noch 2–3 Minuten sanft köcheln lassen. Ständig umrühren und heiß servieren.

SERVIEREMPFEHLUNGEN *Passt zu Tagliatelle, Fettucine oder Spaghetti.*
VARIATIONEN *Statt der Zucchini kann man 2 Karotten verwenden. Das Hühnerfleisch kann durch Putenbrust oder mageres Schweinefleisch ersetzt werden. Anstelle von Cajun-Gewürz eine chinesische Gewürzmischung (5 Gewürze oder 7 Gewürze) nehmen.*

080 GEMÜSESAUCE MIT HÜHNERFLEISCH

VORBEREITUNGSZEIT *15 Minuten* **KOCHZEIT** *20 Minuten* **FÜR 4–6 PERSONEN**

- 40 g Butter
- 2 Lauchstangen, gewaschen und in dünne Scheiben geschnitten
- 225 g Champignons, in Scheiben geschnitten
- 40 g Mehl
- 300 ml Milch
- 150 ml Hühnerfond *(siehe Rezept auf Seite 11)*, gekühlt
- 250 g gekochtes Hühnerbrustfilet, in kleine Stücke geschnitten
- 1–2 EL frische Petersilie, gehackt
- Meersalz & frisch gemahlener schwarzer Pfeffer

1. Die Butter in einem Topf schmelzen, Lauch und Pilze hinzufügen und 8–10 Minuten sanft weich dünsten.
2. Das Mehl 1 Minute lang einrühren. Vom Herd nehmen und schrittweise Milch und Fond untermischen.
3. Erneut auf den Herd setzen und langsam aufkochen, dabei umrühren, bis die Sauce eindickt. Noch 2–3 Minuten sanft und unter ständigem Umrühren köcheln lassen.
4. Das Hühnerfleisch an die Sauce geben und unter ständigem Rühren erneut aufkochen, dann 5 Minuten sanft köcheln lassen. Gelegentlich umrühren.
5. Die Petersilie einrühren, mit Salz und Pfeffer abschmecken und heiß servieren.

SERVIEREMPFEHLUNGEN *Passt zu Fusili oder Riccioli.*
VARIATIONEN *Statt Hühnerfleisch kann man auch gekochte Putenbrust oder Kochschinken verwenden. Die Petersilie durch gehackten frischen Estragon, Koriander oder gemischte Kräuter ersetzen.*

KAPITEL 4

SAUCEN ZU FISCH UND MEERESFRÜCHTEN

Viele Arten Fisch und Meeresfrüchte, darunter Kabeljau, Schellfisch, Seeteufel, Scholle, Rotzunge, Lachs, Thunfisch, Krabben und Muscheln, werden durch eine köstliche Sauce geradezu „veredelt". Einfach gegrillt, im Ofen gebacken oder in der Pfanne gebraten, werden sie in Kombination mit passenden Saucen zu perfekten und köstlichen Gerichten, die zu zahlreichen Gelegenheiten gereicht werden können und die fast jedem schmecken.

Das folgende Kapitel enthält eine vielseitige Auswahl von erlesenen Saucen, die hervorragend zu zahlreichen Fischen und Meeresfrüchten passen, darunter Sauce Marie Rose (Cocktailsauce), Feine Petersiliensauce, Schnittlauch-Käse-Sauce, Senfsauce mit Dill, Rote Paprikasauce, Pikante Pilzsauce, Avocadocreme, Sahnige Zitronensauce, Tomatencoulis, Rouille, Pistazienbutter und Kräuterbutter mit Limette.

081 SAUCE MARIE ROSE (COCKTAILSAUCE)

VORBEREITUNGSZEIT *15 Minuten* **KOCHZEIT** *keine* **FÜR 4–6 PERSONEN** *Ergibt ca. 350 ml*

200 ml Mayonnaise *(siehe Rezept auf Seite 37)*
4 EL Crème double
2 EL Tomatenketchup
1 TL Worcestersauce
1 TL frischer Zitronen- oder Limettensaft
2 TL Meerrettichsahne (nach Belieben)
einige Tropfen Tabascosauce
Meersalz & frisch gemahlener schwarzer Pfeffer

1 Die Mayonnaise in einer Schüssel gut mit der Crème double vermischen.
2 Tomatenketchup, Worcestersauce, Zitronen- oder Limettensaft, Meerrettichsauce (wenn erwünscht) und Tabascosauce dazugeben und gut vermischen.
3 Mit Salz und Pfeffer abschmecken. Sofort servieren oder zugedeckt bis zum Servieren kühlen. Kalt servieren.

SERVIEREMPFEHLUNGEN *Passt zu kalten, gekochten Riesengarnelen, gemischten Meeresfrüchten oder Krabbenfleisch.*
KÜCHENTIPPS *Worcestersauce ist eine sehr aromatische dunkle Würzsauce, die man zu gegrilltem oder gebratenem Fleisch oder Geflügel reichen kann, die aber auch sehr gut zu Rezepten wie diesem oder zu Salatsaucen oder anderen Saucen passt, die starke Aromen benötigen.*
Die feurige Tabascosauce gibt Saucen, Marinaden und Salatsaucen Schärfe und ebenfalls Aromen.

082 FEINE PETERSILIENSAUCE

VORBEREITUNGSZEIT *35 Minuten* **KOCHZEIT** *10 Minuten* **FÜR 4 PERSONEN** *Ergibt ca. 300 ml*

300 ml Vorzugsmilch
1 Schalotte, halbiert
1 kleine Karotte, in dicke Scheiben geschnitten
1 Lorbeerblatt
½ TL schwarze Pfefferkörner
einige Stängel frische Petersilie
15 g Butter
15 g Mehl
2–3 EL frische Petersilie, gehackt
Meersalz & frisch gemahlener schwarzer Pfeffer

1 Die Milch mit der Schalotte, der Karotte, dem Lorbeerblatt, den schwarzen Pfefferkörnern und den Petersilienstängeln in einem kleinen Topf fast bis zum Kochen erhitzen, dann zugedeckt beiseite stellen und 30 Minuten ziehen lassen.
2 Die aromatisierte Milch durch ein Sieb abseihen.
3 In einem anderen Topf die Butter schmelzen und das Mehl 1 Minute lang einrühren. Vom Herd nehmen und schrittweise die aromatisierte Milch untermischen.
4 Erneut auf den Herd setzen und langsam aufkochen, dabei umrühren, bis die Sauce eindickt und glatt wird. Noch 2–3 Minuten unter ständigem Rühren köcheln lassen.
5 Die Petersilie unterrühren, mit Salz und Pfeffer abschmecken und heiß servieren.

SERVIEREMPFEHLUNGEN *Passt zu gebratenen Kabeljau-, Schellfisch- oder Steinbuttfilets, aber auch zu Fischfrikadellen aus dem Backofen.*
VARIATIONEN *Eine Hälfte der Milch durch Gemüsefond ersetzen. Statt Petersilie kann man gehackte gemischte Kräuter verwenden, etwa Petersilie, Schnittlauch, Oregano und Basilikum.*
KÜCHENTIPP *Es gibt zwei Sorten von Petersilie – die krause und die glatte. Zu dieser Sauce passt am besten die weiter verbreitete krause Petersilie.*

083 KÄSE-KRÄUTERSAUCE

VORBEREITUNGSZEIT *5 Minuten* **KOCHZEIT** *10 Minuten* **FÜR 4 PERSONEN** *Ergibt ca. 350 ml*

- 20 g Butter
- 20 g Mehl
- 300 ml Milch
- 55 g Emmentaler, frisch gerieben
- 1 TL Dijon-Senf
- 3 EL frische gehackte Kräuter, etwa Petersilie, Oregano, Thymian & Schnittlauch
- Meersalz & frisch gemahlener schwarzer Pfeffer

1 Butter, Mehl und Milch in einem Topf unter ständigem Rühren langsam erhitzen, bis die Sauce aufkocht, eindickt und glatt wird. Noch 3–4 Minuten sanft köcheln lassen, immer wieder umrühren.
2 Vom Herd nehmen und den Käse einrühren, bis er völlig geschmolzen ist. Senf und Kräuter untermischen, mit Salz und Pfeffer abschmecken und heiß servieren.

SERVIEREMPFEHLUNGEN *Passt zu ganzer Scholle oder Rotzunge vom Grill oder aus der Bratpfanne, zu Backfisch oder gemischten Meeresfrüchten.*

084 ROTISSEUR-SAUCE

VORBEREITUNGSZEIT *5 Minuten* **KOCHZEIT** *10 Minuten* **FÜR 4 PERSONEN** *Ergibt ca. 350 ml*

- 2 EL Speisestärke
- 300 ml Milch
- 1–2 EL Rotisseur-Senf (nach Geschmack)
- 15 g Butter
- 1–2 EL frische Petersilie, gehackt
- Meersalz & frisch gemahlener schwarzer Pfeffer

1 Die Speisestärke in einem kleinen Topf mit ein wenig Milch vermengen, dann die restliche Milch unterrühren.
2 Unter ständigem Rühren erhitzen, bis die Sauce aufkocht und eindickt. Noch 3 Minuten köcheln lassen, dabei umrühren, bis eine glatte, glänzende Sauce entsteht.
3 Senf, Butter und Petersilie einrühren und noch einmal erhitzen. Mit Salz und Pfeffer abschmecken und heiß servieren.

SERVIEREMPFEHLUNGEN *Passt zu gebratener oder gegrillter Makrele und Forelle oder zu Lachsfilet.*

085 SELLERIESAUCE

VORBEREITUNGSZEIT *10 Minuten* **KOCHZEIT** *15–20 Minuten* **FÜR 4–6 PERSONEN**

- 25 g Butter
- 3 Schalotten, fein gehackt
- 4 Stangen Sellerie, fein geschnitten
- 2 EL Speisestärke
- 350 ml Milch
- 2 EL frische Petersilie, fein gehackt
- Meersalz & frisch gemahlener schwarzer Pfeffer

1 Die Butter in einem Topf schmelzen, Schalotten und Sellerie dazugeben und zugedeckt 15–20 Minuten sanft weich dünsten, gelegentlich umrühren.
2 Inzwischen in einem anderen Topf die Speisestärke mit ein wenig Milch vermengen, dann die restliche Milch unterrühren. Unter ständigem Rühren langsam erhitzen, bis die Sauce aufkocht und eindickt. Noch 3 Minuten sanft köcheln lassen, dabei umrühren.
3 Das gedünstete Gemüse und die Petersilie einrühren, mit Salz und Pfeffer abschmecken und heiß servieren.

SERVIEREMPFEHLUNGEN *Passt zu gedünsteten oder gebratenen Lachs- oder Thunfischsteaks.*

086 WILDPILZSAUCE

VORBEREITUNGSZEIT *10 Minuten* **KOCHZEIT** *15 Minuten* **FÜR 4 PERSONEN**

- 25 g Butter
- 2 Schalotten, in dünne Scheiben geschnitten
- 1 Knoblauchzehe, gepresst
- 350 g gemischte frische Wildpilze, etwa Shiitake- oder Austernpilze, in Scheiben geschnitten
- 2 EL trockener Sherry
- 2–3 TL frischer Thymian, gehackt (nach Belieben)
- 2–3 EL Crème fraîche oder Schmand
- Meersalz & frisch gemahlener schwarzer Pfeffer

1. Die Butter in einer großen, beschichteten Bratpfanne schmelzen, Schalotten und Knoblauch hinzufügen und 3 Minuten sanft weich dünsten.
2. Die Pilze dazugeben und weitere 5 Minuten weich dünsten.
3. Den Sherry angießen und den Thymian unterrühren (wenn erwünscht). Bei großer Hitze unter ständigem Rühren 2–3 Minuten reduzieren.
4. Crème fraîche oder Schmand einrühren, mit Salz und Pfeffer abschmecken und heiß servieren.

SERVIEREMPFEHLUNGEN *Passt zu Heilbutt- oder Lachssteaks aus der Bratpfanne oder zu gebratener oder gebackener ganzer Forelle oder Makrele.*

VARIATIONEN *Statt der Wildpilze kann man auch Champignons verwenden. Der Sherry kann durch Weinbrand, Ruby Port oder Madeira ersetzt werden. Anstelle von Thymian 2–3 Esslöffel frisch gehackten Salbei oder Estragon oder 1–2 Esslöffel frisch gehackte Petersilie verarbeiten.*

087 TOMATENSAUCE MIT KORIANDER

VORBEREITUNGSZEIT *15 Minuten* **KOCHZEIT** *30–40 Minuten* **FÜR 6 PERSONEN**

- 1 EL Oliven- oder Sonnenblumenöl
- 225 g geputzter Lauch, gewaschen und in dünne Scheiben geschnitten
- 2 Knoblauchzehen, gepresst
- 2 Stangen Sellerie, fein geschnitten
- 115 g Pilze, fein gehackt
- 700 g Tomaten, gehäutet, entkernt und fein gehackt
- 1 EL Tomatenketchup
- Meersalz & frisch gemahlener schwarzer Pfeffer
- 2–3 EL frischer Koriander, gehackt
- 4 EL Schmand (nach Belieben)

1. Das Öl in einem Topf erhitzen, Lauch, Knoblauch und Sellerie hinzufügen und ca. 5 Minuten sanft weich dünsten.
2. Die Pilze dazugeben und 1 Minute dünsten, dann Tomaten und Tomatenketchup untermischen und mit Salz und Pfeffer abschmecken.
3. Aufkochen, dabei umrühren, und bei reduzierter Hitze zugedeckt 20–25 köcheln lassen, bis das Gemüse weich ist. Gelegentlich umrühren.
4. Ohne Deckel weitere 5–10 Minuten köcheln lassen, bis die Sauce eindickt. Gelegentlich umrühren.
5. Koriander und Schmand (wenn erwünscht) in die Sauce rühren, noch einmal abschmecken und heiß servieren.

SERVIEREMPFEHLUNGEN *Passt zu gebratenen oder gebackenen Schellfisch- oder Seeteufelsteaks.*
KÜCHENTIPP *Am besten passen zu diesem Rezept weiße oder braune Champignons.*

088 HERZHAFTE TOMATENSAUCE

VORBEREITUNGSZEIT *15 Minuten* **KOCHZEIT** *25–30 Minuten* **FÜR 4–6 PERSONEN**

- 450 g reife Tomaten, gehäutet und fein gehackt
- 150 ml trockener Weißwein
- 1 kleine Zwiebel, fein gehackt
- 2 Stangen Sellerie, fein geschnitten
- 1 Knoblauchzehe, gepresst
- 1 EL Tomatenmark
- 1 EL Tomatenketchup
- 1 EL frische gemischte Kräuter, gehackt
- Meersalz & frisch gemahlener schwarzer Pfeffer

1. Tomaten, Wein, Zwiebel, Sellerie, Knoblauch, Tomatenmark, Tomatenketchup und gehackte Kräuter in einen Topf geben, gut vermischen und mit Salz und Pfeffer abschmecken.
2. Aufkochen, dann bei reduzierter Hitze zugedeckt 15 Minuten köcheln lassen. Gelegentlich umrühren.
3. Bei etwas größerer Hitze ohne Deckel weitere 5–10 Minuten kochen, bis die Sauce eindickt, dabei immer wieder umrühren. Noch einmal abschmecken und heiß servieren.

SERVIEREMPFEHLUNGEN *Passt zu Grillspießen vom Fisch oder Fischfilets vom Grill oder aus der Pfanne, etwa Kabeljau, Schellfisch oder Lachs.*
VARIATIONEN *Statt der frischen Tomaten 400 g Tomaten aus der Dose verwenden. Die frischen Kräuter durch getrocknete gemischte Kräuter oder eine italienische Kräutermischung ersetzen.*

089 SENFSAUCE MIT DILL

VORBEREITUNGSZEIT *5 Minuten* **KOCHZEIT** *20 Minuten* **FÜR 6 PERSONEN** *Ergibt ca. 400 ml*

200 ml trockener Weißwein
175 ml Fisch- oder Gemüsefond *(siehe Rezepte auf Seite 10)*
200 ml Crème fraîche oder Crème double
2 EL Rotisseur-Senf
2 Eigelb, leicht geschlagen
2–3 EL frischer Dill, fein gewiegt
Meersalz & frisch gemahlener schwarzer Pfeffer

1 Den Wein mit dem Fond in einem Topf aufkochen, dann die Flüssigkeit bei starker Hitze auf die Hälfte reduzieren.
2 Bei reduzierter Hitze Crème fraîche oder Crème double, Senf, Eigelb und gehackten Dill hinzugeben und gut verrühren.
3 Unter ständigem Rühren 10 Minute lang sanft ziehen lassen, bis die Sauce leicht eindickt, aber nicht aufkochen lassen. Mit Salz und Pfeffer abschmecken und heiß servieren.

SERVIEREMPFEHLUNGEN *Passt zu Schollen-, Rotzungen- oder Heilbuttfilets vom Grill oder aus der Pfanne, oder zu gegrillten oder gebratenen Riesengarnelen.*
VARIATIONEN *Der Rotisseur-Senf kann durch 1–2 Esslöffel Dijon-Senf ersetzt werden. Statt Dill kann man auch gehackten frischen Estragon oder 2–3 Teelöffel scharfe Meerrettichsauce verwenden.*
KÜCHENTIPPS *Eigelb wird zu Saucen wie dieser am Ende der Kochzeit hinzugegeben. Es macht die Sauce sämiger und reichhaltiger, aber Achtung: Das Eigelb gerinnt, wenn die Sauce aufkocht. Diese Sauce muss sofort serviert werden, da sie nicht wieder aufgewärmt werden kann.*

090 BROKKOLI-SAHNESAUCE

VORBEREITUNGSZEIT *10 Minuten* **KOCHZEIT** *20 Minuten* **FÜR 4 PERSONEN**

200 g Brokkoli-Röschen
3 Schalotten, gehackt
15 g Butter
15 g Mehl
300 ml Milch
55 g Emmentaler, fein gerieben
Meersalz & frisch gemahlener schwarzer Pfeffer

1 Die Brokkoli-Röschen mit den Schalotten in einen Topf mit kochendem Wasser 5–7 Minuten weich kochen. Gut abtropfen lassen, dann im Mixer oder in der Küchenmaschine mit 2 Esslöffeln des Kochwassers pürieren. Beiseite stellen.
2 Butter, Mehl und Milch in einem Topf unter ständigem Rühren langsam erhitzen, bis die Sauce aufkocht, eindickt und glatt wird. Noch 3–4 Minuten sanft köcheln lassen, dabei umrühren. Das Brokkoli-Püree untermischen und erneut erhitzen.
3 Vom Herd nehmen und den Käse einrühren, bis er geschmolzen ist. Mit Salz und Pfeffer abschmecken und heiß servieren.

SERVIEREMPFEHLUNGEN *Passt zu gebratenem Kabeljau, Schellfisch oder Seeteufel.*
VARIATIONEN *Statt des Emmentalers Cheddar oder Greyerzer verwenden. Die Schalotten durch 1 kleine Zwiebel ersetzen. Anstelle von Brokkoli Blumenkohl nehmen.*
KÜCHENTIPP *Beim Einkauf von Brokkoli nur starke, gesunde Ware mit hellgrünen, geschlossenen Röschen auswählen. Keinen welken, gelben oder farblosen Brokkoli verwenden.*

091 SCHNITTLAUCH-KÄSE-SAUCE

VORBEREITUNGSZEIT *5 Minuten* **KOCHZEIT** *10 Minuten* **FÜR 4 PERSONEN** *Ergibt ca. 350 ml*

- 15 g Butter
- 15 g Mehl
- 150 ml Milch
- 150 ml Hühnerfond *(siehe Rezept auf Seite 11)*, gekühlt
- 55 g reifer Emmentaler, fein gerieben
- 2–3 EL frischer Schnittlauch, fein gewiegt
- Meersalz & frisch gemahlener schwarzer Pfeffer

1 Butter, Mehl, Milch und Fond in einem Topf geben unter ständigem Rühren langsam erhitzen, bis die Sauce aufkocht und eindickt. Noch 2–3 Minuten sanft köcheln lassen, dabei umrühren.

2 Vom Herd nehmen und den Käse unterrühren, bis er geschmolzen ist. Den Schnittlauch einrühren, mit Salz und Pfeffer abschmecken und heiß servieren.

SERVIEREMPFEHLUNGEN *Passt zu gedünsteten Schellfischfilets oder zu Kabeljaufilets aus der Bratpfanne.*

VARIATIONEN *Statt des Emmentalers Cheddar oder Greyerzer verwenden. Der Schnittlauch kann durch gehackte frische Petersilie ersetzt werden.*

092 KÄSESAUCE MIT ZUCKERMAIS
VORBEREITUNGSZEIT *5 Minuten* **KOCHZEIT** *10 Minuten* **FÜR 2–4 PERSONEN**

15 g Butter
15 g Mehl
250 ml Milch
115 g Zuckermais aus der Dose, gut abgetropft
55 g Emmentaler, gerieben
1–2 EL frische Petersilie, gehackt
Meersalz & frisch gemahlener schwarzer Pfeffer

1 Butter, Mehl und Milch in einem Topf unter ständigem Rühren langsam erhitzen, bis die Sauce aufkocht und eindickt. Noch 2–3 Minuten sanft köcheln lassen.
2 Zuckermais hinzufügen und sanft erhitzen, dabei ständig umrühren. Vom Herd nehmen und den Käse unterrühren, bis er geschmolzen ist.
3 Petersilie einrühren, mit Salz und Pfeffer abschmecken und heiß servieren.

SERVIEREMPFEHLUNGEN *Passt zu gegrillten oder gebratenen Schollenfilets oder Fischfrikadellen.*
VARIATIONEN *Statt des Emmentalers Cheddar oder Greyerzer verwenden. Die Petersilie kann durch 1–2 Esslöffel fein gewiegten frischen Schnittlauch ersetzt werden.*
KÜCHENTIPPS *Für einen kräftigen Käsegeschmack sollte man reifen Käse verwenden, für einen milderen Käsegeschmack dementsprechend milderen Käse.*
Fein geriebener Käse schmilzt schneller und gründlicher in der Sauce als grob geriebener, auch wenn der Unterschied nur minimal ist.

093 SAUCE VON GEBACKENEN KIRSCHTOMATEN
VORBEREITUNGSZEIT *5 Minuten* **KOCHZEIT** *45 Minuten* **FÜR 6 PERSONEN** *Ergibt ca. 600 ml*

900 g Kirschtomaten oder kleine Eiertomaten
1 EL Olivenöl
1 Zwiebel, fein gehackt
2 Knoblauchzehen, gepresst
2 EL Tomatenmark
2–3 EL frisches Basilikum, gehackt
Meersalz & frisch gemahlener schwarzer Pfeffer

1 Den Backofen auf 180 °C vorheizen (Gas Stufe 4). Die Tomaten in einer einzigen Schicht auf eine flache, feuerfeste Schale geben und ca. 20 Minuten weich backen.
2 Aus dem Ofen nehmen, beiseite stellen und leicht abkühlen lassen, dann die Tomaten im Mixer oder in der Küchenmaschine pürieren. Das Püree durch ein Sieb in eine Schüssel streichen und beiseite stellen.
3 Das Öl in einem Topf erhitzen, Zwiebel und Knoblauch hinzufügen und ca. 5–7 Minuten weich dünsten. Tomatenpüree, Tomatenmark und Basilikum hinzufügen, gut vermischen und mit Pfeffer und Salz abschmecken.
4 Aufkochen und bei reduzierter Hitze ohne Deckel 10 Minuten köcheln lassen, gelegentlich umrühren. Noch einmal abschmecken und heiß servieren.

SERVIEREMPFEHLUNGEN *Passt zu Kabeljau- oder Makrelenfilets oder Riesengarnelen.*
VARIATION *Mit dem Knoblauch 1 fein gehackte, entkernte rote Chilischote an die Sauce geben.*

094 PFEFFRIGE TOMATENSAUCE

VORBEREITUNGSZEIT *5 Minuten* **KOCHZEIT** *30 Minuten* **FÜR 4 PERSONEN**

- 40 g Butter
- 1 Zwiebel, fein gehackt
- 1 TL feinster Kristallzucker
- 400 g gehackte Tomaten aus der Dose
- 1 EL Tomatenmark
- 1 TL getrocknete Kräuter der Provence
- Meersalz & frisch gemahlener schwarzer Pfeffer
- 4 EL trockener Weißwein

1 Die Butter in einem Topf schmelzen, die Zwiebel hinzufügen und ca. 5 Minuten weich dünsten. Vom Herd nehmen und den Zucker unterrühren.
2 Tomaten, Tomatenmark, Trockenkräuter, Salz und eine große Prise Pfeffer in den Mixer oder die Küchenmaschine geben. Die gedünstete Zwiebel dazugeben und alles gut mixen.
3 Zurück in den Topf geben und erhitzen. Kurz vor dem Aufkochen den Wein angießen, dann aufkochen lassen und bei reduzierter Hitze ohne Deckel 15–20 Minuten köcheln lassen, bis die Sauce eindickt. Dabei gelegentlich umrühren. Heiß servieren.

SERVIEREMPFEHLUNGEN *Passt zu gebratenen Kabeljaufilets, Thunfisch- oder Lachssteaks.*
VARIATIONEN *1 gepresste Knoblauchzehe an die Tomatensauce geben – einfach mit der Zwiebel dünsten und vorgehen wie beschrieben. Statt des Weißweins passt auch Rotwein.*
KÜCHENTIPP *Gewürze wie schwarze Pfefferkörner behalten ihre Aromen am besten, wenn man sie als Ganzes lagert. Deshalb ist es immer besser, sie frisch zu mahlen, wenn man sie gerade braucht. Gemahlene Gewürze kann man in kleinen Mengen ebenfalls lagern, wenn man sie in kurzer Zeit verbraucht.*

095 ROTE PAPRIKASAUCE

VORBEREITUNGSZEIT *20 Minuten, plus Abkühlzeit* **KOCHZEIT** *30–35 Minuten* **FÜR 4–6 PERSONEN**

- 1 EL Olivenöl
- 3 Schalotten, fein gehackt
- 1 Stange Sellerie, fein geschnitten
- 4 rote Paprikaschoten, gehäutet, entkernt und klein geschnitten *(siehe Seite 21)*
- 1 Knoblauchzehe, gepresst
- 150 ml passierte Tomaten
- 100 ml Gemüsefond (siehe Rezept auf Seite 10)
- Meersalz & frisch gemahlener schwarzer Pfeffer

1 Das Öl in einem Topf erhitzen, Schalotten und Sellerie hinzufügen und 8–10 Minuten sanft weich dünsten. Paprika und Knoblauch dazugeben und 1–2 Minuten dünsten.
2 Passierte Tomaten, Gemüsefond und Gewürze gut untermischen, aufkochen und bei reduzierter Hitze zugedeckt 15–20 Minuten sanft kochen lassen, gelegentlich umrühren.
3 Vom Herd nehmen, leicht abkühlen lassen, dann die Sauce im Mixer oder in der Küchenmaschine fein pürieren. Das Püree durch ein Sieb streichen, erneut sanft erhitzen und heiß servieren. Man kann es aber auch abkühlen lassen und gut gekühlt servieren.

SERVIEREMPFEHLUNGEN *Passt zu ganzer Scholle, Seezunge oder Kliesche.*

096 SPINATSAUCE MIT MUSKATNUSS

VORBEREITUNGSZEIT *10 Minuten* **KOCHZEIT** *25 Minuten* **FÜR 6 PERSONEN** *Ergibt ca. 450 ml*

- 225 g frische Spinatblätter
- 20 g Butter
- 1 kleine Zwiebel, fein gehackt
- 1 Knoblauchzehe, gepresst
- 90 ml Gemüsefond *(siehe Rezept auf S. 10)*
- 2 Lorbeerblätter
- 1 Zweig frischer Thymian
- 5 EL Crème fraîche oder Crème double
- ½ TL Frisch geriebene Muskatnuss (nach Belieben)
- Meersalz & frisch gemahlener schwarzer Pfeffer

1. Den Spinat gründlich waschen, trocken schütteln und alle harten Stängel entfernen. Dann grob hacken und beiseite stellen.
2. Die Butter in einem Topf schmelzen, die Zwiebel hineingeben und 5 Minuten dünsten. Den Knoblauch hinzufügen und 1 Minute dünsten.
3. Spinat, Fond, Lorbeerblätter und Thymianzweig dazugeben, aufkochen und bei reduzierter Hitze zugedeckt 10 Minuten sanft kochen lassen, gelegentlich umrühren.
4. Vom Herd nehmen, leicht abkühlen lassen, Lorbeerblätter und Thymianzweig entfernen. Die Sauce im Mixer oder in der Küchenmaschine fein pürieren.
5. Den Topf ausspülen, das Püree wieder hineingeben und Crème fraîche oder Crème double einrühren. Sanft erhitzen, dabei umrühren, mit Muskatnuss, Salz und Pfeffer abschmecken und heiß servieren.

SERVIEREMPFEHLUNGEN *Passt zu gegrillten oder gebratenen Schellfisch-, Heilbutt- oder Seeteufelfilets.*
VARIATIONEN *Statt der Zwiebel 3 Schalotten verwenden. Die Muskatnuss durch Kreuzkümmel ersetzen.*
KÜCHENTIPP *Muskatnuss kauft man am besten am Stück und reibt sie frisch, wenn man sie gerade braucht. Spezielle Reiben und Mühlen, mit denen man ganze Muskatnüsse reiben kann, sind im Handel erhältlich. Ansonsten kann man auch einfach eine feine Reibe benutzen.*

097 WEISSWEINSAUCE MIT MUSCHELN

VORBEREITUNGSZEIT *10 Minuten* **KOCHZEIT** *10 Minuten* **FÜR 4 PERSONEN**

- 2 EL Speisestärke
- 350 ml trockener oder halbtrockener Weißwein
- 200 g gekochte frische Miesmuscheln ohne Schalen
- 15 g Butter
- 3 EL Crème fraîche
- 2 EL frische glatte Petersilie, gehackt
- Meersalz & frisch gemahlener schwarzer Pfeffer

1. Die Speisestärke mit ein wenig Weißwein in einem Topf vermengen. Den restlichen Wein einrühren, erhitzen und unter ständigem Umrühren aufkochen und eindicken lassen. Weitere 3 Minuten sanft köcheln lassen, dabei ständig weiter umrühren.
2. Muscheln, Butter, Crème fraîche, gehackte Petersilie und Gewürze hinzufügen, gut vermischen und sanft erhitzen. Heiß servieren.

SERVIEREMPFEHLUNGEN *Passt zu gebratenen oder gegrillten Thunfisch- oder Lachssteaks.*
KÜCHENTIPP *Beim Putzen von Miesmuscheln scheuert man die Schalen in einer Küchenschüssel mit etwas Wasser ab, kratzt etwaige Kalkablagerungen ab und entfernt die Bärte. Muscheln mit zerbrochenen Schalen oder geöffnete Muscheln dürfen nicht verwendet werden.*

098 PIKANTE PILZSAUCE
VORBEREITUNGSZEIT *10 Minuten* **KOCHZEIT** *10 Minuten* **FÜR 4–6 PERSONEN**

- 1 EL Olivenöl
- 1 kleine Lauchstange, geputzt und fein geschnitten
- 2 Knoblauchzehen, gepresst
- 225 g frische Wildpilze oder weiße Champignons, in Scheiben geschnitten
- 115 g braune Champignons, geviertelt
- 2 EL trockener Sherry
- 2–3 EL frische glatte Petersilie, gehackt
- Meersalz & frisch gemahlener schwarzer Pfeffer

1. Das Öl in einem Topf erhitzen, Lauch und Knoblauch hinzufügen und 3 Minuten dünsten. Die Pilze dazugeben und 3–4 Minuten dünsten.
2. Sherry angießen und die Flüssigkeit bei großer Hitze leicht reduzieren, dabei ständig umrühren.
3. Die Petersilie einrühren, mit Salz und Pfeffer abschmecken und heiß servieren.

SERVIEREMPFEHLUNGEN *Passt zu Kabeljau- oder Lachsfilets oder Thunfischsteaks.*

099 AVOCADOCREME
VORBEREITUNGSZEIT *10 Minuten* **KOCHZEIT** *keine* **FÜR 6–8 PERSONEN** *Ergibt ca. 600 ml*

- 2 reife Avocados
- fein abgeriebene Schale und Saft von 1 Limette
- 200 ml Naturjoghurt
- 100 ml Mayonnaise *(siehe Rezept auf Seite 37)*
- 1 EL gehackte Petersilie oder Schnittlauch
- Meersalz & frisch gemahlener schwarzer Pfeffer

1. Die Avocados halbieren, entkernen, schälen und das Fruchtfleisch grob hacken. Mit der Limettenschale und dem -saft in den Mixer oder die Küchenmaschine geben.
2. Joghurt und Mayonnaise hinzufügen und fein pürieren.
3. Petersilie oder Schnittlauch hinzugeben und noch einmal kurz pürieren. Mit Salz und Pfeffer abschmecken und sofort servieren.

SERVIEREMPFEHLUNGEN *Passt zu gebratenen oder gegrillten Thunfisch- oder Lachssteaks sowie zu gebratenen oder gekochten (kalten) Riesengarnelen.*
VARIATION *Statt Limette kann man auch 1 kleine Zitrone verwenden.*

100 GURKENCREME MIT DILL
VORBEREITUNGSZEIT *10 Minuten, plus Standzeit* **KOCHZEIT** *keine* **FÜR 4–6 PERSONEN** *Ergibt ca. 500 ml*

- ½ Salatgurke, fein gehackt
- 1 EL frischer Dill, gehackt
- 300 ml Naturjoghurt
- 1 TL Dijon-Senf
- Meersalz & frisch gemahlener schwarzer Pfeffer

1. Die Gurke in einer Schüssel gut mit Dill, Joghurt und Senf vermischen, dann mit Salz und Pfeffer abschmecken.
2. Zugedeckt an einem kühlen Ort vor dem Servieren 30 Minuten ziehen lassen, damit die Aromen sich entfalten können. Kalt servieren.

SERVIEREMPFEHLUNGEN *Passt zu Lachssteaks, ganzen Makrelen oder Riesengarnelen.*
VARIATION *Man kann 150 ml Naturjoghurt durch griechischen Joghurt oder Frischkäse ersetzen.*

101 PAPRIKASAUCE MIT LIMETTE

VORBEREITUNGSZEIT *10 Minuten, plus Abkühlzeit* **KOCHZEIT** *10–15 Minuten* **FÜR 4 PERSONEN**

2 EL Olivenöl
2 große rote Paprikaschoten, entkernt und in Streifen geschnitten

2 Schalotten, fein gehackt
fein abgeriebene Schale und Saft von 1 Limette
6 EL Tomatensaft

2 EL frische glatte Petersilie, gehackt
Meersalz & frisch gemahlener schwarzer Pfeffer

1 Das Öl in einem Topf erhitzen, Paprika und Schalotten hinzufügen und 10–15 Minuten sanft weich dünsten.
2 Vom Herd nehmen und leicht abkühlen lassen, dann in den Mixer oder die Küchenmaschine füllen. Limettenschale und -saft, Tomatensaft, Petersilie und Gewürze dazugeben und fein pürieren.
3 Das Püree durch ein Sieb in eine Schüssel streichen, zum Abkühlen beiseite stellen und kalt servieren.

SERVIEREMPFEHLUNGEN *Passt zu gebratenen oder gegrillten ganzen Sardinen, Pilchards oder Makrelen.*

102 PIKANTE ERDNUSSSAUCE

VORBEREITUNGSZEIT *5 Minuten* **KOCHZEIT** *10 Minuten* **FÜR 4 PERSONEN** *Ergibt ca. 225 ml*

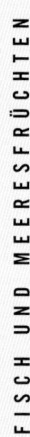

2 TL Olivenöl
2 Frühlingszwiebeln, fein gehackt
125 ml Fischfond *(siehe Rezept auf Seite 10)*

2 EL helle Sojasauce
2 EL weiche Erdnussbutter
1 EL flüssiger Honig
1 TL geriebener Ingwer
2 TL Speisestärke

3 EL trockener Sherry
Meersalz & frisch gemahlener schwarzer Pfeffer

1 Das Öl in einem kleinen Topf erhitzen, Frühlingszwiebeln hinzufügen und ca. 5 Minuten weich dünsten. Fond, Sojasauce, Erdnussbutter, Honig und Ingwer einrühren.
2 Die Speisestärke in einer kleinen Schüssel mit dem Sherry vermengen und in den Topf dazugeben. Langsam erhitzen, dabei ständig umrühren, bis die Sauce aufkocht und eindickt. 3 Minuten köcheln lassen, dabei umrühren. Mit Salz und Pfeffer abschmecken und heiß servieren.

SERVIEREMPFEHLUNGEN *Passt zu Eiernudeln mit pfannengerührten gemischten Meeresfrüchten.*

103 PIKANTE PEPERONISAUCE

VORBEREITUNGSZEIT *10 Minuten* **KOCHZEIT** *15 Minuten* **FÜR 4 PERSONEN** *Ergibt ca. 300 ml*

1 EL Olivenöl
1 rote Zwiebel, fein gehackt
175 g Peperoni in Öl, abgetropft und in feine Streifen geschnitten

2 EL Tomatenmark
50 ml Gemüsefond *(siehe Rezept auf Seite 10)*
etwas Tabascosauce oder Cayennepfeffer

Meersalz & frisch gemahlener schwarzer Pfeffer

1 Das Öl in einem Topf erhitzen, die Zwiebel darin 8 Minuten weich dünsten.
2 Peperoni dazugeben und 1 weitere Minute dünsten, Tomatenmark, Fond und Tabascosauce oder Cayennepfeffer einrühren.
3 Sanft aufkochen, dann 5 Minuten köcheln lassen, dabei gelegentlich umrühren. Mit Salz und Pfeffer abschmecken und heiß servieren.

SERVIEREMPFEHLUNGEN *Passt zu gebratenem Schellfisch, Seeteufel, ganzer Forelle oder Makrele.*

104 CHILISAUCE

VORBEREITUNGSZEIT *10 Minuten* **KOCHZEIT** *20 Minuten* **FÜR 4–6 PERSONEN** *Ergibt ca. 500 ml*

400 g gehackte Tomaten aus der Dose
2 Schalotten, fein gehackt
2 Stangen Sellerie, fein geschnitten
1 frische rote Chilischote, entkernt und klein geschnitten
1 Knoblauchzehe, gepresst
150 ml trockener Weißwein
1 EL Tomatenmark
Meersalz & frisch gemahlener schwarzer Pfeffer

1 Tomaten, Schalotten, Sellerie, Chili, Knoblauch, Wein, Tomatenmark und Gewürze in einen kleinen Topf geben und alles gut vermischen.
2 Die Mischung aufkochen, dann bei mittlerer bis niedriger Hitze ohne Deckel 15–20 Minuten kochen lassen, bis die Sauce eindickt, dabei gelegentlich umrühren. Noch einmal abschmecken und heiß servieren.

SERVIEREMPFEHLUNGEN *Passt zu gekochten Reisnudeln mit gebratenen Riesengarnelen, aber auch zu gebratenen oder im Ofen gebackenen ganzen Sardinen oder Makrelen.*
VARIATIONEN *Statt des Weißweins kann man Rotwein oder Apfelsaft verwenden. Die frische Chilischote kann durch 1–2 Teelöffel scharfes Chilipulver ersetzt werden. Anstelle von Dosentomaten 450 g gehäutete und gehackte frische Tomaten verarbeiten.*

105 TOMATENCOULIS

VORBEREITUNGSZEIT *10 Minuten* **KOCHZEIT** *keine* **FÜR 4 PERSONEN** *Ergibt ca. 225 ml*

4 Tomaten, gehäutet, entkernt & gehackt
1 Knoblauchzehe, fein gehackt
1 EL Olivenöl
1 EL Tomatenmark
2 EL frischer Oregano, gehackt
1 TL hellbrauner Zucker
Meersalz & frisch gemahlener schwarzer Pfeffer

1 Tomaten, Knoblauch, Olivenöl, Tomatenmark, Oregano und Zucker im Mixer oder in der Küchenmaschine fein pürieren.
2 Das Tomatencoulis in eine kleine Schale geben und mit Salz und Pfeffer abschmecken. Bis zum Verbrauch zugedeckt beiseite stellen oder kühlen. Kalt servieren.
3 Alternativ kann das Tomatencoulis auch heiß serviert werden – einfach das fertige Coulis in einem Topf sanft erhitzen, dabei gelegentlich umrühren. Sofort servieren.

SERVIEREMPFEHLUNGEN *Passt zu marinierten und gebratenen Seeteufel-, Schellfisch- oder Lachsfilets.*

106 ROTES PESTO

VORBEREITUNGSZEIT *10 Minuten* **KOCHZEIT** *keine* **FÜR 4–6 PERSONEN**

25 g frische Basilikumblätter
25 g frische glatte Petersilie
25 g Pinienkerne
1 Knoblauchzehe, gepresst
6 getrocknete Tomaten in Öl, gut abgetropft
1 EL Tomatenmark
6 EL extra-natives Olivenöl
55 g frischer Parmesan, fein gerieben
Meersalz & frisch gemahlener schwarzer Pfeffer

1 Basilikum, Petersilie, Pinienkerne, Knoblauch, getrocknete Tomaten, Tomatenmark und Olivenöl im Mixer oder in der Küchenmaschine fein pürieren.
2 Parmesan unterrühren, mit Salz und Pfeffer abschmecken und kalt servieren.

SERVIEREMPFEHLUNGEN *Passt zu gebratenem Seeteufel oder Schellfisch und zu gegrillten Fischspießen oder Riesengarnelen.*

107 KORIANDER-PESTO

VORBEREITUNGSZEIT *10 Minuten* **KOCHZEIT** *keine* **FÜR 4 PERSONEN**

55 g frische Korianderblätter
1 Knoblauchzehe, gepresst
1 frische rote oder grüne Chilischote, entkernt & gehackt (nach Belieben)
25 g Pinienkerne
6 EL extra-natives Olivenöl
Meersalz & frisch gemahlener schwarzer Pfeffer

1 Die Korianderblätter mit dem Knoblauch, dem Chili (wenn erwünscht), den Pinienkernen und etwas Öl in einem Mörser mit dem Stößel zerstoßen. Schrittweise das restliche Öl einarbeiten und mit Salz und Pfeffer abschmecken.
2 Man kann auch die Korianderblätter mit dem Knoblauch, dem Chili (wenn erwünscht), den Pinienkernen und dem Öl im Mixer oder in der Küchenmaschine fein pürieren. Dann mit Salz und Pfeffer abschmecken.
3 In einem Gefäß mit Schraubverschluss und mit einer dünnen Schicht Öl bedeckt, hält sich das Pesto im Kühlschrank 1 Woche lang. Kalt servieren.

SERVIEREMPFEHLUNGEN *Passt zu Kabeljaufilets, Riesengarnelen sowie Jakobsmuscheln.*

108 SCHARFES PETERSILIENPESTO

VORBEREITUNGSZEIT *10 Minuten* **KOCHZEIT** *keine* **FÜR 4–6 PERSONEN**

- 55 g frische glatte Petersilie
- 25 g Pinienkerne
- 1 Knoblauchzehe, gepresst
- 6 EL extra-natives Olivenöl
- 25 g frischer Parmesan, fein gerieben
- ½ TL Cayennepfeffer
- ½ TL frisch gemahlener schwarzer Pfeffer
- Meersalz
- ein Spritzer frischer Zitronen- oder Limettensaft (nach Belieben)

1 Die Petersilie mit den Pinienkernen, dem Knoblauch und 1 Esslöffel Öl in einem Mörser mit dem Stößel zerstoßen. Schrittweise das restliche Öl einarbeiten, Parmesan, Cayennepfeffer und schwarzen Pfeffer untermischen. Mit Salz abschmecken und einen Spritzer Zitronen- oder Limettensaft beigeben (wenn erwünscht).

2 Man kann auch die Petersilie mit den Pinienkernen, dem Knoblauch, 2 Esslöffeln Öl, dem Parmesan, dem Cayennepfeffer und dem schwarzen Pfeffer im Mixer oder in der Küchenmaschine fein pürieren. Bei laufendem Motor schrittweise das restliche Öl hinzugeben und völlig mit dem Pesto vermischen. Mit Salz abschmecken.

3 In einem Gefäß mit Schraubverschluss und mit einer dünnen Schicht Öl bedeckt, hält sich das Pesto im Kühlschrank 1 Woche lang. Kalt servieren.

SERVIEREMPFEHLUNGEN *Passt zu Kabeljau- oder Seeteufelfilets oder Thunfischsteaks.*

109 RHABARBERSAUCE

VORBEREITUNGSZEIT *10 Minuten* **KOCHZEIT** *20–30 Minuten* **FÜR 6–8 PERSONEN**

- 450 g frischer Rhabarber, geputzt und in 2,5 cm lange Stücke geschnitten
- 225 g Kochäpfel, geschält, entkernt und in dünne Scheiben geschnitten
- 150 ml Wasser
- 115 g feinster Kristallzucker
- 25 g Butter

1 Rhabarber und Äpfel mit dem Wasser in einem Topf zugedeckt weich kochen, dabei gelegentlich umrühren.

2 Vom Herd nehmen und die Früchte mit dem Kartoffelstampfer gründlich pürieren. Zucker und Butter untermischen.

3 Zurück auf den Herd stellen und unter ständigem Umrühren langsam aufkochen lassen, dann 1–2 Minuten sanft köcheln lassen. Heiß oder kalt servieren.

SERVIEREMPFEHLUNGEN *Passt zu gegrillten Makrelen, Forellen, Sardinen oder Pilchards.*

110 SAHNIGE ZITRONENSAUCE

VORBEREITUNGSZEIT *5 Minuten* **KOCHZEIT** *15 Minuten* **FÜR 4 PERSONEN**

- 1 EL Sonnenblumenöl
- 2 Zwiebeln, in dünne Scheiben geschnitten
- 2 Knoblauchzehen, gepresst
- 1 frische Chilischote, fein geschnitten
- fein abgeriebene Schale und Saft von 2 Zitronen
- 150 ml Crème fraîche
- Meersalz & frisch gemahlener schwarzer Pfeffer

1 Das Öl in einem Topf erhitzen, Zwiebel, Knoblauch und Chili darin 5 Minuten dünsten.

2 Zitronenschale und -saft dazugeben und zugedeckt ca. 10 Minuten sanft kochen, bis die Zwiebeln weich sind, dabei gelegentlich umrühren.

3 Crème fraîche einrühren, mit Salz und Pfeffer abschmecken und heiß servieren.

SERVIEREMPFEHLUNGEN *Passt zu Schellfisch- oder Kabeljaufilets oder Heilbuttsteaks.*

111 ROUILLE

VORBEREITUNGSZEIT *10 Minuten* **KOCHZEIT** *keine* **FÜR 6–8 PERSONEN** *Ergibt ca. 200 ml*

- 2 Knoblauchzehen, fein gehackt
- 1 frische rote Chilischote, gehäutet & gehackt
- 2 Eigelb
- eine Prise Salz
- 150 ml helles Olivenöl
- 1 EL Tomatenmark
- Cayennepfeffer (nach Belieben)

1 Knoblauch, Chili, Eigelb und Salz im Mixer oder der Küchenmaschine kurz vermischen.
2 Bei laufendem Motor schrittweise in einem dünnen, gleichmäßigen Strahl das Öl hinzugeben, sodass eine dicke, cremige Masse entsteht.
3 Tomatenmark und etwas Cayennepfeffer (wenn erwünscht) dazugeben und noch einmal kurz mixen. Kalt servieren.

SERVIEREMPFEHLUNGEN *Passt zu Fischsuppen wie Bouillabaisse.*

112 PISTAZIENBUTTER

VORBEREITUNGSZEIT *10 Minuten, plus Kühlzeit* **KOCHZEIT** *keine* **FÜR 4–6 PERSONEN**

- 115 g ungesalzene Butter (zimmerwarm)
- 15 g Pistazienkerne, gemahlen oder sehr fein gehackt
- frisch gemahlener schwarzer Pfeffer

1 Die Butter in einer kleinen Schüssel weich schlagen. Pistazienkerne dazugeben und mit Pfeffer abschmecken. Weiterschlagen, bis alles gut vermischt ist.
2 Die Butter auf Frischhaltefolie geben, einen Block formen und rundum in die Folie einschlagen. Vor dem Servieren mindestens 1 Stunde lang kühlen. Dann in 4–6 gleich dicke Scheiben schneiden und servieren.

SERVIEREMPFEHLUNGEN *Jede Scheibe Pistazienbutter auf einem Schellfischfilet servieren.*

113 SARDELLENBUTTER

VORBEREITUNGSZEIT *10 Minuten, plus Kühlzeit* **KOCHZEIT** *keine* **FÜR 4–6 PERSONEN**

- 115 g ungesalzene Butter (zimmerwarm)
- 50 g Sardellenfilets aus der Dose, abgetropft und fein gehackt
- ein Spritzer frischer Zitronensaft
- frisch gemahlener schwarzer Pfeffer

1 Die Butter in einer kleinen Schüssel weich schlagen. Die Sardellen in einer anderen Schüssel (oder im Mörser mit dem Stößel) zerdrücken.
2 Die Sardellenpaste und den Zitronensaft an die weiche Butter geben, mit Pfeffer abschmecken und weiterschlagen, bis alles gut vermischt ist.
3 Die Butter auf Frischhaltefolie geben, einen Block formen und rundum in die Folie einschlagen. Vor dem Servieren mindestens 1 Stunde lang kühlen. Dann in 4–6 gleich dicke Scheiben schneiden und servieren.

SERVIEREMPFEHLUNGEN *Jede Scheibe Sardellenbutter auf einem gebratenen oder gegrillten Kabeljaufilet oder Lachs- oder Thunfischsteak servieren.*

114 KRÄUTERBUTTER MIT LIMETTE

VORBEREITUNGSZEIT *10 Minuten, plus Kühlzeit* **KOCHZEIT** *keine* **FÜR 4–6 PERSONEN**

- 115 g ungesalzene Butter (zimmerwarm)
- fein abgeriebene Schale von 1 Limette
- 2 EL frische Petersilie, fein gehackt
- 1 EL frischer Koriander, fein gehackt
- frisch gemahlener schwarzer Pfeffer

1 Die Butter in einer kleinen Schüssel weich schlagen. Limettenschale, Petersilie und Koriander dazugeben und mit Pfeffer abschmecken. Gut vermischen.

2 Die Butter auf Frischhaltefolie geben, einen Block formen und rundum in die Folie einschlagen. Vor dem Servieren mindestens 1 Stunde lang kühlen. Dann in 4–6 gleich dicke Scheiben schneiden und servieren.

SERVIEREMPFEHLUNGEN *Jede Scheibe Kräuterbutter auf einer Portion frisch gekochte Miesmuscheln servieren.*

VARIATIONEN *Statt der Limettenschale die Schale von 1 Zitrone oder 1 kleinen Orange verwenden. Den Koriander durch Estragon, Oregano oder Basilikum ersetzen.*

KAPITEL 5

SAUCEN ZU FLEISCH, GEFLÜGEL UND WILD

Es gibt kaum etwas schmackhafteres als frisch gegrilltes oder gebratenes Fleisch, Geflügel oder Wild, das mit einer einfachen, aber köstlichen Sauce serviert wird. Auf den folgenden Seiten findet sich eine große Auswahl von unwiderstehlichen Saucen. Da ist garantiert für jede Gelegenheit etwas dabei!

Viele der Saucen in diesem Kapitel lassen sich schnell und einfach zubereiten und geben einem passenden Gericht auf köstliche Art erst den „letzten Schliff". Manche Saucen passen dabei am besten zu ganz bestimmten Fleischgerichten, andere wiederum bieten mehr Spielraum, verschiedene Kombinationen auszuprobieren. Die zu jedem Rezept vorhandenen Serierempfehlungen erleichtern die Wahl.

Das folgende Kapitel enthält „Klassiker" wie Kaperncreme, Schwarze Bohnensauce, Grillmarinade, Portweinsauce mit Cranberries, Madeirasauce, Zwiebelsauce, Blauschimmelcreme und Estragoncreme, aber auch nicht so bekannte Saucen wie Pflaumensauce mit Ingwer, Pikante Linsensauce, Meerrettich-Senf-Sauce, Rucolapesto oder Cajun-Butter.

115 ZWIEBELSAUCE

VORBEREITUNGSZEIT *10 Minuten* **KOCHZEIT** *40 Minuten* **FÜR 6 PERSONEN** *Ergibt ca. 450 ml*

25 g Butter
400 g Zwiebeln, in dünne Scheiben geschnitten
1 kleine Knoblauchzehe, gepresst
1 TL frischer Thymian, fein gewiegt

¼ TL feinster Kristallzucker
1 EL Mehl
250 ml Fleisch-, Hühner- oder Gemüsefond *(siehe Rezepte auf den Seiten 10–11)*
100 ml Rot- oder Weißwein

Meersalz & frisch gemahlener schwarzer Pfeffer

1. Die Butter in einem Topf schmelzen, Zwiebeln, Knoblauch, Thymian und Zucker dazugeben und ca. 30 Minuten dünsten, bis die Zwiebeln golden karamellisiert sind. Dabei gelegentlich umrühren.
2. Das Mehl 1–2 Minuten einrühren, bis es leicht bräunt.
3. Schrittweise Fond und Wein angießen und langsam erhitzen, bis die Sauce aufkocht und eindickt. Dabei ständig umrühren.
4. 5 Minuten ohne Deckel köcheln lassen, dabei immer wieder umrühren. Mit Salz und Pfeffer abschmecken und heiß servieren.

SERVIEREMPFEHLUNGEN *Passt zu Bratwürstchen, selbst gemachten Frikadellen oder gebratener Leber vom Kalb oder Schwein mit Kartoffelpüree.*
VARIATION *Statt der normalen Zwiebel kann man auch rote Zwiebeln oder Schalotten verwenden.*

116 ROTWEINSAUCE

VORBEREITUNGSZEIT *10 Minuten* **KOCHZEIT** *25 Minuten* **FÜR 4–6 PERSONEN** *Ergibt ca. 250 ml*

25 g weiche Butter
15 g Mehl
1 kleine Zwiebel, grob gehackt

300 ml Fleisch- oder Lammfond *(siehe Rezept auf Seite 11)*
100 ml kräftiger Rotwein

Bratensaft vom Fleisch (vom Rinder-, Lamm- oder Schweinebraten)
Meersalz & frisch gemahlener schwarzer Pfeffer

1. 15 g Butter mit dem Mehl in einer kleinen Schüssel zu einer Beurre manié vermengen. Beiseite stellen.
2. Die restliche Butter in einem kleinen Topf schmelzen, die Zwiebel hinzufügen und 8–10 Minuten sanft weich dünsten.
3. Fond, Wein und Bratensaft dazugeben und alles gut vermischen. Aufkochen lassen und dann bei reduzierter Hitze zugedeckt 5 Minuten köcheln lassen.
4. Mit einem Schaumlöffel die Zwiebel aus dem Topf entfernen. Sie wird nicht mehr benötigt (oder die Sauce durch ein Sieb geben).
5. Erneut aufkochen, dann die Beurre manié stückweise unterrühren, bis die gesamte Butter in der Sauce gebunden ist. Weiter rühren, bis die Sauce eindickt.
6. Weitere 5 Minuten köcheln lassen, dabei ständig umrühren. Mit Salz und Pfeffer abschmecken und heiß servieren.

SERVIEREMPFEHLUNGEN *Passt zu Rinder-, Lamm- oder Schweinebraten.*
VARIATION *Soll die Sauce eher zu gebratenem Geflügel passen, statt Fleisch- oder Rinderfond Hühnerfond und statt Rotwein Weißwein verwenden.*

117 PORTWEINSAUCE MIT CRANBERRIES

VORBEREITUNGSZEIT *5 Minuten* **KOCHZEIT** *30 Minuten* **FÜR 6–8 PERSONEN** *Ergibt ca. 300 ml*

- 225 g frische (oder tiefgefrorene) Cranberries (oder Blaubeeren)
- fein abgeriebene Schale und Saft von 1 kleinen Orange
- 115 g hellbrauner Zucker
- 100 ml Ruby Port
- eine gute Prise gemahlene „Mixed Spice" (oder Lebkuchengewürz)
- frisch gemahlener schwarzer Pfeffer

1. Alle Zutaten in einem Topf langsam erhitzen und umrühren, bis sich der Zucker aufgelöst hat.
2. Aufkochen, dann bei reduzierter Hitze ohne Deckel 20–30 Minuten köcheln lassen, bis die Cranberries sehr weich sind. Häufig umrühren.
3. Vom Herd nehmen und nach Belieben noch einmal abschmecken. Heiß oder kalt servieren.

SERVIEREMPFEHLUNGEN *Passt zu Brathähnchen und Truthahn- oder Schweinebraten.*

118 MADEIRASAUCE

VORBEREITUNGSZEIT *5 Minuten* **KOCHZEIT** *10 Minuten* **FÜR 4 PERSONEN*

- 1 EL Olivenöl
- 6 Schalotten, in Scheiben
- 4 EL Gemüsefond *(siehe Rezept auf Seite 10)*
- 4 EL Madeira
- 1 TL getrocknete Kräuter der Provence
- 2 EL Crème fraîche
- Meersalz & frisch gemahlener schwarzer Pfeffer

1. Das Öl in einem Topf erhitzen, die Schalotten dazugeben und 5 Minuten weich dünsten.
2. Fond, Madeira und Kräuter einrühren, aufkochen und ohne Deckel 2 Minuten köcheln lassen. Dabei gelegentlich umrühren.
3. Die Crème fraîche dazugeben und unter ständigem Umrühren erhitzen. Mit Salz und Pfeffer abschmecken und heiß servieren.

SERVIEREMPFEHLUNGEN *Passt zu Lammleber oder -nieren oder Hühnerleber aus der Bratpfanne.*
VARIATIONEN *Anstelle der Schalotten 1 Zwiebel verwenden. Den Madeira durch Ruby Port ersetzen.*

119 SÜSS-SAURE SAUCE

VORBEREITUNGSZEIT *10 Minuten* **KOCHZEIT** *20 Minuten* **FÜR 4–6 PERSONEN** *Ergibt ca. 500 ml*

- 1 EL Speisestärke
- 4 EL Rotwein
- 400 g gehackte Tomaten aus der Dose, püriert
- 150 ml Apfelsaft
- 2 EL Rotweinessig
- 2 EL hellbrauner Zucker
- 1 EL getrocknete Tomaten, püriert
- Meersalz & frisch gemahlener schwarzer Pfeffer

1. Die Speisestärke in einer kleinen Schüssel mit dem Rotwein vermengen. Mit den restlichen Zutaten in einen Topf geben und alles gut vermischen.
2. Unter ständigem Umrühren aufkochen, dann bei reduzierter Hitze ohne Deckel 15 Minuten köcheln lassen, bis die Sauce eindickt. Dabei gelegentlich umrühren. Mit Salz und Pfeffer abschmecken und heiß servieren.

SERVIEREMPFEHLUNGEN *Passt zu gekochten Fleischbällchen oder zu gegrillten oder gebratenen Schweineschnitzeln oder Hähnchenbrustfilets.*

120 PFLAUMENSAUCE MIT INGWER

VORBEREITUNGSZEIT *20 Minuten* **KOCHZEIT** *25 Minuten* **FÜR 6 PERSONEN** *Ergibt ca. 425 ml*

- 1 EL Sonnenblumenöl
- 1 kleine rote Zwiebel, fein gehackt
- 1 Knoblauchzehe, gepresst
- 2 TL frische Ingwerwurzel, geschält & gerieben
- 350 g rote Pflaumen, halbiert, entsteint & gehackt
- 150 ml Rotwein
- 25 g hellbrauner Zucker
- 1 EL Weinbrand oder Sherry (nach Belieben)

1. Das Öl in einem Topf erhitzen, Zwiebel, Knoblauch und Ingwer hinzufügen und 5 Minuten dünsten. Pflaumen dazugeben und 1 Minute dünsten.
2. Wein und Zucker einrühren und unter ständigem Umrühren langsam erhitzen, bis der Zucker sich aufgelöst hat. Langsam aufkochen und dann zugedeckt bei reduzierter Hitze ca. 10 Minuten köcheln lassen, bis die Pflaumen weich sind.
3. Vom Herd nehmen und leicht abkühlen lassen, dann die Mischung im Mixer oder in der Küchenmaschine pürieren.
4. Die Sauce in den ausgespülten Topf geben, Weinbrand oder Sherry untermischen (wenn erwünscht) und erneut erhitzen. Heiß oder kalt servieren.
5. Wenn die Sauce kalt serviert werden soll, von der Kochstelle nehmen und völlig auskühlen lassen.

SERVIEREMPFEHLUNGEN *Passt zu chinesischen Pfannkuchen mit knuspriger Ente und Frühlingszwiebel, aber auch zu gegrillten oder gebratenen Rinder-, Schweine- oder Lammsteaks.*

121 SCHWARZE BOHNENSAUCE

VORBEREITUNGSZEIT *10 Minuten* **KOCHZEIT** *10–15 Minuten* **FÜR 4–6 PERSONEN** *Ergibt ca. 425 ml*

1 EL Sonnenblumenöl	2 EL helle Sojasauce	1 TL hellbrauner Zucker
3 Schalotten, fein gehackt	2 EL trockener Sherry	2 TL dunkles Sesamöl
1–2 Knoblauchzehen, gepresst	300 ml Gemüsefond *(siehe Rezept auf Seite 10)*	2–3 TL Speisestärke
2,5 cm frische Ingwerwurzel, geschält und fein gehackt		Meersalz & frisch gemahlener schwarzer Pfeffer
2 EL gesalzene schwarze Bohnen		

1 Das Sonnenblumenöl in einer großen Bratpfanne hoch erhitzen, Schalotten, Knoblauch und Ingwer hinzufügen und 1–2 Minuten weich dünsten. Bohnen dazugeben und nach 30 Sekunden Sojasauce, Sherry, Fond und Zucker untermischen.
2 Aufkochen lassen, dann bei großer Hitze 3–4 Minuten kochen lassen, dabei gelegentlich umrühren. Das Sesamöl einrühren.
3 Die Speisestärke in einer kleinen Schüssel mit 1 Esslöffel kaltem Wasser vermengen, in die heiße Bohnensauce rühren und erneut aufkochen lassen. Dabei ständig umrühren, bis die Sauce eindickt. Noch 2–3 Minuten köcheln lassen, dabei umrühren. Mit Salz und Pfeffer abschmecken, wenn nötig, und heiß servieren.

SERVIEREMPFEHLUNGEN *Passt zu Geschnetzeltem vom Rind, Schwein oder Hähnchen.*
VARIATIONEN *Zusätzlich 1 entkernte und gehackte Chilischote an die Sauce geben. Die Schalotten durch 4–6 Frühlingszwiebeln oder 1 kleine Zwiebel ersetzen.*

122 ROTE PFLAUMENSAUCE

VORBEREITUNGSZEIT *15 Minuten, plus Abkühlzeit* **KOCHZEIT** *15–20 Minuten* **FÜR 6–8 PERSONEN**

350 g rote Pflaumen, halbiert und entsteint	55 g feinster Kristallzucker oder hellbrauner Zucker
150 ml Wasser	½ TL Zimtpulver
fein abgeriebene Schale & Saft von 1 Orange	1–2 EL Weinbrand oder Sherry

1 Die Pflaumen mit dem Wasser in einem Topf aufkochen und zugedeckt weich köcheln, dabei gelegentlich umrühren. Vom Herd nehmen, abkühlen lassen und mit der Flüssigkeit im Mixer oder in der Küchenmaschine pürieren.
2 Das Pflaumenpüree zurück in den Topf füllen, Orangenschale und -saft, Zucker, Zimt und Weinbrand oder Sherry dazugeben und alles gut vermischen.
3 Die Sauce sanft erhitzen, dabei gelegentlich umrühren. Heiß servieren.
4 Alternativ kann man die Sauce auch ganz abkühlen lassen und sie dann gut gekühlt servieren.

SERVIEREMPFEHLUNGEN *Passt zu gegrillten oder gebratenen Lamm-, Schweine- oder Rindersteaks.*
VARIATION *Den Zimt nach Belieben durch Ingwer oder Muskatnuss ersetzen.*
KÜCHENTIPP *Zum Entsteinen jede Pflaume in der Mitte quer zur Einkerbung einschneiden, dann die beiden Hälften auseinanderziehen und den Stein entfernen.*

123 SENFSAUCE MIT PILZEN
VORBEREITUNGSZEIT *10 Minuten* **KOCHZEIT** *10 Minuten* **FÜR 4 PERSONEN**

40 g Butter
175 g Champignons, gehackt oder in Scheiben geschnitten
15 g Mehl
150 ml Milch
150 ml Gemüse- oder Hühnerfond *(siehe Rezepte auf den Seite 10–11)*, gekühlt
1–2 EL Rotisseur-Senf
Meersalz & frisch gemahlener schwarzer Pfeffer

1 25 g Butter in einer Bratpfanne schmelzen, die Pilze hinzufügen und bei großer Hitze 3–5 Minuten weich dünsten.
2 Mit dem Schaumlöffel die Pilze aus der Pfanne nehmen und auf eine Platte geben. Beiseite stellen und heiß halten. Die Bratflüssigkeit aus der Pfanne entfernen. Wenn erwünscht, später wieder an die Sauce geben.
3 Die restliche Butter mit dem Mehl, der Milch und dem Fond in einem Topf unter ständigem Rühren langsam erhitzen, bis die Sauce aufkocht und eindickt. 3–4 Minuten sanft köcheln lassen, dabei weiter umrühren.
4 Die Pilze (mit der Bratflüssigkeit, wenn erwünscht) und den Senf in die Sauce geben. Alles gut vermischen und langsam erhitzen, dabei ständig umrühren. Mit Salz und Pfeffer abschmecken und heiß servieren.

SERVIEREMPFEHLUNGEN *Passt zu Brathähnchen, Truthahn- oder Schweinebraten, zu Hähnchenbrust und Schweinekoteletts.*

124 CHILISAUCE
VORBEREITUNGSZEIT *10 Minuten* **KOCHZEIT** *20 Minuten* **FÜR 6 PERSONEN** *Ergibt ca. 500 ml*

400 g gehackte Tomaten aus der Dose
100 ml Gemüsefond *(siehe Rezept auf Seite 10)*
1 kleine Zwiebel, fein gehackt
1 frische rote oder grüne Chilischote, entkernt und fein geschnitten
1 EL Tomatenmark
1 Knoblauchzehe, gepresst
5 EL Rotwein
Meersalz & frisch gemahlener schwarzer Pfeffer

1 Alle Zutaten in einen Topf geben und gut vermischen.
2 Aufkochen, dann bei mittlerer Hitze ohne Deckel 15–20 Minuten kochen, bis die Sauce eindickt, dabei gelegentlich umrühren. Abschmecken und heiß servieren.

SERVIEREMPFEHLUNGEN *Passt zu gegrillten Spießen oder Steaks vom Lamm, Rind oder Schwein.*
VARIATIONEN *Anstelle von Gemüsefond Rinderfond verwenden. Den Rotwein durch trockenen Weißwein oder Apfelsaft ersetzen. Nach Belieben zusätzlich zum frischen Chili noch ein wenig scharfes Chilipulver an die Sauce geben.*
KÜCHENTIPP *Beim Vorbereiten von frischem Chili nicht an die Augen und auch nicht an besonders empfindliche Hautpartien fassen und danach sorgfältig die Hände waschen (oder Einweghandschuhe tragen), weil Chilis in den Kernen und im Fruchtfleisch ätherische Öle enthalten, die die Haut und die Augen reizen können.*

125 TOMATENSAUCE MIT FRISCHEN KRÄUTERN

VORBEREITUNGSZEIT 5 Minuten **KOCHZEIT** 25–30 Minuten **FÜR 4 PERSONEN**

- 1 EL Olivenöl
- 3 Schalotten, fein gehackt
- 225 g gehackte Tomaten aus der Dose
- 150 ml Gemüsefond (siehe Rezept auf Seite 10)
- 1 EL Tomatenketchup
- ein Spritzer Worcestersauce
- 1–2 EL frische gemischte Kräuter, gehackt
- Meersalz & frisch gemahlener schwarzer Pfeffer

1. Das Öl in einem Topf erhitzen, die Schalotten hinzufügen und ca. 5 Minuten weich dünsten.
2. Tomaten, Fond, Tomatenketchup und Worcestersauce dazugeben und alles gut vermischen. Aufkochen, dann bei leicht reduzierter Hitze zugedeckt 15–20 Minuten köcheln lassen, dabei gelegentlich umrühren.
3. Kräuter und Gewürze unterrühren und ohne Deckel weitere 5–10 Minuten köcheln lassen, bis die Sauce etwas reduziert ist und leicht eindickt. Dabei gelegentlich umrühren. Heiß servieren.

SERVIEREMPFEHLUNGEN *Passt zu selbstgemachten, gekochten Fleischbällchen und gegrillten oder gebratenen Bratwürstchen.*
VARIATIONEN: *Die Schalotten durch 1 kleine rote Zwiebel ersetzen. Anstelle der gemischten Kräuter Basilikum oder glatte Petersilie verwenden.*
KÜCHENTIPP *Die Sauce nach Belieben abkühlen lassen, fein pürieren und vor dem Servieren wieder erhitzen.*

126 WÜRZIGE TOMATENSAUCE

VORBEREITUNGSZEIT 15 Minuten **KOCHZEIT** 35 Minuten **FÜR 6–8 PERSONEN**

- 700 g Tomaten, gehäutet, entkernt & gehackt
- 6 Schalotten, dünn geschnitten
- 1 kleine Lauchstange, gewaschen und dünn geschnitten
- 2 Stangen Sellerie, fein geschnitten
- 1 Knoblauchzehe, gepresst
- 150 ml Rotwein
- 2 EL getrocknete Tomaten, püriert
- 2 TL gemahlener Kreuzkümmel
- 1 TL gemahlener Koriander
- 1 TL scharfes Chilipulver
- Meersalz & frisch gemahlener schwarzer Pfeffer

1. Alle Zutaten in einen Topf geben und gut vermischen.
2. Aufkochen, dabei gelegentlich umrühren. Bei reduzierter Hitze zugedeckt ca. 25 Minuten köcheln lassen, bis das Gemüse weich ist. Gelegentlich umrühren.
3. Vom Herd nehmen, beiseite stellen und den Inhalt leicht abkühlen lassen. Die Sauce im Mixer oder in der Küchenmaschine fein pürieren.
4. Den Topf ausspülen, die Sauce wieder einfüllen und langsam erhitzen, dabei gelegentlich umrühren. Abschmecken und heiß servieren.

SERVIEREMPFEHLUNGEN *Passt zu Rinder-, Lamm-, Hähnchen- oder Gemüsespießen.*
VARIATION *Der Rotwein kann durch Apfelsaft oder trockenen Weißwein ersetzt werden.*

127 GRILLMARINADE

VORBEREITUNGSZEIT *15 Minuten* **KOCHZEIT** *15 Minuten* **FÜR 4 PERSONEN**

- 1 EL Olivenöl
- 1 Zwiebel, fein gehackt
- 150 ml passierte Tomaten
- 3 EL helles Bier (Pilsner, Export, Lager)
- 2 EL hellbrauner Zucker
- 2 EL Worcestersauce
- 1 EL Tomatenmark
- 1 EL Zitronensaft
- 2 TL mittelscharfer Senf

1. Das Öl in einem Topf erhitzen, die Zwiebel darin 10 Minuten weich dünsten.
2. Vom Herd nehmen, alle restlichen Zutaten hineingeben und gut vermischen.
3. Die Mischung im Mixer oder in der Küchenmaschine fein pürieren.
4. Im ausgespülten Topf langsam erhitzen, dabei umrühren. Heiß servieren.

SERVIEREMPFEHLUNGEN *Mit der Marinade Hähnchen- oder Schweinefleisch auf dem Grill bestreichen und den Rest zum Fleisch reichen.*

128 CURRYSAHNE

VORBEREITUNGSZEIT *10 Minuten* **KOCHZEIT** *25 Minuten* **FÜR 4–6 PERSONEN**

- 40 g Butter
- 1 Zwiebel, fein gehackt
- 1 Knoblauchzehe, gepresst
- 2 EL Mehl
- 3 EL mittelscharfe Currypaste
- 1 EL Tomatenmark
- 250 ml Gemüse- oder Hühnerfond *(siehe Rezept auf den Seiten 10–11)*
- 200 ml Schmand
- Meersalz & frisch gemahlener schwarzer Pfeffer

1. Die Butter in einem Topf schmelzen, die Zwiebel darin 8–10 Minuten dünsten.
2. Knoblauch hinzufügen und 1 Minute dünsten, dann das Mehl 1 Minute einrühren. Currypaste und Tomatenmark untermischen. Vom Herd nehmen und schrittweise den Fond unterrühren.
3. Erneut auf den Herd setzen und die Sauce unter ständigem Rühren aufkochen und eindicken lassen. 2–3 Minuten sanft köcheln lassen, dabei umrühren.
4. Den Schmand unterrühren und die Sauce langsam erhitzen, aber nicht aufkochen. Mit Salz und Pfeffer abschmecken und heiß servieren.

SERVIEREMPFEHLUNGEN *Passt zu gegrilltem oder gebratenem Schwein, Lamm oder Hähnchen.*

129 KAPERNCREME

VORBEREITUNGSZEIT *5 Minuten* **KOCHZEIT** *10 Minuten* **FÜR 4 PERSONEN** *Ergibt ca. 350 ml*

- 25 g Butter
- 25 g Mehl
- 300 ml Vorzugsmilch
- 2 EL Kapern, abgetropft & gehackt
- 1 EL Essig aus dem Kapernglas
- Meersalz & frisch gemahlener schwarzer Pfeffer

1. Butter, Mehl und Milch in einem Topf unter ständigem Rühren langsam erhitzen, bis die Mischung aufkocht, eindickt und glatt wird. 3–4 Minuten köcheln lassen, dabei immer wieder umrühren.
2. Kapern und Essig einrühren und langsam fast bis zum Kochen erhitzen. Mit Salz und Pfeffer abschmecken und heiß servieren.

SERVIEREMPFEHLUNGEN *Passt zu gebackenem oder gegrilltem Lamm oder Hähnchen.*

130 KAPERNSAUCE

VORBEREITUNGSZEIT *5 Minuten* **KOCHZEIT** *10 Minuten* **FÜR 4 PERSONEN** *Ergibt ca. 350 ml*

25 g Butter
25 g Mehl
300 ml Milch
2 EL Kapern, abgetropft
1 EL Essig aus dem Kapernglas
fein abgeriebene Schale von 1 kleinen Zitrone
Meersalz & frisch gemahlener schwarzer Pfeffer

1. Butter, Mehl und Milch in einem Topf unter ständigem Rühren langsam erhitzen, bis die Mischung aufkocht, eindickt und glatt wird. 3–4 Minuten köcheln lassen, dabei immer wieder umrühren.
2. Kapern, Essig und Zitronenschale einrühren und langsam fast bis zum Kochen erhitzen. Mit Salz und Pfeffer abschmecken und heiß servieren.

SERVIEREMPFEHLUNGEN *Passt zu Putenbrust und Schweine- oder Lammsteaks vom Holzkohlengrill.*
VARIATIONEN *Die Milch kann man zur Hälfte durch Gemüsebrühe ersetzen. Anstelle des Kapernessigs Weißweinessig oder frischen Zitronensaft verwenden.*

131 SAHNESAUCE MIT BRUNNENKRESSE

VORBEREITUNGSZEIT *10 Minuten* **KOCHZEIT** *10 Minuten* **FÜR 4–6 PERSONEN** *Ergibt ca. 500 ml*

100 g Brunnenkresse
25 g Butter
25 g Mehl

300 ml Gemüse- oder
Hühnerfond *(siehe Rezepte
auf den Seiten 10–11)*

150 ml Crème double
Meersalz & frisch gemahlener
schwarzer Pfeffer

1 Die Brunnenkresse putzen und in einem kleinen Topf mit kochendem Wasser 30 Sekunden blanchieren. Kalt abschrecken, gut abtropfen lassen und trocken tupfen. Fein hacken und beiseite stellen.
2 Die Butter in einem kleinen Topf schmelzen, das Mehl 1 Minute lang einrühren. Vom Herd nehmen und schrittweise Fond und Crème double unterrühren.
3 Erneut auf die Kochstelle setzen und langsam aufkochen, dabei umrühren, bis die Sauce eindickt und glatt wird. Noch 2–3 Minuten sanft köcheln lassen.
4 Die gehackte Brunnenkresse unterrühren und 1 Minute sanft kochen, dabei umrühren. Mit Salz und Pfeffer abschmecken und heiß servieren.

SERVIEREMPFEHLUNGEN *Passt zu gebackenen oder gebratenen Hähnchen- oder Putenfilets.*
VARIATIONEN *Crème double durch Milch ersetzen. Statt Brunnenkresse Rucola verwenden.*
KÜCHENTIPPS *Die Sauce abkühlen lassen und im Mixer oder in der Küchenmaschine pürieren.
Vor dem Servieren sanft erhitzen.
Um die schöne Farbe und das Aroma zu bewahren, Brunnenkresse nur ganz kurz kochen.*

132 ROTISSEUR-CREME

VORBEREITUNGSZEIT *5 Minuten* **KOCHZEIT** *10 Minuten* **FÜR 4 PERSONEN** *Ergibt ca. 325 ml*

15 g Butter
15 g Mehl
300 ml Vorzugsmilch

1–2 TL Rotisseur-Senf (nach
Belieben)

Meersalz & frisch gemahlener
schwarzer Pfeffer

1 Die Butter in einem kleinen Topf schmelzen, das Mehl 1 Minute lang einrühren. Vom Herd nehmen und schrittweise die Milch unterrühren.
2 Erneut auf die Kochstelle setzen und die Sauce langsam erhitzen, dabei umrühren, bis sie aufkocht und eindickt. Noch 2–3 Minuten sanft köcheln lassen.
3 Den Senf unterrühren und die Sauce sanft erhitzen, dabei umrühren. Mit Salz und Pfeffer abschmecken und heiß servieren.

SERVIEREMPFEHLUNGEN *Passt zu gegrillten oder gebratenen Hähnchenteilen oder Putenbruststeaks, Bratwürstchen, Schweinekoteletts oder -schnitzeln sowie zu geschmortem Kaninchen.*
VARIATION *Anstelle von Rotisseur-Senf kann man auch Dijon-Senf verwenden.*
KÜCHENTIPP *Rotisseur-Senf ist grobkörnig. Er wird aus verschiedener Senfsorten hergestellt und besitzt einen scharfen, fruchtigen und aromatischen Geschmack.*

133 ESTRAGONCREME

VORBEREITUNGSZEIT *5 Minuten* **KOCHZEIT** *10 Minuten* **FÜR 4 PERSONEN** *Ergibt ca. 350 ml*

- 20 g Butter
- 20 g Mehl
- 300 ml Vorzugsmilch
- 4 EL Crème double
- 1 ½ TL Dijon-Senf
- 1 EL frischer Estragon, gehackt
- Meersalz & frisch gemahlener schwarzer Pfeffer

1. Die Butter in einem kleinen Topf schmelzen, das Mehl 1 Minute lang einrühren. Vom Herd nehmen und schrittweise Milch und Crème double unterrühren.
2. Erneut auf den Herd setzen und die Sauce langsam erhitzen, dabei umrühren, bis sie aufkocht und eindickt. Noch 2–3 Minuten sanft köcheln lassen.
3. Senf und Estragon unterrühren, mit Salz und Pfeffer abschmecken und heiß servieren.

SERVIEREMPFEHLUNGEN *Passt zu gegrillten oder in der Pfanne gebratenen Lammsteaks, zu Hähnchenbrust oder Putenbruststeaks sowie zu gebratenem oder geschmortem Fasan oder Rebhuhn.*
VARIATIONEN *150 ml Milch durch Gemüsefond ersetzten. Statt Dijon-Senf Rotisseur-Senf verwenden. Statt Estragon passen auch 2–3 Esslöffel gehackte frische Petersilie. Nach Belieben vor dem Servieren 55 g fein geriebenen Emmentaler untermischen.*
KÜCHENTIPP *Frischer Estragon besitzt ein süßes, würziges Aroma, das gut zu Hähnchen, Truthahn/Pute und Lamm passt. Man sollte „deutschen Estragon" verwenden, diese Sorte ist viel aromatischer als der „russische Estragon".*

134 BLAUSCHIMMELCREME

VORBEREITUNGSZEIT *10 Minuten* **KOCHZEIT** *20 Minuten* **FÜR 4 PERSONEN** *Ergibt ca. 325 ml*

- 15 g Butter
- 1 kleine Zwiebel, fein gehackt
- 1 Stange Sellerie, fein geschnitten
- 2 EL halbtrockener Sherry
- 200 ml Crème fraîche oder Crème double
- 85 g Blauschimmelkäse, etwa Roquefort, zerkrümelt
- 1–2 EL gehackte frische Petersilie oder Schnittlauch
- Meersalz & frisch gemahlener schwarzer Pfeffer

1. Die Butter in einem kleinen Topf schmelzen, Zwiebel und Sellerie hinzufügen und ca. 10 Minuten weich dünsten.
2. Den Sherry einrühren und leicht einkochen lassen. Crème fraîche oder Crème double dazugeben, sanft aufkochen und ca. 5 Minuten sprudelnd kochen lassen, bis die Sauce leicht eindickt. Dabei ständig umrühren.
3. Blauschimmelkäse völlig in der Sauce schmelzen lassen. Petersilie oder Schnittlauch untermischen. Mit Salz und Pfeffer abschmecken und heiß servieren.

SERVIEREMPFEHLUNGEN *Passt zu gebratenen oder gegrillten Rindersteaks, Schweinekoteletts, Hähnchenschenkeln oder Putenbruststeaks.*

135 SALBEISAUCE

VORBEREITUNGSZEIT *10 Minuten* **KOCHZEIT** *15 Minuten* **FÜR 4–6 PERSONEN** *Ergibt ca. 500 ml*

55 g Butter
2 rote Zwiebeln, fein gehackt
25 g Mehl
150 ml Milch

150 ml Gemüsefond *(siehe Rezept auf Seite 10)*, gekühlt
ein Spritzer frischer Limettensaft (nach Belieben)

1–2 EL frischer Salbei, gehackt
Meersalz & frisch gemahlener schwarzer Pfeffer

1 25 g Butter in einer Bratpfanne schmelzen, die Zwiebel darin ca. 10 Minuten weich dünsten. Vom Herd nehmen, beiseite stellen und heiß halten.
2 Inzwischen die restliche Butter mit dem Mehl, der Milch, dem Fond und dem Limettensaft (wenn erwünscht) in einem Topf langsam aufkochen, bis die Sauce eindickt. Dabei ständig umrühren. 3–4 Minuten sanft köcheln lassen.
3 Die gedünstete Zwiebel und den Salbei untermischen und sanft erhitzen, dabei ständig umrühren. Mit Salz und Pfeffer abschmecken und heiß servieren.

SERVIEREMPFEHLUNGEN *Passt zu Hähnchen, Ente, Fasan oder Kaninchen aus der Bratpfanne oder aus dem Backofen.*
VARIATION *Die roten Zwiebeln durch normale Küchenzwiebeln ersetzen.*

136 MEERRETTICH-SENF-SAUCE

VORBEREITUNGSZEIT *5 Minuten* **KOCHZEIT** *10 Minuten* **FÜR 4 PERSONEN** *Ergibt ca. 300 ml*

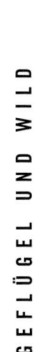

15 g Butter
15 g Mehl
300 ml Milch

2 TL Rotisseur-Senf
2 TL scharfe Meerrettichsauce

Meersalz & frisch gemahlener schwarzer Pfeffer

1 Butter, Mehl und Milch in einem Topf unter ständigem Rühren erhitzen, bis die Sauce aufkocht und eindickt. 3–4 Minuten sanft köcheln lassen.
2 Vom Herd nehmen, Senf, Meerrettichsauce und Gewürze unterrühren. Erneut auf den Herd setzen und sanft erhitzen, dabei umrühren. Heiß servieren.

SERVIEREMPFEHLUNGEN *Passt zu gebratenen Rouladen vom Rind, Bratwürstchen und Hähnchen- oder Putenbrustfilets.*

137 SENF-KRÄUTERSAUCE

VORBEREITUNGSZEIT *5 Minuten* **KOCHZEIT** *10 Minuten* **FÜR 4–6 PERSONEN** *Ergibt ca. 350 ml*

2 EL Speisestärke
200 ml Milch
150 ml Gemüsefond *(siehe Rezept auf Seite 10)*, gekühlt

1 EL Rotisseur-Senf
1 TL getrocknete gemischte Kräuter
1 TL flüssiger Honig

Meersalz & frisch gemahlener schwarzer Pfeffer

1 Die Speisestärke in einem Topf mit ein wenig Milch vermengen. Die restliche Milch und den Fond dazugeben, dann unter ständigem Rühren langsam erhitzen, bis die Sauce aufkocht und eindickt. 2–3 Minuten köcheln lassen.
2 Senf, getrocknete Kräuter, Honig und Gewürze untermischen und die Sauce sanft erhitzen, dabei umrühren. Heiß servieren.

SERVIEREMPFEHLUNGEN *Passt zu Schinkenbraten vom Schwein oder zu Hähnchenschenkeln.*

138 PIKANTE LINSENSAUCE

VORBEREITUNGSZEIT *15 Minuten* **KOCHZEIT** *1 Stunde 20 Minuten* **FÜR 6–8 PERSONEN**

- 1 EL Olivenöl
- 1 Zwiebel, fein gehackt
- 1 Karotte, klein geschnitten
- 2 Stangen Sellerie, fein geschnitten
- je 1 TL gemahlener Kreuzkümmel, Koriander, Piment & Cayennepfeffer
- 225 g grüne Linsen
- 500 ml Gemüsefond *(siehe Rezept auf Seite 10)*
- 3 EL halbtrockener Sherry
- Meersalz & frisch gemahlener schwarzer Pfeffer
- 2 EL frische glatte Petersilie, gehackt

1. Das Öl in einem Topf erhitzen, Zwiebel, Karotte und Sellerie dazugeben und ca. 10 Minuten sanft weich dünsten.
2. Gemahlene Gewürze 1 Minuten einrühren. Linsen, Fond und Sherry dazugeben, alles gut vermischen und mit Salz und Pfeffer abschmecken.
3. Langsam aufkochen, dann zugedeckt ca. 1 Stunde köcheln lassen, bis die Linsen gar sind. Gelegentlich umrühren.
4. Petersilie untermischen, noch einmal abschmecken und heiß servieren.

SERVIEREMPFEHLUNGEN *Passt zu orientalischen Rinder-, Lamm- oder Gemüsespießen.*
KÜCHENTIPP *So entsteht eine glattere Sauce: Wenn die Linsen gar sind, vom Herd nehmen, leicht abkühlen lassen und im Mixer oder in der Küchenmaschine pürieren. Zurück in den ausgespülten Topf geben und sanft erhitzen.*

139 TOMATENSAUCE MIT KNOBLAUCH
VORBEREITUNGSZEIT *5 Minuten* **KOCHZEIT** *20 Minuten* **FÜR 4 PERSONEN**

400 g gehackte Tomaten aus der Dose
1 kleine Zwiebel, fein gehackt
2 Knoblauchzehen, gepresst
1 EL Tomatenmark
1 EL frische gemischte Kräuter, gehackt
eine Prise feinster Kristallzucker
Meersalz & frisch gemahlener schwarzer Pfeffer

1 Alle Zutaten in einen Topf geben und gut vermischen.
2 Aufkochen und ohne Deckel ca. 20 Minuten köcheln lassen, bis die Sauce reduziert und eingedickt ist. Dabei gelegentlich umrühren.
3 Noch einmal abschmecken und heiß servieren.

SERVIEREMPFEHLUNGEN *Passt zu Lamm-, Rinder oder Schweinespießchen vom Grill.*
VARIATION *Die Küchenzwiebel durch 1 kleine rote Zwiebel oder 2–3 Schalotten ersetzen.*

140 WILDPILZSAUCE MIT LAUCH
VORBEREITUNGSZEIT *10 Minuten* **KOCHZEIT** *10 Minuten* **FÜR 4 PERSONEN**

55 g Butter
1 kleine Lauchstange, gewaschen und gehackt
2 Knoblauchzehen, gepresst
225 g gemischte Wildpilze, in Scheiben geschnitten
115 g braune Champignons, in Scheiben geschnitten
2 EL trockener Sherry
3 EL frische Petersilie, gehackt
Meersalz & frisch gemahlener schwarzer Pfeffer

1 Die Butter in einer Bratpfanne schmelzen, Lauch und Knoblauch darin 2 Minuten dünsten. Pilze dazugeben und 4–5 Minuten weiter dünsten.
2 Sherry angießen und bei großer Hitze 2–3 Minuten kochen, bis die die Pilze gar sind. Dabei immer wieder umrühren.
3 Petersilie einrühren, mit Salz und Pfeffer abschmecken und heiß servieren.

SERVIEREMPFEHLUNGEN *Passt zu Hähnchen, Truthahn, Ente, Fasan oder Rebhuhn.*
VARIATIONEN *Die Wildpilze durch weiße Champignons ersetzen. Statt Petersilie 2 Esslöffel gehackten frischen Koriander oder Oregano verwenden.*

141 ROTE CRANBERRYSAUCE
VORBEREITUNGSZEIT *5 Minuten* **KOCHZEIT** *25–30 Minuten* **FÜR 4–6 PERSONEN**

225 g frische (oder tiefgekühlte) Cranberries
1 Tafelapfel, geschält, entkernt und klein geschnitten
150 ml Wasser
175 g hellbrauner Zucker
1–2 EL Ruby Port

1 Cranberries und Apfelstücke mit dem Wasser in einen Topf geben. Aufkochen, dann bei reduzierter Hitze zugedeckt 15–20 Minuten köcheln lassen, bis das Obst weich ist. Ab und zu umrühren.
2 Zucker dazugeben und gründlich auflösen. Portwein einrühren, dann den Topf vom Herd nehmen und beiseite stellen. Warm oder kalt servieren.

SERVIEREMPFEHLUNGEN *Passt zu Schweinebraten, Brathähnchen oder Truthahnbraten.*
VARIATIONEN *Portwein durch Sherry ersetzen. Statt des Apfels eine Birne verwenden.*

142 RUCOLAPESTO

VORBEREITUNGSZEIT *10 Minuten* **KOCHZEIT** *keine* **FÜR 4–6 PERSONEN** *Ergibt ca. 200 ml*

- 55 g Rucolablätter
- 55 g Mandelsplitter
- 1 Knoblauchzehe, gepresst (nach Belieben)
- 7 EL extra-natives Olivenöl
- 55 g frischer Parmesan, fein gerieben
- Meersalz & frisch gemahlener schwarzer Pfeffer

1. Den Rucola mit den Mandelsplittern, dem Knoblauch (wenn erwünscht) und 1 Esslöffel Öl im Mörser mit dem Stößel zu einer Paste verarbeiten. Das restliche Öl einarbeiten, Parmesan untermischen und mit Salz und Pfeffer abschmecken.
2. Man kann auch den Rucola mit den Mandelsplittern, dem Knoblauch (wenn erwünscht) und dem Öl im Mixer oder in der Küchenmaschine pürieren. Dann den Parmesan hinzugeben und noch einmal kurz mixen.
3. In einem Gefäß mit Schraubverschluss und mit einer dünnen Schicht Öl bedeckt, hält sich das Pesto im Kühlschrank 1 Woche lang. Kalt servieren.

SERVIEREMPFEHLUNGEN *Passt zu gegrillten oder in der Pfanne gebratenen Schweinekoteletts und Hähnchen- oder Putenbrustfilets.*

143 THAILÄNDISCHER DIP

VORBEREITUNGSZEIT *10 Minuten* **KOCHZEIT** *keine* **FÜR 4 PERSONEN** *Ergibt ca. 150 ml*

- 3 Frühlingszwiebeln, fein gehackt
- 2 EL helle Sojasauce
- 3 EL frischer Zitronen- oder Limettensaft
- 2 EL mittelscharfe Chilisauce
- ½ TL thailändische Gewürzmischung (7 Gewürze)
- 1 EL frischer Koriander, gehackt
- 1–2 TL hellbrauner Zucker
- frisch gemahlener schwarzer Pfeffer (nach Belieben)

1. Frühlingszwiebeln, Sojasauce, Zitronen- oder Limettensaft, Chilisauce und Gewürzmischung in einer kleinen Schüssel gut miteinander vermischen.
2. Den gehackten Koriander und dann den Zucker untermischen. Mit Pfeffer abschmecken und kalt als Dip servieren.

SERVIEREMPFEHLUNGEN *Passt zu thailändischen Gerichten mit Rind, Schwein, Huhn oder Pute.*

144 KRÄUTERBUTTER

VORBEREITUNGSZEIT *10 Minuten, plus Kühlzeit* **KOCHZEIT** *keine* **FÜR 4–6 PERSONEN**

- 115 g ungesalzene Butter (zimmerwarm)
- 2 EL frische Petersilie, fein gehackt
- 2 EL frischer Schnittlauch, fein gewiegt
- 2 TL frischer Zitronensaft
- Meersalz & frisch gemahlener schwarzer Pfeffer

1. Die Butter in einer kleinen Schüssel weich schlagen. Kräuter, Zitronensaft und Gewürze dazugeben und alles gut vermischen.
2. Auf ein Stück Frischhaltefolie geben, einen Block formen und rundum in die Folie einschlagen. Vor dem Servieren mindestens 1 Stunde lang kühlen. Dann in 4–6 gleich dicke Scheiben schneiden und gut gekühlt servieren.

SERVIEREMPFEHLUNGEN *Jede Scheibe Butter auf einem Rinder-, Lamm-, Schweine- oder Putensteak oder einem Hähnchenbrustfilet servieren.*

145 KNOBLAUCHBUTTER

VORBEREITUNGSZEIT *10 Minuten, plus Kühlzeit* **KOCHZEIT** *keine* **FÜR 4–6 PERSONEN**

115 g ungesalzene Butter (zimmerwarm)
2 Knoblauchzehen, gepresst

2–3 EL fein gehackte frische Petersilie oder Schnittlauch

2 TL frischer Zitronensaft
Meersalz & frisch gemahlener schwarzer Pfeffer

1 Die Butter in einer kleinen Schüssel weich schlagen. Knoblauch, Kräuter, Zitronensaft und Gewürze dazugeben und alles gut vermischen.
2 Auf ein Stück Frischhaltefolie geben, einen Block formen und rundum in die Folie einschlagen. Vor dem Servieren mindestens 1 Stunde lang kühlen. Dann in 4–6 gleich dicke Scheiben schneiden und gut gekühlt servieren.

SERVIEREMPFEHLUNGEN *Jede Scheibe Butter auf einem gegrillten oder gebratenen Stück Rind-, Lamm-, Hühner- oder Putenfleisch servieren.*

146 ZITRONENBUTTER

VORBEREITUNGSZEIT *10 Minuten, plus Kühlzeit* **KOCHZEIT** *keine* **FÜR 4–6 PERSONEN**

115 g ungesalzene Butter (zimmerwarm)

fein abgeriebene Schale von 1 Zitrone
2 TL frischer Zitronensaft

frisch gemahlener schwarzer Pfeffer

1 Die Butter in einer kleinen Schüssel weich schlagen. Zitronenschale und -saft sowie Pfeffer dazugeben und alles gut vermischen.
2 Auf ein Stück Frischhaltefolie geben, einen Block formen und rundum in die Folie einschlagen. Vor dem Servieren mindestens 1 Stunde lang kühlen. Dann in 4–6 gleich dicke Scheiben schneiden und gut gekühlt servieren.

SERVIEREMPFEHLUNGEN *Jede Scheibe Butter auf einem gegrillten oder gebratenen Rindersteak oder Hähnchenbrustfilet servieren.*
VARIATION *Zitronenschale und -saft durch Limettenschale und -saft ersetzen.*

147 BASILIKUMBUTTER MIT GETROCKNETEN TOMATEN

VORBEREITUNGSZEIT *10 Minuten, plus Kühlzeit* **KOCHZEIT** *keine* **FÜR 4–6 PERSONEN**

115 g ungesalzene Butter (zimmerwarm)
25 g getrocknete Tomaten in Öl, abgetropft, trocken getupft und fein gehackt

2 EL frisches Basilikum, fein gehackt
Knoblauchsalz & frisch gemahlener schwarzer Pfeffer

1 Die Butter in einer kleinen Schüssel weich schlagen. Getrocknete Tomaten, Basilikum, Knoblauchsalz und Pfeffer dazugeben und alles gut vermischen.
2 Auf ein Stück Frischhaltefolie geben, einen Block formen und rundum in die Folie einschlagen. Vor dem Servieren mindestens 1 Stunde lang kühlen. Dann in 4–6 gleich dicke Scheiben schneiden und gut gekühlt servieren.

SERVIEREMPFEHLUNGEN *Jede Scheibe Butter auf einem Schweineschnitzel oder -kotelett servieren.*

148 CAJUN-BUTTER
VORBEREITUNGSZEIT *10 Minuten, plus Kühlzeit* **KOCHZEIT** *keine* **FÜR 4–6 PERSONEN**

115 g ungesalzene Butter (zimmerwarm)

2 TL Cajun-Gewürzmischung

frisch gemahlener schwarzer Pfeffer

1 Die Butter in einer kleinen Schüssel weich schlagen. Cajun-Gewürz und Pfeffer dazugeben und alles gut vermischen.
2 Auf ein Stück Frischhaltefolie geben, einen Block formen und rundum in die Folie einschlagen. Vor dem Servieren mindestens 1 Stunde lang kühlen. Dann in 4–6 gleich dicke Scheiben schneiden und gut gekühlt servieren.

SERVIEREMPFEHLUNGEN *Jede Scheibe Butter auf einer selbst gemachten Frikadelle oder auf einem gegrillten oder gebratenen Hähnchen- oder Putenbrustfilet servieren.*

149 SCHARFE MEERRETTICHBUTTER
VORBEREITUNGSZEIT *10 Minuten, plus Kühlzeit* **KOCHZEIT** *keine* **FÜR 4–6 PERSONEN**

115 g ungesalzene Butter (zimmerwarm)
1 ½ EL scharfe Meerrettichsauce

2 EL frischer Schnittlauch, fein gewiegt
frisch gemahlener schwarzer Pfeffer

1 Die Butter in einer kleinen Schüssel weich schlagen. Meerrettichsauce, Schnittlauch und Pfeffer dazugeben und alles gut vermischen.
2 Auf ein Stück Frischhaltefolie geben, einen Block formen und rundum in die Folie einschlagen. Vor dem Servieren mindestens 1 Stunde lang kühlen. Dann in 4–6 gleich dicke Scheiben schneiden und gut gekühlt servieren.

SERVIEREMPFEHLUNGEN *Jede Scheibe Butter auf einem Steak vom Rind, Schwein, Reh oder von der Pute servieren.*

150 PETERSILIENBUTTER
VORBEREITUNGSZEIT *10 Minuten, plus Kühlzeit* **KOCHZEIT** *keine* **FÜR 4–6 PERSONEN**

115 g ungesalzene Butter (zimmerwarm)
2 EL frische Petersilie, fein gehackt

2 TL frischer Zitronensaft
Meersalz & frisch gemahlener schwarzer Pfeffer

1 Die Butter in einer kleinen Schüssel weich schlagen. Gehackte Petersilie, Zitronensaft und Gewürze dazugeben und alles gut vermischen.
2 Auf ein Stück Frischhaltefolie geben, einen Block daraus formen und rundum in die Folie einschlagen. Vor dem Servieren mindestens 1 Stunde lang kühlen. Dann in 4–6 gleich dicke Scheiben schneiden und gut gekühlt servieren.

SERVIEREMPFEHLUNGEN *Jede Scheibe Butter auf einem Steak vom Lamm oder Schwein oder einem Brustfilet vom Hähnchen oder von der Pute servieren.*

KAPITEL 6

SALSAS UND WÜRZSAUCEN

Salsas und Würzsaucen geben vielen Gerichten optisch einen wundervollen „letzte Schliff". Darüber hinaus verleihen sie Fleisch, Geflügel, Fisch und Meeresfrüchten – egal, ob vom Grill, aus der Bratpfanne oder aus dem Backofen – einen köstlichen „Biss" sowie Geschmack und Farbe.

Sie passen besonders gut zu leichten Sommergerichten und sind ideal beim Grillen und beim Picknick an der frischen Luft. Sie sind einfach herzustellen, und besonders praktisch ist es, dass man viele von ihnen sowieso im Voraus zubereiten und dann noch einige Zeit ziehen lassen muss, damit sich die Aromen richtig entfalten können. So hat man bei einem geselligen Beisammensein die Hände frei und folglich viel mehr Zeit für seine Gäste.

Das folgende Kapitel enthält eine große Auswahl an verlockenden Rezepten, darunter Salsa Verde, Zwiebel-Salsa, Hot Salsa, Mango Chutney, exotische Pfirsich-Salsa, Chili-Salsa, Salsa mit Roter Beete und Meerrettich, scharfe rote Würzsauce, Zuckermais-Würzsauce, süße Chili-Würzsauce und fruchtige Zwiebelsauce.

151 SALSA VERDE

VORBEREITUNGSZEIT *10 Minuten, plus Standzeit* **KOCHZEIT** *keine* **FÜR 4 PERSONEN**

- 1 kleine Zwiebel, fein gehackt
- 2 Knoblauchzehen, gepresst
- 4 EL frische Petersilie, gehackt
- 2 EL frische Minze, gehackt
- 1 EL frischer Schnittlauch, fein gewiegt
- 1 EL Kapern, abgetropft & fein gehackt
- 4 EL extra-natives Olivenöl
- 2 EL frischer Zitronensaft
- 1 TL Dijon-Senf
- einige Tropfen Tabascosauce
- Meersalz & frisch gemahlener schwarzer Pfeffer

1 Die Zwiebel mit dem Knoblauch, den Kräutern und den Kapern in einer kleinen Schüssel gut vermischen. Olivenöl, Zitronen- oder Limettensaft und Senf daruntermischen. Mit Tabascosauce, Salz und Pfeffer abschmecken.

2 Vor dem Servieren zugedeckt bei Zimmertemperatur ca. 30 Minuten ziehen lassen, damit sich die Aromen richtig entfalten können.

SERVIEREMPFEHLUNGEN *Passt zu gebratenen Lamm-, Schweine- oder Rindersteaks, zu gebratenem Seeteufel und zu Regenbogenforelle sowie zu gebackenem Mischgemüse.*
VARIATION *Anstelle der Tabascosauce kann man auch 1 entkernte und fein gehackte rote oder grüne Chilischote an die Salsa geben.*
KÜCHENTIPP *Wer eine glattere Salsa bevorzugt, sollte einfach alle Zutaten im Mixer oder in der Küchenmaschine mischen und zerkleinern.*

152 TOMATEN-BASILIKUM-SALSA

VORBEREITUNGSZEIT *15 Minuten, plus Standzeit* **KOCHZEIT** *keine* **FÜR 4 PERSONEN**

- 700 g reife Tomaten, gehäutet, entkernt & fein gehackt
- 2 Frühlingszwiebeln, fein geschnitten
- 1 große Knoblauchzehe, gepresst
- 1 EL Olivenöl
- 1 EL getrocknete Tomaten, püriert
- 1–2 TL Balsamessig
- 2–3 EL frisches Basilikum, gehackt
- Meersalz & frisch gemahlener schwarzer Pfeffer

1 Alle Zutaten in eine Schüssel geben und gut miteinander vermischen.

2 Vor dem Servieren zugedeckt bei Zimmertemperatur ca. 30 Minuten ziehen lassen, damit sich die Aromen richtig entfalten können.

SERVIEREMPFEHLUNGEN *Passt zu Lammkoteletts, Grillspießchen vom Rind und Hähnchenschenkeln, aber auch zu Lachs- oder Thunfischsteaks vom Holzkohlengrill.*
VARIATIONEN *Statt Frühlingszwiebeln 2–3 Schalotten verwenden. Anstelle des Tomatenpürees passt auch normales Tomatenmark. Basilikum durch frische gehackte glatte Petersilie oder frischen gehackten Koriander ersetzen.*
KÜCHENTIPP *Am besten schmecken reife Eiertomaten in dieser Salsa. Wenn diese nicht erhältlich sind, kann man auch auf Rispentomaten zurückgreifen.*

Wie man Tomaten häutet und entkernt, wird im Rezept 155 auf der Seite 104 beschrieben.

153 MINZE-SALSA

VORBEREITUNGSZEIT *15 Minuten, plus Standzeit* **KOCHZEIT** *keine* **FÜR 4 PERSONEN**

- 450 g Rispentomaten, enthäutet, entkernt & fein gehackt
- 2 Schalotten, fein gehackt
- 1 Knoblauchzehe, gepresst
- 1 EL Olivenöl
- 1 TL Balsamessig
- 2 EL frische Minze, gehackt
- Meersalz & frisch gemahlener schwarzer Pfeffer

1. Tomaten, Schalotten, Knoblauch, Olivenöl, Essig und Minze in einer Schüssel gut miteinander vermischen. Mit Salz und Pfeffer abschmecken.
2. Vor dem Servieren zugedeckt bei Zimmertemperatur ca. 30 Minuten ziehen lassen, damit sich die Aromen richtig entfalten können.

SERVIEREMPFEHLUNGEN *Passt zu Grillspießchen vom Lamm oder Gemüsespießchen, aber auch zu Rindersteaks, Schweinekoteletts und Lammwürstchen.*
VARIATION *Anstelle der Schalotten 1 kleine rote Zwiebel oder 2–3 Frühlingszwiebeln verwenden. Minze durch Basilikum oder Koriander ersetzen.*
KÜCHENTIPP *Die frischen Minzeblätter von den Stängeln rupfen, kurz waschen, trocken tupfen und auf einem Schneidebrettchen klein schneiden. Dazu eignet sich ein scharfes Küchenmesser – noch besser geht es allerdings mit dem Wiegemesser, einem Messer mit zwei gebogenen Klingen und mit zwei Handgriffen an den Enden.*

154 HOT SALSA

VORBEREITUNGSZEIT *15 Minuten, plus Abkühl- und Standzeit* **KOCHZEIT** *15 Minuten* **FÜR 6 PERSONEN**

- 2 rote Paprikaschoten
- 2 gelbe Paprikaschoten
- 1 große frische Chilischote (ca. 20 g)
- 1 kleine rote Zwiebel, fein gehackt
- 2 EL extra-natives Olivenöl
- 2 TL Rotweinessig
- 2 EL frischer Koriander, gehackt
- 1–2 TL Tabascosauce (nach Belieben)
- Meersalz & frisch gemahlener schwarzer Pfeffer

1. Den Grill auf höchster Stufe vorheizen. Paprika und Chili halbieren und mit den Schnittflächen nach unten auf den Rost einer Grillpfanne legen. 10–15 Minuten unter den Grill stellen, bis die Haut zu verkohlen beginnt.
2. Aus dem Backofen nehmen, mit einem sauberen, angefeuchteten Trockentuch abdecken und abkühlen lassen.
3. Wenn die Schoten kalt sind, die Haut, die Kerngehäuse und die Kerne entfernen. Das Fruchtfleisch sehr klein schneiden und in eine Schüssel geben.
4. Zwiebel, Olivenöl, Essig und Koriander dazugeben und alles gut miteinander vermischen. Mit Tabascosauce, Salz und Pfeffer abschmecken.
5. Vor dem Servieren zugedeckt bei Zimmertemperatur ca. 1 Stunde ziehen lassen, damit sich die Aromen richtig entfalten können.

SERVIEREMPFEHLUNGEN *Passt zu gegrillten Kabeljau-, Schellfisch- oder Seeteufelfilets, aber auch zu Hähnchenbrustfilets oder in der Pfanne gebratenen Polentascheiben.*

155 ZWIEBEL-SALSA

VORBEREITUNGSZEIT 15 Minuten, plus Standzeit **KOCHZEIT** keine **FÜR 4 PERSONEN**

3 reife Tomaten
2 EL Tomatensaft oder passierte Tomaten
1 EL Olivenöl
1 rote Zwiebel, fein gehackt
2 TL Meerrettichsauce
1 EL frische Petersilie, gehackt
Meersalz & frisch gemahlener schwarzer Pfeffer

1. Die Tomaten mit einem scharfen Messer an der Basis kreuzweise einschneiden. In eine Schüssel legen, mit kochendem Wasser übergießen und ca. 30 Sekunden warten, bis die Haut aufreißt.
2. Die Tomaten mit dem Schaumlöffel herausnehmen und in eine Schüssel mit kaltem Wasser geben, dann gut abtropfen lassen.
3. Die Haut abziehen, dann die Tomaten halbieren und die Kerne entfernen. Das Fruchtfleisch sehr fein hacken und in eine Schüssel geben.
4. Tomatensaft oder passierte Tomaten, Olivenöl, Zwiebel, Meerrettichsauce und Petersilie daruntermischen. Mit Salz und Pfeffer abschmecken.
5. Vor dem Servieren zugedeckt bei Zimmertemperatur ca. 1 Stunde ziehen lassen, damit sich die Aromen richtig entfalten können.

SERVIEREMPFEHLUNGEN Passt zu Bratwürstchen vom Lamm oder vom Schwein, aber auch zu Lachs- oder Thunfischsteaks sowie zu gebratenen Pilzen, etwa Champignons.
VARIATIONEN Statt normaler Tomaten Eier- oder Rispentomaten verwenden. Die rote Zwiebel durch eine normale Küchenzwiebel ersetzen.
KÜCHENTIPP Wenn es besonders aromatisch sein soll, scharfe Meerrettichsauce verwenden.

156 MANGO CHUTNEY

VORBEREITUNGSZEIT *25 Minuten, plus Standzeit* **KOCHZEIT** *keine* **FÜR 6 PERSONEN**

- 2 mittelgroße reife Mangos (je ca. 350 g)
- 4 Frühlingszwiebeln, fein gehackt
- 2–3 TL frischer Limettensaft
- 3 EL süßes Mango Chutney
- 2 EL frischer Koriander, gehackt
- frisch gemahlener schwarzer Pfeffer

1. Mangos schälen, entsteinen, sehr klein schneiden und in einer Schüssel mit den Frühlingszwiebeln und dem Limettensaft vermischen.
2. Mango Chutney, Koriander und schwarzen Pfeffer daruntermischen.
3. Vor dem Servieren zugedeckt bei Zimmertemperatur ca. 1 Stunde ziehen lassen, damit sich die Aromen richtig entfalten können.

SERVIEREMPFEHLUNGEN *Passt zu in der Pfanne gebratenen oder im Ofen gebackenen Hähnchen- oder Putenbrustfilets.*

157 HERZHAFTE TOMATEN-SALSA

VORBEREITUNGSZEIT *15 Minuten, plus Standzeit* **KOCHZEIT** *keine* **FÜR 4 PERSONEN**

- 450 g Tomaten, gehäutet, entkernt & fein gehackt
- 4 getrocknete Tomaten in Öl, abgetropft & fein gehackt
- 2 Schalotten, fein gehackt
- 1 Knoblauchzehe, gepresst
- 1 EL Olivenöl
- 1–2 EL frisches Basilikum, gehackt
- Meersalz & frisch gemahlener schwarzer Pfeffer

1. Alle Zutaten in eine Schüssel geben und gut miteinander vermischen.
2. Vor dem Servieren zugedeckt bei Zimmertemperatur ca. 1 Stunde ziehen lassen, damit sich die Aromen richtig entfalten können.

SERVIEREMPFEHLUNGEN *Passt zu gegrillten oder gebratenen Kabeljau- oder Seeteufelfilets, Riesengarnelen oder Jakobsmuscheln, aber auch zu gegrilltem, gebratenem oder gebackenem Ziegenkäse.*

158 WÜRZIGE TOMATEN-SALSA

VORBEREITUNGSZEIT *10 Minuten, plus Standzeit* **KOCHZEIT** *keine* **FÜR 4 PERSONEN**

- 2 Schalotten, fein gehackt
- 1 Knoblauchzehe, gepresst
- 1 frische rote Chilischote, entkernt & gehackt
- 450 g reife Tomaten, gehäutet, entkernt & fein gehackt
- 1 EL Olivenöl
- 1 EL frischer Koriander, gehackt
- 1 EL frische Petersilie, gehackt
- ein Spritzer frischer Limettensaft
- eine Prise feinster Kristallzucker
- Meersalz & frisch gemahlener schwarzer Pfeffer

1. Schalotten, Knoblauch, Chili, Tomaten, Olivenöl, Kräuter, Limettensaft und Zucker in einer Schüssel vermischen. Mit Salz und Pfeffer abschmecken.
2. Vor dem Servieren zugedeckt bei Zimmertemperatur ca. 30 Minuten ziehen lassen, damit sich die Aromen richtig entfalten können.

SERVIEREMPFEHLUNGEN *Passt zu gebratenen oder gegrillten Hähnchenschenkeln oder zu Putenfleisch, aber auch zu gebratenen Kabeljau- oder Schellfischfilets.*

159 CHILI-SALSA

VORBEREITUNGSZEIT *15 Minuten, plus Abkühlzeit* **KOCHZEIT** *15 Minuten* **FÜR 4 PERSONEN**

1 EL Olivenöl
4 Schalotten, fein gehackt
1 Knoblauchzehe, gepresst
1 kleine frische rote Chilischote, entkernt & klein geschnitten

450 g reife Tomaten, gehäutet, entkernt & gehackt
6 getrocknete Tomaten in Öl, abgetropft & fein gehackt
1 TL getrocknete Kräuter der Provence

Meersalz & frisch gemahlener schwarzer Pfeffer

1 Das Öl in einem Topf erhitzen, Schalotten, Knoblauch und Chili darin ca. 10 Minuten sanft weich dünsten.
2 Frische Tomaten, getrocknete Tomaten, Kräuter und Gewürze dazugeben und alles gut vermischen. Weitere 5 Minuten sanft dünsten.
3 Vom Herd nehmen und zum Abkühlen beiseite stellen. Noch einmal abschmecken. Bei Zimmertemperatur servieren oder vorher zugedeckt kühlen.

SERVIEREMPFEHLUNGEN *Passt zu gebackenen gefüllten Paprikaschoten oder Zucchini, aber auch zu gebratenen oder gegrillten Schellfisch- oder Kabeljaufilets oder Grillspießen vom Huhn.*

160 SALSA MIT GEBACKENER PAPRIKA

VORBEREITUNGSZEIT *15 Minuten, plus Abkühl- & Standzeit* **KOCHZEIT** *20 Minuten* **FÜR 4–6 PERSONEN**

2 rote Paprikaschoten
1 gelbe Paprikaschote
1 kleine rote Zwiebel, dünn geschnitten
3 Tomaten, gehäutet, entkernt & fein gehackt
1 Knoblauchzehe, gepresst

55 g entkernte schwarze Oliven, klein geschnitten
2–3 TL Olivenöl
1 EL frisches Basilikum, gehackt
1 EL frische glatte Petersilie, gehackt

Meersalz & frisch gemahlener schwarzer Pfeffer

1 Den Grill auf höchster Stufe vorheizen. Die Paprikaschoten halbieren und mit den Schnittflächen nach unten auf den Rost einer Grillpfanne legen. 10–15 Minuten unter den Grill stellen, bis die Haut zu verkohlen beginnt.
2 Herausnehmen, mit einem sauberen, angefeuchteten Trockentuch abdecken und abkühlen lassen.
3 Zwiebelringe ca. 5 Minuten grillen, bis sie weich sind, dabei einmal umdrehen. Herausnehmen und leicht abkühlen.
4 Haut, Kerngehäuse und Kerne der Paprikaschoten entfernen. Das Fruchtfleisch klein hacken. Auch die Zwiebelringe klein schneiden.
5 Paprika, Zwiebel, Tomaten, Knoblauch, Oliven, Olivenöl und Kräuter in einer Schüssel vermischen. Mit Salz und Pfeffer abschmecken.
6 Vor dem Servieren zugedeckt bei Zimmertemperatur ca. 1 Stunde ziehen lassen, damit sich die Aromen richtig entfalten können.

SERVIEREMPFEHLUNGEN *Passt zu Grillspießchen vom Rind oder zu Bratwürstchen, aber auch zu gegrillten Schellfisch- oder Thunfischsteaks.*
VARIATIONEN *Anstelle der roten Zwiebel 2–3 Schalotten verwenden. Statt Basilikum Oregano, Majoran oder Koriander verwenden.*

161 ANANAS-INGWER-SALSA

VORBEREITUNGSZEIT *25 Minuten, plus Standzeit* **KOCHZEIT** *keine* **FÜR 4 PERSONEN**

350 g vorbereitete frische Ananas, klein geschnitten
2 TL frische Ingwerwurzel, geschält & fein geschnitten
1 EL flüssiger Honig
1 TL frischer Limettensaft
1 EL frischer Koriander, gehackt
Meersalz & frisch gemahlener schwarzer Pfeffer

1 Ananas, Ingwer, Honig, Tomaten, Limettensaft und Koriander in einer Schüssel vermischen. Mit Salz und Pfeffer abschmecken.
2 Vor dem Servieren zugedeckt bei Zimmertemperatur ca. 30 Minuten ziehen lassen. Überschüssige Flüssigkeit sorgfältig abgießen.

SERVIEREMPFEHLUNGEN *Passt zu Hähnchen- oder Entenbrust und zu Lachs- oder Thunfischsteaks.*
VARIATION *Anstelle von Ananas Mango verwenden.*

162 APRIKOSEN-INGWER-SALSA

VORBEREITUNGSZEIT *20 Minuten, plus Standzeit* **KOCHZEIT** *keine* **FÜR 4 PERSONEN**

225 g küchenfertige getrocknete Aprikosen, klein geschnitten
fein abgeriebene Schale und Saft von ½ Limette
2 TL frische Ingwerwurzel, geschält & fein geschnitten
1 EL flüssiger Honig (nach Belieben)
2 TL Olivenöl
2 EL frischer Koriander, gehackt
Meersalz & frisch gemahlener schwarzer Pfeffer
4 Frühlingszwiebeln, fein gehackt

1 Aprikosen, Limettenschale und -saft, Ingwer, Honig, Olivenöl und Koriander in einer Schüssel vermischen. Mit Salz und Pfeffer abschmecken.
2 Vor dem Servieren zugedeckt bei Zimmertemperatur ca. 30 Minuten ziehen lassen. Vor dem Auftragen die Frühlingszwiebeln untermischen.

SERVIEREMPFEHLUNGEN *Passt zu Schweinesteaks oder zu Hähnchenschenkeln.*

163 EXOTISCHE PFIRSICH-SALSA

VORBEREITUNGSZEIT *15 Minuten, plus Standzeit* **KOCHZEIT** *keine* **FÜR 4 PERSONEN**

3 reife Pfirsiche, geschält, entsteint & klein geschnitten *(siehe Küchentipp in Rezept 164)*
4 Frühlingszwiebeln, fein gehackt
55 g gelbe Paprikaschote, entkernt & klein geschnitten
1 EL frischer Limettensaft
1 EL frischer Koriander, gehackt
Meersalz & frisch gemahlener schwarzer Pfeffer

1 Pfirsiche, Frühlingszwiebeln, Paprika, Limettensaft und Koriander in einer Schüssel vermischen. Mit Salz und Pfeffer abschmecken.
2 Vor dem Servieren zugedeckt bei Zimmertemperatur ca. 1 Stunde ziehen lassen, damit sich die Aromen richtig entfalten können.

SERVIEREMPFEHLUNGEN *Passt zu Hähnchen, Ente oder Fasan.*

164 PFIRSICH-MELONEN-SALSA
VORBEREITUNGSZEIT 25 Minuten, plus Standzeit **KOCHZEIT** keine **FÜR 6 PERSONEN**

3 reife Pfirsiche (je 115 g), geschält, entsteint & klein geschnitten *(siehe Küchentipp)*
225 g Honigmelone ohne Schale und Kerne, fein gehackt
½ rote Paprikaschote, entkernt & klein geschnitten
1 kleine frische rote Chilischote, entkernt & klein geschnitten
1 EL frischer Zitronensaft
2 TL flüssiger Honig
2 EL frischer Koriander, gehackt
frisch gemahlener schwarzer Pfeffer

1 Pfirsiche, Honigmelone, Paprika und Chili in eine Schüssel geben und alles gut miteinander vermischen. Zitronensaft und Honig sorgfältig daruntermischen. Mit schwarzem Pfeffer abschmecken.
2 Vor dem Servieren zugedeckt bei Zimmertemperatur ca. 1 Stunde ziehen lassen, damit sich die Aromen richtig entfalten können.

SERVIEREMPFEHLUNGEN *Passt zu gebratenen oder gegrillten Spießchen vom Schwein, Huhn oder von der Pute, aber auch zu Schellfischfilets und Thunfischsteaks.*
KÜCHENTIPP *Pfirsiche lassen sich viel leichter schälen, wenn man sie vorher für 1 Minute in kochendes Wasser gegeben und dann kalt abgeschreckt hat.*

165 ANANAS-SALSA MIT KORIANDER
VORBEREITUNGSZEIT 25 Minuten, plus Standzeit **KOCHZEIT** keine **FÜR 6 PERSONEN**

280 g geschälte frische Ananas, klein geschnitten
4 Frühlingszwiebeln, fein gehackt
½ kleine gelbe Paprika, entkernt & klein geschnitten
2 TL frische Ingwerwurzel, geschält & fein geschnitten
1 EL frisch gepresster Orangen- oder Ananassaft
1 EL Olivenöl
1 TL flüssiger Honig
1 EL frischer Koriander, gehackt
frisch gemahlener schwarzer Pfeffer

1 Ananas, Frühlingszwiebeln und Paprika in einer Schüssel vermischen. Ingwer, Orangen- oder Ananassaft, Olivenöl, Honig und Koriander in einer weiteren Schüssel vermengen.
2 Die Fruchtsaft-Mischung über die Ananas und das Gemüse geben und sehr gut durchmischen. Mit schwarzem Pfeffer abschmecken.
3 Vor dem Servieren zugedeckt bei Zimmertemperatur ca. 30 Minuten ziehen lassen, damit sich die Aromen richtig entfalten können.

SERVIEREMPFEHLUNGEN *Passt zu Spießchen vom Schwein, Huhn oder Lamm, aber auch zu Hühner- oder Entenfleisch.*
VARIATIONEN *Frische Ananas durch Ananas aus der Dose ersetzen. Statt der Frühlingszwiebeln 1 kleine rote Zwiebel oder 2–3 Schalotten verwenden.*

166 MANGO-SALSA

VORBEREITUNGSZEIT *10 Minuten, plus Standzeit* **KOCHZEIT** *keine* **FÜR 4 PERSONEN**

- 1 große reife Mango, geschält & klein geschnitten
- 55 g Gurke, fein geschnitten
- 2–3 Frühlingszwiebeln, fein gehackt
- 1–2 EL frischer Koriander, gehackt
- frisch gemahlener schwarzer Pfeffer

1. Mango, Gurke, Frühlingszwiebeln und Koriander in einer Schüssel miteinander vermischen. Mit Salz und Pfeffer abschmecken.
2. Vor dem Servieren zugedeckt bei Zimmertemperatur ca. 30 Minuten ziehen lassen, damit sich die Aromen richtig entfalten können.

SERVIEREMPFEHLUNGEN *Passt zu gegrillten oder gebratenen Hähnchenschenkeln, aber auch zu Lachs- oder Thunfischsteaks vom Holzkohlengrill.*
VARIATION *Anstelle von Mango kann man auch 1 kleine frische Ananas verwenden.*
KÜCHENTIPPS *Beim Einkauf von Mangos sollte man süß riechende Früchte auswählen mit straffer und unbeschädigter Schale, die leicht nachgibt, wenn man sanft drückt.*

Die Gurke in diesem Rezept kann auch geschält werden, wenn erwünscht. Allerdings verleiht die ungeschälte Gurke dieser Salsa mehr Struktur und Farbe.

167 GRAPEFRUIT-SALSA

VORBEREITUNGSZEIT *25 Minuten, plus Standzeit* **KOCHZEIT** *keine* **FÜR 4 PERSONEN**

- 1 rosa Grapefruit (ca. 350 g)
- 1 große reife Mango (ca. 450 g), geschält & klein geschnitten
- Saft von 1 Limette
- 4 TL flüssiger Honig
- 1 kleine frische rote Chilischote, entkernt & gehackt
- 1 EL extra-natives Olivenöl
- 2 Frühlingszwiebeln, fein gehackt
- 2–3 EL frischer Schnittlauch, fein gewiegt
- frisch gemahlener schwarzer Pfeffer (nach Belieben)

1 Grapefruit schälen, zerteilen, klein schneiden und in eine Schüssel geben.
2 Mango, Limettensaft, Honig, Chili und Olivenöl dazugeben und alles gut miteinander vermischen.
3 Zugedeckt bei Zimmertemperatur ca. 30 Minuten ziehen lassen, damit sich die Aromen richtig entfalten können.
4 Vor dem Servieren die Flüssigkeit abgießen und Frühlingszwiebeln sowie Schnittlauch untermischen. Mit schwarzem Pfeffer abschmecken (wenn erwünscht).

SERVIEREMPFEHLUNGEN *Passt zu Rinder-, Lamm- oder Truthahnbraten sowie Brathähnchen, aber auch zu Grillspießchen vom Rind oder zu Bratwürstchen.*
VARIATIONEN *Anstelle der Grapefruit 1–2 Orangen verwenden. Die Mango durch 1 kleine Ananas ersetzen. Statt Schnittlauch Koriander oder glatte Petersilie verarbeiten.*

168 SALSA TROPICAL

VORBEREITUNGSZEIT *20 Minuten, plus Standzeit* **KOCHZEIT** *keine* **FÜR 6 PERSONEN**

- 225 g geschälte Ananas, klein geschnitten
- 1 reife Nektarine oder Pfirsich, geschält & klein geschnitten
- 1 kleine Papaya, geschält, entkernt & klein geschnitten
- 1 kleine gelbe oder rote Paprika, entkernt & klein geschnitten
- 1 EL flüssiger Honig
- 1 EL frischer Limetten- oder Zitronensaft
- 2 EL frischer Koriander, gehackt
- frisch gemahlener schwarzer Pfeffer

1 Ananas, Nektarine oder Pfirsich, Papaya und Paprika in eine Schüssel geben und gut miteinander vermischen.
2 Honig und Limetten- oder Zitronensaft in einer weiteren kleinen Schüssel sorgfältig miteinander vermengen. Mit dem Koriander über die Früchte geben und gut durchmischen. Mit schwarzem Pfeffer abschmecken.
3 Vor dem Servieren zugedeckt bei Zimmertemperatur ca. 30 Minuten ziehen lassen, damit sich die Aromen richtig entfalten können.

SERVIEREMPFEHLUNGEN *Passt zu gebratenen oder im Ofen gebackenen Schweineschnitzeln, Hähnchen- oder Entenbrüsten, aber auch zu Kabeljau- oder Lachsfilets.*
VARIATIONEN *Statt Ananas Mango verwenden. Koriander durch glatte Petersilie ersetzen.*

169 WÜRZIGE MELONEN-SALSA

VORBEREITUNGSZEIT *20 Minuten, plus Standzeit* **KOCHZEIT** *keine* **FÜR 6 PERSONEN**

- 1 Cantaloup- oder Gallia-Melone (ca. 850 g)
- 4 Frühlingszwiebeln, fein gehackt
- 1 kleine gelbe Paprika, entkernt & klein geschnitten
- 1 grüne Chilischote, entkernt & klein geschnitten
- Saft von ½ Limette
- 2 TL scharfe Chilisauce (nach Belieben)
- 1 EL frischer Koriander, gehackt
- 1 EL frische Minze, gehackt
- frisch gemahlener schwarzer Pfeffer

1 Die Melone schälen, entkernen, klein schneiden und in einer Schüssel mit Frühlingszwiebeln, Paprika und Chili vermischen.
2 Limettensaft, Chilisauce und Kräuter sorgfältig untermischen. Mit schwarzem Pfeffer abschmecken.
3 Zugedeckt bei Zimmertemperatur ca. 1 Stunde ziehen lassen, damit sich die Aromen richtig entfalten können.

SERVIEREMPFEHLUNGEN *Passt sehr gut zu Thunfisch- oder Lachssteaks vom Holzkohlengrill, aber auch zu Hähnchenschenkeln oder zu Putenkeule.*
KÜCHENTIPP *Beim Vorbereiten von frischem Chili Einweghandschuhe tragen oder danach gründlich die Hände waschen, da die ätherischen Öle Haut und Augen reizen können.*

170 AVOCADO-SALSA

VORBEREITUNGSZEIT *20 Minuten, plus Standzeit* **KOCHZEIT** *keine* **FÜR 6 PERSONEN**

- Saft von 1 Limette
- 1 EL Olivenöl
- 2 reife Avocado (je ca. 225 g)
- 1 rote oder grüne Chilischote, entkernt & klein geschnitten
- 1 kleine rote Zwiebel, fein gehackt
- 2–3 EL frischer Koriander, gehackt
- Meersalz & frisch gemahlener schwarzer Pfeffer

1 Limettensaft und Olivenöl in einer kleinen Schüssel vermengen, dann beiseite stellen. Die Avocados halbieren, entsteinen und schälen, das Fruchtfleisch klein schneiden. Zur Limettensaft-Öl-Mischung geben und vermischen.
2 Chili, rote Zwiebel und Koriander dazugeben und alles sorgfältig durchmischen, dann mit Salz und Pfeffer abschmecken.
3 Sofort servieren oder vor dem Auftragen zugedeckt bei Zimmertemperatur maximal 30 Minuten ziehen lassen.

SERVIEREMPFEHLUNGEN *Passt zu gegrillten oder in der Pfanne gebratenen Schellfisch- oder Seeteufelfilets oder Riesengarnelen.*
KÜCHENTIPP *So testet man den Reifegrad einer Avocado: Locker in die ganze Hand nehmen und sanft drücken. Wenn sie leicht nachgibt, ist sie genussreif. Avocados niemals mit den Fingerspitzen drücken, denn das ergibt hässliche Druckstellen.*

171 SALSA MIT ROTER BEETE UND MEERRETTICH
VORBEREITUNGSZEIT *20 Minuten, plus Standzeit* **KOCHZEIT** *keine* **FÜR 4–6 PERSONEN**

350 g gekochte Rote Beete
1 kleine rote Zwiebel, fein gehackt

2 EL scharfe Meerrettichsauce (nach Belieben)
3 EL frischer Schnittlauch, fein gewiegt

Meersalz & frisch gemahlener schwarzer Pfeffer

1. Die Rote Beete schälen, das Fruchtfleisch klein schneiden und in einer Schüssel gut mit der Zwiebel vermengen.
2. Die Meerrettichsauce dazugeben und alles sorgfältig vermischen. Den Schnittlauch daruntermischen und mit Salz und Pfeffer abschmecken.
3. Vor dem Servieren zugedeckt bei Zimmertemperatur ca. 30 Minuten ziehen lassen, damit sich die Aromen richtig entfalten können.

SERVIEREMPFEHLUNGEN *Passt zu gebratenen oder gegrillten Rinder- oder Lammsteaks, Bratwürstchen oder Hähnchenschenkeln.*
KÜCHENTIPP *Es gibt zwei Sorten Rote Beete – eine längliche und eine rundliche. Zubereitung: Den Stiel ca. 2,5 cm oberhalb der Wurzel abschneiden und die Rote Beete vorsichtig waschen, dabei jede Verletzung der Schale vermeiden. Dann in Salzwasser weich kochen – dies kann zwischen 40 Minuten und 1 ½ Stunden dauern. Oder 2–3 Stunden bei 180 °C (Gas Stufe 4) im vorgeheizten Backofen garen. Dann schälen, in Scheiben schneiden und heiß servieren, oder abkühlen lassen, schälen und wie in diesem Rezept beschrieben verwenden.*

172 TOMATEN-OLIVEN-SALSA
VORBEREITUNGSZEIT *15 Minuten, plus Abkühlzeit* **KOCHZEIT** *15 Minuten* **FÜR 4 PERSONEN**

1 EL Olivenöl
1 Zwiebel, fein gehackt
1 Knoblauchzehe, gepresst
450 g reife Tomaten, gehäutet, entkernt & fein gehackt

2 getrocknete Tomaten in Öl, abgetropft & fein gehackt
1 TL getrocknete Kräuter der Provence
55 g entkernte schwarze Oliven, klein geschnitten

Meersalz & frisch gemahlener schwarzer Pfeffer

1. Das Öl in einem Topf erhitzen, Zwiebel und Knoblauch hinzufügen und ca. 10 Minuten sanft weich dünsten.
2. Frische und getrocknete Tomaten, Kräuter, Oliven und Gewürze dazugeben und weitere 2–3 Minuten sanft dünsten.
3. Vom Herd nehmen und zum Abkühlen beiseite stellen. Warm, bei Zimmertemperatur oder zugedeckt gekühlt servieren

SERVIEREMPFEHLUNGEN *Passt zu gegrillten oder in der Pfanne gebratenen Thunfisch- oder Lachssteaks oder zu ganzer Makrele.*
VARIATION: *1 fein gehackte (entkernte) frische rote Chilischote an die Salsa geben.*

173 WÜRZIGE BOHNEN-SALSA

VORBEREITUNGSZEIT *20 Minuten, plus Standzeit* **KOCHZEIT** *keine* **FÜR 4–6 PERSONEN**

- 1 EL Olivenöl
- 1 EL flüssiger Honig
- fein abgeriebene Schale & Saft von 1 Zitrone
- 2 TL scharfe Chilisauce (nach Belieben)
- 400 g Augenbohnen aus der Dose, abgetropft
- 1 kleine rote Zwiebel, fein gehackt
- ½ kleine gelbe Paprika, entkernt & gehackt
- 1 frische rote Chili, entkernt & gehackt
- 1 Knoblauchzehe, gepresst
- 2 EL frischer Koriander, gehackt
- Meersalz & frisch gemahlener schwarzer Pfeffer

1 Olivenöl, Zitronenschale und -saft und Chilisauce in einer Schüssel sehr gründlich miteinander vermengen.
2 Bohnen, Zwiebel, Paprika, Chili, Knoblauch und Koriander dazugeben und alles sehr gut durchmischen. Mit Salz und Pfeffer abschmecken.
3 Vor dem Servieren zugedeckt bei Zimmertemperatur ca. 1 Stunde ziehen lassen, damit sich die Aromen richtig entfalten können.

SERVIEREMPFEHLUNGEN *Passt zu gegrillten oder gebratenen Riesengarnelen oder Lachssteaks.*

174 GURKEN-WÜRZSAUCE

VORBEREITUNGSZEIT *10 Minuten, plus Standzeit* **KOCHZEIT** *keine* **FÜR 4–6 PERSONEN**

½ Salatgurke, fein gehackt
2 Schalotten, fein gehackt
1 Knoblauchzehe, gepresst
150 g Naturjoghurt
1–2 TL frische Minze, gehackt
Meersalz & frisch gemahlener schwarzer Pfeffer

1 Gurke, Schalotten, Knoblauch, Joghurt und Minze in einer Schüssel vermischen.
2 Mit Salz und Pfeffer abschmecken. Sofort servieren oder vor dem Auftragen maximal 20 Minuten beiseite stellen.

SERVIEREMPFEHLUNGEN *Passt zu ganzen Sardinen oder Makrelen vom Holzkohlengrill.*
VARIATIONEN *Statt Minze Basilikum verwenden. Schalotten durch 3–4 Frühlingszwiebeln ersetzen.*

175 GURKEN-MINZE-WÜRZSAUCE

VORBEREITUNGSZEIT *10 Minuten, plus Kühlzeit* **KOCHZEIT** *keine* **FÜR 4 PERSONEN**

½ Salatgurke
1 Schalotte, fein gehackt
2 TL frische Minze, gehackt
5 EL griechischer Joghurt
Meersalz & frisch gemahlener schwarzer Pfeffer

1 Die Gurke entkernen, klein schneiden und in eine Schüssel geben.
2 Schalotte, Minze, Joghurt und Gewürze dazugeben und alles gründlich miteinander vermischen.
3 Vor dem Servieren zugedeckt ca. 1 Stunde kühlen.

SERVIEREMPFEHLUNGEN *Passt zu dünn geschnittenen Scheiben oder Filets von kaltem Räucherfisch wie Lachs, Forelle oder Makrele.*
VARIATIONEN *Die Minze durch andere gehackte frische Kräuter ersetzen wie etwa gemischte Kräuter oder Koriander. Nach Belieben vor dem Kühlen noch 1 gepresste Knoblauchzehe und einen Spritzer Limettensaft an die Sauce geben.*

176 SCHARFE ROTE WÜRZSAUCE

VORBEREITUNGSZEIT *15 Minuten, plus Standzeit* **KOCHZEIT** *keine* **FÜR 4 PERSONEN**

450 g Tomaten, gehäutet, entkernt & fein gehackt
2 Schalotten, fein gehackt
1 rote oder grüne Chili, klein geschnitten
1 Knoblauchzehe, gepresst
2 getrocknete Tomaten in Öl, abgetropft & fein gehackt
1 EL Olivenöl
1 EL frischer Oregano oder Majoran, gehackt
einige Tropfen Tabascosauce (nach Belieben)
Meersalz & frisch gemahlener schwarzer Pfeffer

1 Tomaten, Schalotten, Chili, Knoblauch und getrocknete Tomaten in einer Schüssel mischen.
2 Olivenöl, gehackten Oregano oder Majoran und Tabasco (wenn erwünscht) untermischen. Mit Salz und Pfeffer abschmecken
3 Vor dem Servieren zugedeckt bei Zimmertemperatur ca. 1 Stunde ziehen lassen, damit sich die Aromen richtig entfalten können.

SERVIEREMPFEHLUNGEN *Passt zu Thunfisch- oder Lachssteaks und zu Chicken Wings.*

177 PAPRIKA-WÜRZSAUCE

VORBEREITUNGSZEIT *20 Minuten, plus Abkühl- und Standzeit* **KOCHZEIT** *15 Minuten* **FÜR 4 PERSONEN**

- 2 gelbe Paprikaschoten
- ½ kleine rote Zwiebel, fein gehackt
- 1 frische rote Chilischote, entkernt und klein geschnitten
- 4 TL Olivenöl
- 2 EL frischer Koriander, gehackt
- 2 TL mittelscharfe Chilisauce (nach Belieben)
- Meersalz & frisch gemahlener schwarzer Pfeffer

1. Den Grill auf höchster Stufe vorheizen. Die Paprika halbieren und mit den Schnittflächen nach unten auf den Rost einer Grillpfanne legen.
2. Für 10–15 Minuten unter den Grill stellen, bis die Haut schwarz wird.
3. Aus dem Backofen nehmen, mit einem sauberen, angefeuchteten Trockentuch abdecken und abkühlen lassen.
4. Wenn die Paprika kalt sind, Haut, Kerngehäuse und Kerne entfernen. Das Fruchtfleisch sehr klein schneiden und in eine Schüssel geben.
5. Zwiebel, Chili, Olivenöl und gehackten Koriander daruntermischen. Mit Chilisauce (wenn erwünscht), Salz und Pfeffer abschmecken.
6. Vor dem Servieren zugedeckt bei Zimmertemperatur ca. 1 Stunde ziehen lassen, damit sich die Aromen richtig entfalten können.

SERVIEREMPFEHLUNGEN *Passt zu Rinder-, Schweine- oder Putensteaks und -grillspießchen, zu kaltem Bratenaufschnitt vom Rind oder Schwein sowie zu gegrilltem Schafskäse.*
VARIATIONEN *Anstelle der gelben Paprika 2 rote oder 1 gelbe und 1 rote Paprikaschote verwenden. Statt rotem Chili passt auch 1 frische grüne Chilischote.*

178 SÜSSE CHILI-WÜRZSAUCE

VORBEREITUNGSZEIT *10 Minuten, plus Abkühlzeit* **KOCHZEIT** *50 Minuten* **FÜR 4–6 PERSONEN**

- 40 g hellbrauner Zucker
- 175 ml Rotwein
- 125 ml Wasser
- 2 Tafeläpfel (je ca. 115 g), geschält, entkernt & gewürfelt
- 2 Tomaten, gehäutet und fein gehackt
- ½–1 TL gehackte rote Chilischote aus dem Glas
- eine Prise Cayennepfeffer

1. Zucker, Rotwein und Wasser in einem Topf erhitzen. Umrühren, bis der Zucker völlig aufgelöst ist. Äpfel, Tomaten, Chili und Cayennepfeffer dazugeben und alles gut miteinander vermischen.
2. Die Mischung aufkochen und ohne Deckel bei mittlerer Hitze ca. 45 Minuten kochen lassen, bis der Großteil der Flüssigkeit verdampft und die Sauce schön eingedickt ist. Dabei immer wieder umrühren.
3. Heiß servieren oder die Sauce vor dem Auftragen völlig auskühlen lassen.

SERVIEREMPFEHLUNGEN *Passt zu Rinder-, Lamm- oder Schweinebraten, Rind, Lamm oder Schwein vom Grill sowie zu kaltem Bratenaufschnitt vom Rind oder Schwein.*
KÜCHENTIPP *Fertig vorbereitete, gehackte Chilis aus dem Glas gibt es in Supermärkten und Delikatessengeschäften. Sparsam verwenden, da sie sehr scharf sind.*

179 ZUCKERMAIS-WÜRZSAUCE

VORBEREITUNGSZEIT *10 Minuten, plus Standzeit* **KOCHZEIT** *keine* **FÜR 4–6 PERSONEN**

- 4 Frühlingszwiebeln, fein gehackt
- 8 Radieschen, klein geschnitten
- 1 kleine rote Paprika, entkernt & gehackt
- 200 g Zuckermais aus der Dose, abgetropft
- 1 EL Olivenöl
- 2 TL frischer Zitronensaft
- 1 TL Dijon-Senf
- 2–3 EL frischer Schnittlauch, fein gewiegt
- Meersalz & frisch gemahlener schwarzer Pfeffer

1 Frühlingszwiebeln, Radieschen und Paprika in eine Schüssel geben, Zuckermais hinzufügen und alles gut miteinander vermischen.

2 In einer weiteren Schüssel Olivenöl, Zitronensaft, Senf und Schnittlauch vermengen und mit Salz und Pfeffer abschmecken. Über die Gemüsemixtur geben und sehr gut durchmischen.

3 Vor dem Servieren zugedeckt bei Zimmertemperatur ca. 30 Minuten ziehen lassen, damit sich die Aromen richtig entfalten können.

SERVIEREMPFEHLUNGEN Passt zu selbstgemachten Frikadellen vom Rind, aber auch zu Rinder-, Schweine- oder Hühnerspießen oder Bratwürstchen.

VARIATIONEN Anstelle der Frühlingszwiebeln 2–3 Schalotten oder 1 kleine rote Zwiebel verwenden. Schnittlauch durch glatte Petersilie oder gemischte Kräuter ersetzen.

180 KNACKIGE ANANAS-WÜRZSAUCE

VORBEREITUNGSZEIT *30 Minuten, plus Standzeit* **KOCHZEIT** *keine* **FÜR 4–6 PERSONEN**

- 1 EL frisch gepresster Orangensaft
- 1 EL Olivenöl
- 1 EL flüssiger Honig
- 1 Knoblauchzehe, gepresst
- 2 EL frischer Koriander, gehackt
- 280 g frische Ananas, klein geschnitten
- 1 kleine rote Zwiebel, fein gehackt
- ½ gelbe Paprika, entkernt & klein geschnitten
- frisch gemahlener schwarzer Pfeffer
- 2 EL geröstete Sesamsamen (nach Belieben)

1 Orangensaft, Olivenöl, Honig, Knoblauch und gehackten Koriander in einer Schüssel miteinander vermischen. Ananas, rote Zwiebel und gelben Paprika daruntermischen. Mit schwarzem Pfeffer abschmecken.
2 Vor dem Servieren zugedeckt bei Zimmertemperatur ca. 1 Stunde ziehen lassen.
3 Überschüssige Flüssigkeit vor dem Auftragen abgießen. Die Sesamsamen über die Würzsauce streuen (wenn erwünscht) und noch einmal gut durchmischen.

SERVIEREMPFEHLUNGEN *Passt zu gegrilltem Schwein oder Huhn, aber auch zu Thunfischsteaks.*

181 EXOTISCHE WÜRZSAUCE

VORBEREITUNGSZEIT *25 Minuten, plus Standzeit* **KOCHZEIT** *keine* **FÜR 6 PERSONEN**

- 1 reife Mango (ca. 350 g), geschält & klein geschnitten
- 1 reife Papaya (ca. 250 g), geschält, entkernt & gehackt
- 1 reife Nektarine (ca. 115 g), geschält & klein geschnitten
- 2 TL frische Ingwerwurzel, geschält & gehackt
- 1 EL flüssiger Honig
- 1 TL fein abgeriebene Limettenschale
- Saft von ½ Limette
- 2 EL frische Minze, gehackt
- frisch gemahlener schwarzer Pfeffer

1 Mango, Papaya, Nektarine, Ingwer, Honig, Limettenschale und -saft und Minze in einer Schüssel gründlich vermischen. Mit schwarzem Pfeffer abschmecken.
2 Vor dem Servieren zugedeckt bei Zimmertemperatur ca. 1 Stunde ziehen lassen.

SERVIEREMPFEHLUNGEN *Passt zu gegrillten Thunfisch- oder Lachssteaks.*

182 FRUCHTIGE ZWIEBELSAUCE

VORBEREITUNGSZEIT *10 Minuten* **KOCHZEIT** *30 Minuten* **FÜR 4 PERSONEN**

- 25 g Butter
- 1 EL Olivenöl
- 3 rote Zwiebeln, dünn geschnitten
- 115 g rotes Johannisbeergelee
- 2 EL Rotwein
- 1 EL Rotweinessig
- 1 EL hellbrauner Zucker
- Meersalz & frisch gemahlener schwarzer Pfeffer

1 Die Butter und das Öl in einem Topf erhitzen, die Zwiebeln hinzufügen und bei mittlerer Hitze ca. 10 Minuten weich dünsten.
2 Johannisbeergelee, Rotwein, Essig, Zucker und Gewürze gut daruntermischen. Aufkochen, dabei umrühren, und ohne Deckel ca. 15 Minuten köcheln lassen, bis die Mixtur reduziert ist und eindickt. Gelegentlich umrühren.
3 Heiß oder kalt servieren. Soll die Sauce kalt serviert werden, den Topf von der Kochstelle nehmen, beiseite stellen und die Sauce völlig auskühlen lassen.

SERVIEREMPFEHLUNGEN *Passt zu gegrillten Rindersteaks oder Hähnchenschenkeln.*

KAPITEL 7

SALATSAUCEN UND DRESSINGS

Eigentlich sind es erst die Salatsaucen wie Vinaigrette und Mayonnaise, die einen Salat „machen", indem sie seine verschiedenen Bestandteile zu einem Feuerwerk köstlicher Aromen vereinigen.

Die besten Salatsaucen sind oft die einfachsten – sie bestehen nur aus ein paar wenigen, dafür aber umso sorgfältiger ausgesuchten Zutaten. Es gibt so viele fertige Dressings auf dem Markt – dabei ist es doch so einfach, selbst die köstlichsten Salatsaucen schnell selbst zuzubereiten, wenn man erst einmal die meist sehr einfachen Grundregeln gelernt hat.

Das folgende Kapitel enthält zahlreiche klassische Dressings wie French Dressing, Thousand-Island-Dressing, Haselnuss-Dressing, süßsaures Dressing, Waldorf-Dressing, Zitronen-Vinaigrette, Knoblauch-Kräuter-Mayonnaise und frische Kräutermayonnaise. Darüber hinaus finden sich hier auch unwiderstehliche warme Dressings wie Orangen-Zimt-Dressing, Knoblauch-Ingwer-Dressing, italienisches Kräuterdressing sowie scharfes Chilidressing.

183 FRENCH DRESSING

VORBEREITUNGSZEIT *10 Minuten* **KOCHZEIT** *keine* **FÜR 4–6 PERSONEN** *Ergibt ca. 150 ml*

6 EL extra-natives Olivenöl
2 EL Weißweinessig oder Zitronensaft
1–2 TL Dijon-Senf
eine Prise feinster Kristallzucker
1 kleine Knoblauchzehe, gepresst
1–2 EL frische gemischte Kräuter, gehackt
Meersalz & frisch gemahlener schwarzer Pfeffer

1 Alle Zutaten in eine Schüssel geben und sorgfältig miteinander vermischen.
2 Alternativ alle Zutaten in einen sauberen Behälter mit Schraubverschluss geben und so lange schütteln, bis alles gründlich vermischt ist.
3 Abschmecken und sofort servieren oder in einem Gefäß mit Schraubverschluss bis zu 1 Woche im Kühlschrank lagern. Vor dem Servieren gut umrühren.

SERVIEREMPFEHLUNGEN *Passt zu Pflücksalat oder zu gemischtem grünen Salat.*

184 LEICHTES FRENCH DRESSING

VORBEREITUNGSZEIT *10 Minuten* **KOCHZEIT** *keine* **FÜR 8–10 PERSONEN** *Ergibt ca. 325 ml*

4 EL Olivenöl
4 EL Weißweinessig
4 EL Estragonessig
150 ml heller Traubensaft
2–3 EL frische gemischte Kräuter, gehackt, etwa Petersilie, Thymian, Minze & Rosmarin
2 TL Rotisseur-Senf
eine Prise feinster Kristallzucker
Meersalz & frisch gemahlener schwarzer Pfeffer

1 Olivenöl, Weißweinessig, Estragonessig, Traubensaft, Kräuter, Senf, Zucker und Gewürze in einer Schüssel sorgfältig miteinander vermischen.
2 Alternativ alle Zutaten in einen sauberen Behälter mit Schraubverschluss geben und so lange schütteln, bis alles gründlich vermischt ist.
3 Abschmecken und sofort servieren oder in einem Gefäß mit Schraubverschluss bis zu 3 Tage im Kühlschrank lagern. Vor dem Servieren gut umrühren.

SERVIEREMPFEHLUNGEN *Passt zu gemischten Salaten, aber auch zu bunten Platten mit rohem, gebackenem oder gegrilltem Gemüse.*
VARIATIONEN *Anstelle von Estragonessig und Traubensaft Apfelessig und Apfelsaft verwenden. Statt Rotisseur-Senf passt auch Dijon-Senf.*

185 BALSAM-SENF-DRESSING

VORBEREITUNGSZEIT *10 Minuten* **KOCHZEIT** *keine* **FÜR 4 PERSONEN** *Ergibt ca. 125 ml*

1 EL Balsamessig
2–3 TL Dijon-Senf (nach Belieben)
1 Knoblauchzehe, gepresst
Meersalz & frisch gemahlener schwarzer Pfeffer
6 EL helles Olivenöl

1 Balsamessig, Senf, Knoblauch und Gewürze in einer Schüssel vermischen. Löffelweise das Öl untermischen und rühren, bis die Sauce eingedickt ist.
2 Alternativ alle Zutaten in einen sauberen Behälter mit Schraubverschluss geben und so lange schütteln, bis alles gründlich vermischt ist.
3 Abschmecken und sofort servieren oder in einem Gefäß mit Schraubverschluss bis zu 3 Tage im Kühlschrank lagern. Vor dem Servieren gut umrühren.

SERVIEREMPFEHLUNGEN *Passt zu Pflücksalat, zu gemischten Salaten oder zu Bohnensalaten.*

186 THOUSAND-ISLAND-DRESSING

VORBEREITUNGSZEIT *10 Minuten, plus Standzeit* **KOCHZEIT** *keine* **FÜR 6 PERSONEN** *Ergibt ca. 200 ml*

- 150 ml Mayonnaise (siehe Rezept auf Seite 37)
- 2 EL Frischkäse
- 1 EL Tomatenketchup
- 1 rote Paprika, entkernt & klein geschnitten
- 1 grüne Paprika, entkernt & klein geschnitten
- 1 EL Gewürzgurken, abgetropft & fein gehackt
- 1 EL Kapern, abgetropft & fein gehackt
- 1 EL frischer Schnittlauch, fein gewiegt
- Meersalz & frisch gemahlener schwarzer Pfeffer

1 Mayonnaise und Frischkäse in einer Schüssel gut miteinander vermischen. Alle restlichen Zutaten dazugeben und sorgfältig miteinander vermengen.

2 Zugedeckt im Kühlschrank ca. 30 Minuten ziehen lassen, damit sich die Aromen richtig entfalten können. Abschmecken und kalt servieren. In einem verschlossenen Behälter kann man die Salatsauce 1 Tag lagern.

SERVIEREMPFEHLUNGEN *Passt zu kalten gekochten Krabben oder gemischten Meeresfrüchten, aber auch zu fast jedem Salat, vom Kartoffelsalat bis zum Salat mit hartgekochten Wachteleiern.*

187 WALNUSS-DRESSING

VORBEREITUNGSZEIT *10 Minuten* **KOCHZEIT** *keine* **FÜR 4 PERSONEN** *Ergibt ca. 125 ml*

- 4 EL Walnussöl
- 2 EL Olivenöl
- 2 EL Weiß- oder Rotweinessig
- 1–2 TL Dijon-Senf (nach Belieben)
- Meersalz & frisch gemahlener schwarzer Pfeffer

1 Walnussöl, Olivenöl, Essig, Senf (wenn erwünscht) und Gewürze in eine kleine Schüssel geben und alles sorgfältig miteinander vermischen.

2 Alternativ alle Zutaten in einen sauberen Behälter mit Schraubverschluss geben und so lange schütteln, bis alles gründlich vermischt ist.

3 Abschmecken und sofort servieren oder in einem Gefäß mit Schraubverschluss bis zu 3 Tage im Kühlschrank lagern. Vor dem Servieren gut umrühren.

SERVIEREMPFEHLUNGEN *Passt zu warmem Geflügelsalat oder zu gekochten grünen Bohnen.*

188 HASELNUSS-DRESSING

VORBEREITUNGSZEIT *10 Minuten* **KOCHZEIT** *keine* **FÜR 4 PERSONEN** *Ergibt ca. 100 ml*

- 2 EL Haselnussöl
- 1 EL Olivenöl
- 1 EL Zitronensaft
- 1 EL flüssiger Honig
- 1 TL Dijon-Senf
- 2 Frühlingszwiebeln, fein gehackt (nach Belieben)
- 1 Knoblauchzehe, gepresst
- 1 EL frischer Koriander, gehackt
- Meersalz & frisch gemahlener schwarzer Pfeffer

1 Haselnussöl, Olivenöl, Zitronensaft, Honig, Senf, Frühlingszwiebeln (wenn erwünscht), Knoblauch, Koriander und Gewürze in einer Schüssel vermischen.

2 Alternativ alle Zutaten in einen sauberen Behälter mit Schraubverschluss geben und so lange schütteln, bis alles gründlich vermischt ist.

3 Abschmecken und sofort servieren oder in einem Gefäß mit Schraubverschluss bis zu 3 Tage im Kühlschrank lagern. Vor dem Servieren gut umrühren.

SERVIEREMPFEHLUNGEN *Passt zu Avocado- oder Grüne-Bohnen-Salat mit Haselnuss-Splittern.*

189 TOMATEN-BASILIKUM-DRESSING

VORBEREITUNGSZEIT *10 Minuten* **KOCHZEIT** *keine* **FÜR 4 PERSONEN** *Ergibt ca. 100 ml*

- 5 EL passierte Tomaten
- 1 EL extra-natives Olivenöl
- 2 TL Balsamessig
- eine Prise feinster Kristallzucker
- 2 EL frisches Basilikum, gehackt
- Meersalz & frisch gemahlener schwarzer Pfeffer

1. Passierte Tomaten, Olivenöl, Balsamessig, Zucker, Basilikum und Gewürze in einer kleinen Schüssel miteinander vermischen.
2. Alternativ alle Zutaten in einen sauberen Behälter mit Schraubverschluss geben und so lange schütteln, bis alles gründlich vermischt ist.
3. Abschmecken und sofort servieren oder in einem Gefäß mit Schraubverschluss bis zu 3 Tage im Kühlschrank lagern. Vor dem Servieren gut umrühren.

SERVIEREMPFEHLUNGEN *Passt zu gemischten mediterranen Gemüsesalaten, aber auch zu Nudelsalat oder gemischtem Bohnensalat.*

190 WÜRZIGES TOMATEN-DRESSING

VORBEREITUNGSZEIT *10 Minuten* **KOCHZEIT** *2 Minuten* **FÜR 6–8 PERSONEN** *Ergibt ca. 250 ml*

- 2 EL Olivenöl
- je 1 TL gemahlener Kreuzkümmel, Koriander & scharfes Chilipulver
- 1 Knoblauchzehe, gepresst
- 175 ml Tomatensaft
- 2 EL frisches Basilikum, gehackt
- Meersalz & frisch gemahlener schwarzer Pfeffer

1 Das Öl in einem kleinen Topf erhitzen, gemahlene Gewürze und Knoblauch hinzufügen und ca. 2 Minuten sanft dünsten.
2 Vom Herd nehmen und sorgfältig den Tomatensaft, den Balsamessig, das Basilikum und die Gewürze untermischen.
3 Abschmecken und sofort servieren oder abkühlen lassen und zugedeckt im Kühlschrank höchstens 1 Tag lang kühlen. Vor dem Servieren gut umrühren.

SERVIEREMPFEHLUNGEN *Passt zu Geflügelsalat oder zu Salaten mit Schweinefleisch.*

191 ZITRONEN-DRESSING

VORBEREITUNGSZEIT *10 Minuten* **KOCHZEIT** *keine* **FÜR 4 PERSONEN** *Ergibt ca. 100 ml*

- 1 EL frischer Zitronensaft
- 1–2 Knoblauchzehen, gepresst
- je ½ TL gemahlener Kreuzkümmel & gemahlener Koriander
- Meersalz & frisch gemahlener schwarzer Pfeffer
- 6 EL helles Olivenöl

1 Zitronensaft, Knoblauch, gemahlene Gewürze sowie Pfeffer und Salz in einer Schüssel geben vermischen. Löffelweise das Öl unterrühren, bis die Sauce eingedickt ist.
2 Alternativ alle Zutaten in einen sauberen Behälter mit Schraubverschluss geben und so lange schütteln, bis alles gründlich vermischt ist.
3 Abschmecken und sofort servieren oder in einem Gefäß mit Schraubverschluss bis zu 3 Tage im Kühlschrank lagern. Vor dem Servieren gut umrühren.

SERVIEREMPFEHLUNGEN *Passt zu gemischtem Blatt- oder Bohnensalat, aber auch zu Salaten mit warmem geräuchertem Huhn oder Truthahn.*

192 BASILIKUM-DRESSING

VORBEREITUNGSZEIT *10 Minuten* **KOCHZEIT** *keine* **FÜR 6 PERSONEN** *Ergibt ca. 200 ml*

- 6 EL heller Traubensaft
- 4 EL Olivenöl
- 2 EL Weißweinessig
- 2–3 EL frisches Basilikum, gehackt
- 1 Knoblauchzehe, gepresst
- eine Prise feinster Kristallzucker
- Meersalz & frisch gemahlener schwarzer Pfeffer

1 Traubensaft, Olivenöl, Essig, Basilikum, Knoblauch und Gewürze in einer kleinen Schüssel miteinander vermischen.
2 Alternativ alle Zutaten in einen sauberen Behälter mit Schraubverschluss geben und so lange schütteln, bis alles gründlich vermischt ist.
3 Abschmecken und sofort servieren oder in einem Gefäß mit Schraubverschluss bis zu 3 Tage im Kühlschrank lagern. Vor dem Servieren gut umrühren.

SERVIEREMPFEHLUNGEN *Passt zu Tomaten-Mozzarella-Salat und zu Tomaten-Paprika-Zwiebel-Salat.*

193 KRÄUTERJOGHURT-DRESSING

VORBEREITUNGSZEIT *10 Minuten* **KOCHZEIT** *keine* **FÜR 4–6 PERSONEN** *Ergibt ca. 150 ml*

150 ml Naturjoghurt oder griechischer Joghurt
2 TL frischer Zitronensaft
1 TL flüssiger Honig
2 kleine Knoblauchzehen, gepresst
2 EL frische gemischte Kräuter, gehackt, etwa Petersilie, Oregano, Thymian & Schnittlauch
Meersalz & frisch gemahlener schwarzer Pfeffer

1 Alle Zutaten in einer Schüssel miteinander vermischen.
2 Noch einmal abschmecken und sofort servieren oder vor dem Auftragen 1–2 Stunden zugedeckt kühlen.

SERVIEREMPFEHLUNGEN *Passt zu kalten Pellkartoffeln, Tomatenscheiben, knackigen Salatblättern oder zu kaltem gedünstetem Lachs.*
VARIATION *Statt der gemischten Kräuter Basilikum oder Koriander verwenden.*

194 JOGHURT-DRESSING MIT MINZE

VORBEREITUNGSZEIT *10 Minuten, plus Standzeit* **KOCHZEIT** *keine* **FÜR 8–10 PERSONEN** *Ergibt ca. 350 ml*

300 ml Naturjoghurt
2 EL Milch
1 Knoblauchzehe, gepresst
2 EL frische Minze, gehackt
Meersalz & frisch gemahlener schwarzer Pfeffer

1 Joghurt, Milch, Knoblauch, Minze und Gewürze in einer Schüssel sorgfältig miteinander vermischen.
2 Vor dem Servieren zugedeckt im Kühlschrank ca. 30 Minuten ziehen lassen. Noch einmal abschmecken und kurz umrühren.

SERVIEREMPFEHLUNGEN *Passt zu gemischtem Bohnensalat oder zu Salaten mit gebratenem kaltem Huhn, Lachs oder Thunfisch.*
VARIATIONEN *150 ml Naturjoghurt durch griechischen Joghurt ersetzten. Statt Knoblauch und Minze die fein abgeriebene Schale und den Saft von 1 Zitrone oder Limette verwenden.*

195 JOGHURT-DRESSING MIT BASILIKUM

VORBEREITUNGSZEIT *10 Minuten* **KOCHZEIT** *keine* **FÜR 8–10 PERSONEN** *Ergibt ca. 350 ml*

300 ml Naturjoghurt oder Frischkäse
2 Knoblauchzehen, gepresst
2 Frühlingszwiebeln, fein gehackt
eine kleines Bund frisches Basilikum, gehackt
1 TL Dijon-Senf oder anderer scharfer Senf
Meersalz & frisch gemahlener schwarzer Pfeffer

1 Alle Zutaten in einer Schüssel miteinander vermischen.
2 Noch einmal abschmecken und sofort servieren oder vor dem Auftragen 1–2 Stunden zugedeckt kühlen.

SERVIEREMPFEHLUNGEN *Passt zu Tomaten-Paprika-Salat oder zu gemischten Blattsalaten.*

196 JOGHURT-DRESSING MIT PETERSILIE

VORBEREITUNGSZEIT *10 Minuten* **KOCHZEIT** *keine* **FÜR 4–6 PERSONEN** *Ergibt ca. 175 ml*

6 EL Naturjoghurt
4 EL Mayonnaise *(siehe Rezept auf Seite 37)*
2 TL Rotisseur-Senf
2–3 EL frische Petersilie, gehackt
Meersalz & frisch gemahlener schwarzer Pfeffer

1. Joghurt, Mayonnaise, Senf und Petersilie in eine kleine Schüssel geben und alles gut miteinander vermischen.
2. Mit Salz und Pfeffer abschmecken und sofort servieren oder vor dem Auftragen 1–2 Stunden zugedeckt kühlen.

SERVIEREMPFEHLUNGEN *Passt zu Tomaten-Paprika-Salat oder zu buntem Gartensalat.*
VARIATIONEN *Rotisseur-Senf durch Currypaste, Chilisauce oder Dijon-Senf ersetzen. Nach Belieben kann man auch 1 gepresste Knoblauchzehe an die Salatsauce geben.*
KÜCHENTIPP *So wird Petersilie fein gehackt: Waschen, trocken tupfen und die Stängel oder Blätter zu einer Kugel formen. Grob hacken, dabei die Fingerspitzen nach unten halten. Mit der Messerklinge zu einem Haufen zusammenschieben. Das Messer schräg auf die Spitze stellen und den Griff wie einen Hebel über der Petersilie auf und ab bewegen. Erneut zu einem Haufen zusammenschieben und diesen Vorgang wiederholen, bis die Petersilie fein gehackt ist. Dann wie im Rezept vorgeschrieben verwenden.*

197 ORANGEN-DRESSING MIT ZIMT

VORBEREITUNGSZEIT *10 Minuten* **KOCHZEIT** *5 Minuten* **FÜR 8–10 PERSONEN** *Ergibt ca. 300 ml*

150 ml Orangensaft
6 EL Weißweinessig
4 EL Sonnenblumenöl
fein abgeriebene Schale und Saft von 1 Orange
1 TL Zimtpulver
Meersalz & frisch gemahlener schwarzer Pfeffer

1. Alle Zutaten in einer kleinen Schüssel miteinander vermischen.
2. Alternativ alle Zutaten in einen sauberen Behälter mit Schraubverschluss geben und so lange schütteln, bis alles gründlich vermischt ist.
3. Abschmecken und sofort servieren oder in einem Gefäß mit Schraubverschluss bis zu 3 Tage im Kühlschrank lagern. Vor dem Servieren gut umrühren.
4. Man kann dieses Dressing auch warm servieren. Dazu alle Zutaten in einem kleinen Topf mischen und langsam erwärmen. Dabei ständig umrühren.

SERVIEREMPFEHLUNGEN *Passt zu gemischten Blattsalaten, Nudelsalaten, gekochtem oder rohem Gemüse sowie Salaten mit kaltem Schweinefleisch oder Schinken.*
VARIATION *Der Zimt kann auch durch gemahlene englische „Mixed Spices" (oder Lebkuchengewürz) oder gemahlenen Ingwer ersetzt werden.*
KÜCHENTIPPS *Im Kühlschrank gelagerte Zitrusfrüchte geben ihren Saft am besten ab, wenn sie vor dem Auspressen auf Zimmertemperatur erwärmt werden.*
Wenn man – wie in diesem Rezept – sowohl den Saft als auch die Schale einer Zitrusfrucht benötigt, sollte man zuerst die Schale abreiben und dann erst den Saft auspressen.

198 ORANGEN-DRESSING MIT SESAMSAMEN

VORBEREITUNGSZEIT *10 Minuten* **KOCHZEIT** *keine* **FÜR 4–6 PERSONEN** *Ergibt ca. 150 ml*

4 EL frisch gepresster Orangensaft
1 EL Olivenöl
1 EL helle Sojasauce
1 EL Rotweinessig

1 EL flüssiger Honig
1 EL Tomatenmark
1 EL trockener Sherry
1 Knoblauchzehe, gepresst

Meersalz & frisch gemahlener schwarzer Pfeffer
2 EL geröstete Sesamsamen (nach Belieben)

1 Orangensaft, Olivenöl, Sojasauce, Rotweinessig, Honig, Tomatenmark, Sherry, Knoblauch und Gewürze in einer kleinen Schüssel miteinander vermischen. Die Sesamsamen untermischen (wenn erwünscht).
2 Alternativ alle Zutaten in einen sauberen Behälter mit Schraubverschluss geben und so lange schütteln, bis alles gründlich vermischt ist.
3 Abschmecken und sofort servieren oder in einem Gefäß mit Schraubverschluss bis zu 3 Tage im Kühlschrank lagern. Vor dem Servieren gut umrühren.

SERVIEREMPFEHLUNGEN *Passt zu gemischten Gemüsesalaten mit Eiernudeln, aber auch zu gemischtem Bohnensalat oder zu Blattsalaten.*

199 HASELNUSS-ZITRONEN-DRESSING

VORBEREITUNGSZEIT *5 Minuten* **KOCHZEIT** *keine* **FÜR 4 PERSONEN** *Ergibt ca. 100 ml*

2 EL Haselnussöl
1 EL helles Olivenöl
Saft von 1 Zitrone

1 EL flüssiger Honig
1 Knoblauchzehe, gepresst

Meersalz & frisch gemahlener schwarzer Pfeffer

1 Haselnuss- und Olivenöl, Zitronensaft, Honig, Knoblauch und Gewürze in einer kleinen Schüssel miteinander vermischen.
2 Alternativ alle Zutaten in einen sauberen Behälter mit Schraubverschluss geben und so lange schütteln, bis alles gründlich vermischt ist.
3 Abschmecken und sofort servieren oder in einem Gefäß mit Schraubverschluss bis zu 3 Tage im Kühlschrank lagern. Vor dem Servieren gut umrühren.

SERVIEREMPFEHLUNGEN *Passt zu gemischten Blattsalaten oder zu Rohkostsalaten. Kurz vor dem Servieren mit gehackten Haselnüssen bestreuen.*

200 KORIANDER-DRESSING

VORBEREITUNGSZEIT *5 Minuten* **KOCHZEIT** *keine* **FÜR 4–6 PERSONEN** *Ergibt ca. 175 ml*

150 ml Tomatensaft
1 Knoblauchzehe, gepresst
2 EL Balsamessig

½ TL hellbrauner Zucker
2 EL frischer Koriander, gehackt

Meersalz & frisch gemahlener schwarzer Pfeffer

1 Tomatensaft, Knoblauch, Balsamessig, Zucker, Koriander und Gewürze in einer kleinen Schüssel sorgfältig miteinander vermischen.
2 Alternativ alle Zutaten in einen sauberen Behälter mit Schraubverschluss geben und so lange schütteln, bis alles gründlich vermischt ist.
3 Abschmecken und sofort servieren oder in einem Gefäß mit Schraubverschluss bis zu 3 Tage im Kühlschrank lagern. Vor dem Servieren gut umrühren.

SERVIEREMPFEHLUNGEN *Passt zu gemischten Bohnensalaten oder Paprika-Zwiebel-Salat.*

201 LIMETTEN-DRESSING

VORBEREITUNGSZEIT *10 Minuten* **KOCHZEIT** *keine* **FÜR 8–10 PERSONEN** *Ergibt ca. 350 ml*

150 ml heller Traubensaft
6 EL Weißweinessig
4 EL Sonnenblumenöl oder helles Olivenöl

2 EL frischer Koriander, gehackt
fein abgeriebene Schale von 1 Limette

Saft von 2 Limetten
1 TL feinster Kristallzucker
Meersalz & frisch gemahlener schwarzer Pfeffer

1 Traubensaft, Essig, Öl, Koriander, Limettenschale und -saft, Zucker und Gewürze in einer kleinen Schüssel vermischen.
2 Alternativ alle Zutaten in einen sauberen Behälter mit Schraubverschluss geben und so lange schütteln, bis alles gründlich vermischt ist.
3 Abschmecken und sofort servieren oder in einem Gefäß mit Schraubverschluss bis zu 3 Tage im Kühlschrank lagern. Vor dem Servieren gut umrühren.

SERVIEREMPFEHLUNGEN *Passt zu Salaten mit gegrilltem Schafskäse und Blattsalat, zu Geflügelsalat mit Huhn oder Ente oder zu Salaten mit Schweinefleisch.*
VARIATIONEN *Limettenschale und -saft durch Zitronenschale und -saft ersetzen. Statt Koriander gemischte Kräuter verwenden.*

202 KNOBLAUCH-INGWER-DRESSING

VORBEREITUNGSZEIT *10 Minuten* **KOCHZEIT** *5 Minuten* **FÜR 4–6 PERSONEN** *Ergibt ca. 175 ml*

7 EL Apfelessig
2 EL helle Sojasauce
1 EL Sonnenblumenöl
1 EL Sesamöl

2 Knoblauchzehen, gepresst
2,5 cm frische Ingwerwurzel, geschält und fein geschnitten

Meersalz & frisch gemahlener schwarzer Pfeffer

1 Alle Zutaten in einer kleinen Schüssel vermischen. Alternativ alle Zutaten in einen sauberen Behälter mit Schraubverschluss geben und so lange schütteln, bis alles gründlich vermischt ist.
2 Abschmecken und sofort servieren oder in einem Gefäß mit Schraubverschluss bis zu 3 Tage im Kühlschrank lagern. Vor dem Servieren gut umrühren.
3 Man kann dieses Dressing auch warm servieren. Dazu alle Zutaten in einem kleinen Topf mischen und erwärmen. Dabei ständig umrühren.

SERVIEREMPFEHLUNGEN *Passt zu Geflügelsalat, Rohkostsalaten oder gemischtem Bohnensalat.*

203 ORANGEN-SENF-DRESSING

VORBEREITUNGSZEIT *10 Minuten* **KOCHZEIT** *keine* **FÜR 4 PERSONEN** *Ergibt ca. 100 ml*

4 EL Olivenöl
1 EL Orangensaft
2 TL Weißweinessig
1–2 TL Rotisseur-Senf

1–2 EL frische gemischte Kräuter, gehackt
Meersalz & frisch gemahlener schwarzer Pfeffer

1 Olivenöl, Orangensaft, Essig, Senf, Kräuter und Gewürze in eine kleine Schüssel geben und alles sorgfältig miteinander vermischen.
2 Alternativ alle Zutaten in einen sauberen Behälter mit Schraubverschluss geben und so lange schütteln, bis alles gründlich vermischt ist.
3 Abschmecken und sofort servieren oder in einem Gefäß mit Schraubverschluss bis zu 3 Tage im Kühlschrank lagern. Vor dem Servieren gut umrühren.

SERVIEREMPFEHLUNGEN *Passt zu Salaten mit Meeresfrüchten und zu Nudel- und Reissalaten.*

204 SENF-KRÄUTER-DRESSING

VORBEREITUNGSZEIT *10 Minuten* **KOCHZEIT** *keine* **FÜR 4 PERSONEN** *Ergibt ca. 125 ml*

3 EL Olivenöl
3 EL Apfelessig
1 EL Rotisseur-Senf
1 Knoblauchzehe, gepresst

1 EL frische Petersilie, gehackt
1 EL frischer Schnittlauch, fein gewiegt

Meersalz & frisch gemahlener schwarzer Pfeffer

1 Olivenöl, Essig, Senf, Knoblauch und Kräuter in einer kleinen Schüssel vermischen. Mit Salz und Pfeffer abschmecken.
2 Alternativ alle Zutaten in einen sauberen Behälter mit Schraubverschluss geben und so lange schütteln, bis alles gründlich vermischt ist.
3 Abschmecken und sofort servieren oder in einem Gefäß mit Schraubverschluss bis zu 3 Tage im Kühlschrank lagern. Vor dem Servieren gut umrühren.

SERVIEREMPFEHLUNGEN *Passt zu gemischtem Bohnensalat, Reissalat oder gemischtem Gartensalat.*

205 ITALIENISCHES KRÄUTER-DRESSING

VORBEREITUNGSZEIT *10 Minuten* **KOCHZEIT** *5 Minuten* **FÜR 4 PERSONEN** *Ergibt ca. 100 ml*

6 EL extra-natives Olivenöl
1 EL Apfelessig
1 TL Dijon-Senf

1–2 EL frische italienische Kräuter, gehackt, etwa Basilikum, Oregano & glatte Petersilie

Meersalz & frisch gemahlener schwarzer Pfeffer

1. Alle Zutaten in einer kleinen Schüssel vermischen. Alternativ alle Zutaten in einen sauberen Behälter mit Schraubverschluss geben und so lange schütteln, bis alles gründlich vermischt ist.
2. Abschmecken und sofort servieren oder in einem Gefäß mit Schraubverschluss bis zu 3 Tage im Kühlschrank lagern. Vor dem Servieren gut umrühren.
3. Man kann dieses Dressing auch warm servieren. Dazu alle Zutaten in einem kleinen Topf mischen und langsam erwärmten. Dabei ständig umrühren.

SERVIEREMPFEHLUNGEN *Passt zu warmen Nudel- oder Reissalaten, aber auch zu Blattsalaten.*

206 TOMATEN-KRÄUTER-DRESSING

VORBEREITUNGSZEIT *10 Minuten* **KOCHZEIT** *keine* **FÜR 4 PERSONEN** *Ergibt ca. 100 ml*

4 EL Tomatensaft
2 EL Olivenöl
1 TL Balsamessig

1–2 EL frische gemischte Kräuter, gehackt
½ TL feinster Kristallzucker

Meersalz & frisch gemahlener schwarzer Pfeffer

1. Tomatensaft, Olivenöl, Balsamessig, Kräuter, Zucker und Gewürze in einer kleinen Schüssel miteinander vermischen.
2. Alternativ alle Zutaten in einen sauberen Behälter mit Schraubverschluss geben und so lange schütteln, bis alles gründlich vermischt ist.
3. Abschmecken und sofort servieren oder in einem Gefäß mit Schraubverschluss bis zu 3 Tage im Kühlschrank lagern. Vor dem Servieren gut umrühren.

SERVIEREMPFEHLUNGEN *Passt zu Salat mit Kichererbsen und Thunfisch, aber auch zu gemischtem Pflücksalat oder Nudelsalaten.*

207 TOMATEN-DRESSING MIT BALSAMESSIG

VORBEREITUNGSZEIT *10 Minuten* **KOCHZEIT** *keine* **FÜR 6–8 PERSONEN** *Ergibt ca. 250 ml*

150 ml passierte Tomaten
4 EL Olivenöl
1 EL Balsamessig

1 Knoblauchzehe, gepresst
2–3 EL frische glatte Petersilie, gehackt

Meersalz & frisch gemahlener schwarzer Pfeffer

1. Alle Zutaten in einer kleinen Schüssel geben miteinander vermischen.
2. Alternativ alle Zutaten in einen sauberen Behälter mit Schraubverschluss geben und so lange schütteln, bis alles gründlich vermischt ist.
3. Abschmecken und sofort servieren oder in einem Gefäß mit Schraubverschluss bis zu 3 Tage im Kühlschrank lagern. Vor dem Servieren gut umrühren.

SERVIEREMPFEHLUNGEN *Passt zu gemischtem Bohnensalat, Nudelsalat oder Reissalat.*

208 SCHARFES CHILI-DRESSING

VORBEREITUNGSZEIT *10 Minuten* **KOCHZEIT** *5–10 Minuten* **FÜR 6 PERSONEN** *Ergibt ca. 200 ml*

4 EL Olivenöl
2 Schalotten, fein gehackt
1 frische rote Chilischote, entkernt und fein geschnitten
6 EL passierte Tomaten
2 EL Rotweinessig
1 TL Dijon-Senf
Meersalz & frisch gemahlener schwarzer Pfeffer

1 1 EL Olivenöl in einem Topf erhitzen, Schalotten und Chili hinzufügen und 5 Minuten weich dünsten. Vom Herd nehmen.
2 Die gedünsteten Schalotten und den Chili mit dem restlichen Öl, den passierten Tomaten, dem Essig, dem Senf und den Gewürzen in den Mixer oder die Küchenmaschine geben und alles gründlich pürieren.
3 Abschmecken und sofort servieren oder in einem Gefäß mit Schraubverschluss bis zu 3 Tage im Kühlschrank lagern. Vor dem Servieren gut umrühren.
4 Man kann dieses Dressing auch warm servieren. Dazu die pürierte Sauce einfach im langsam wieder erwärmen. Dabei ständig umrühren.

SERVIEREMPFEHLUNGEN *Passt zu Falafel mit Kichererbsen oder Saubohnen, zu Rohkostsalaten im Pita-Brot, zu gemischtem Bohnensalat oder Nudelsalaten mit gemischtem Gemüse.*
VARIATION *Statt passierten Tomaten Tomatensaft verwenden.*
KÜCHENTIPP *Anstelle der frischen roten Chilischote kann man auch ½ –1 Teelöffel gehackte Chilis aus dem Glas verwenden.*

209 SCHARFES TOMATEN-DRESSING

VORBEREITUNGSZEIT *5 Minuten* **KOCHZEIT** *10 Minuten* **FÜR 4–6 PERSONEN** *Ergibt ca. 175 ml*

- 1 EL Olivenöl
- 1 Knoblauchzehe, gepresst
- je 1 TL Garam Masala, gemahlener Koriander & scharfes Chilipulver
- 125 ml Tomatensaft
- 2 EL Balsamessig
- ein Spritzer Tabascosauce
- 1 EL frische Petersilie, gehackt
- 1 EL frischer Schnittlauch, fein gewiegt
- Meersalz & frisch gemahlener schwarzer Pfeffer

1 Das Olivenöl in einem Topf erhitzen, den Knoblauch und die gemahlenen Gewürze hinzufügen und 1 Minute sanft dünsten.
2 Tomatensaft, Balsamessig und Tabascosauce dazugeben und die Mischung sanft aufkochen. Dabei ständig umrühren.
3 Vom Herd nehmen und leicht abkühlen lassen. Kräuter untermischen, mit Salz und Pfeffer abschmecken und warm servieren.

SERVIEREMPFEHLUNGEN *Passt zu Salat mit Thunfisch, Kichererbsen und Kirschtomaten.*

210 SÜSS-SAURES DRESSING

VORBEREITUNGSZEIT *10 Minuten* **KOCHZEIT** *keine* **FÜR 6–8 PERSONEN** *Ergibt ca. 250 ml*

- 3 EL Olivenöl
- 3 EL Apfelsaft
- 2 EL Rotweinessig
- 2 EL flüssiger Honig
- 2 EL helle Sojasauce
- 2 EL Tomatenketchup
- 2 EL halbtrockener Sherry
- 1 Knoblauchzehe, gepresst
- 1 TL gemahlener Ingwer
- Meersalz & frisch gemahlener schwarzer Pfeffer

1 Alle Zutaten in einer kleinen Schüssel vermischen.
2 Alternativ alle Zutaten in einen sauberen Behälter mit Schraubverschluss geben und so lange schütteln, bis alles gründlich vermischt ist.
3 Abschmecken und sofort servieren oder in einem Gefäß mit Schraubverschluss bis zu 3 Tage im Kühlschrank lagern. Vor dem Servieren gut umrühren.

SERVIEREMPFEHLUNGEN *Passt zu gemischtem Bohnensalat oder zu Nudelsalaten, aber auch zu Geflügelsalat oder zu Salat aus gemischten Meeresfrüchten.*

211 CURRY-DRESSING

VORBEREITUNGSZEIT *10 Minuten* **KOCHZEIT** *keine* **FÜR 6 PERSONEN** *Ergibt ca. 225 ml*

- 6 EL Mayonnaise *(siehe Rezept auf Seite 37)*
- 4 EL Naturjoghurt
- 2 EL griechischer Joghurt
- 1 EL Tomatenmark
- 1 EL mittelscharfe Curry-Paste
- 2 EL frischer Schnittlauch, fein gewiegt
- Meersalz & frisch gemahlener schwarzer Pfeffer

1 Mayonnaise, Naturjoghurt, griechischen Joghurt, Tomatenmark, Curry-Paste und Schnittlauch in einer kleinen Schüssel miteinander vermischen.
2 Mit Salz und Pfeffer abschmecken und kalt servieren. In einem verschlossenen Behälter bleibt die Salatsauce im Kühlschrank bis zu 2 Tage lang frisch.

SERVIEREMPFEHLUNGEN *Passt zu kalten neuen Kartoffeln. Vor dem Servieren die Kartoffeln mit dem Dressing anmachen und ca. 1 Stunde im Kühlschrank ziehen lassen. Das Dressing passt auch zu kaltem Geflügelsalat oder zu Salaten mit Schweinefleisch.*

212 MEERRETTICH-DRESSING

VORBEREITUNGSZEIT *10 Minuten* **KOCHZEIT** *keine* **FÜR 8–10 PERSONEN** *Ergibt ca. 350 ml*

150 g Crème fraîche
150 ml Naturjoghurt
2 EL Meerrettichsauce

1–2 EL frische gemischte Kräuter, gehackt, etwa Petersilie, Schnittlauch & Oregano oder Majoran

Meersalz & frisch gemahlener schwarzer Pfeffer

1 Crème fraîche, Naturjoghurt, Meerrettichsauce und Kräuter in eine kleine Schüssel geben und alles sorgfältig miteinander vermischen.
2 Mit Salz und Pfeffer abschmecken und kalt servieren. In einem verschlossenen Behälter bleibt die Salatsauce im Kühlschrank 1 Tag frisch.

SERVIEREMPFEHLUNGEN *Passt zu Salaten mit kaltem Fleisch oder zu Kartoffelsalat, aber auch zu dünn geschnittenem Räucherlachs oder zu geräucherten Makrelefilets.*
VARIATIONEN *Die Crème fraîche durch Mayonnaise ersetzten. Statt gemischten Kräutern passt auch Schnittlauch oder Petersilie. Anstelle von Meerrettichsauce 1-2 Esslöffel Rotisseur- oder Dijon-Senf verwenden.*

213 AVOCADO-DRESSING

VORBEREITUNGSZEIT *15 Minuten* **KOCHZEIT** *keine* **FÜR 4–6 PERSONEN**

1 große Avocado
fein abgeriebene Schale und Saft von 1 Zitrone

6 EL Naturjoghurt
1 TL Dijon-Senf

Meersalz & frisch gemahlener schwarzer Pfeffer

1 Avocado halbieren, schälen und das Fruchtfleisch klein schneiden. Mit Zitronenschale und -saft im Mixer oder in der Küchenmaschine pürieren.
2 Joghurt, Senf und Gewürze dazugeben und noch einmal kurz mixen. Noch einmal abschmecken und sofort servieren.

SERVIEREMPFEHLUNGEN *Passt zu grünen Mischsalaten, Pflücksalaten oder kaltem Geflügelsalat. Nach Belieben den Salat mit Walnusssplittern bestreuen.*
VARIATIONEN *Zitronenschale und -saft durch Limettenschale und -saft ersetzten. Statt Naturjoghurt passt auch Mayonnaise, griechischer Joghurt oder Crème fraîche.*

214 WALDORF-DRESSING

VORBEREITUNGSZEIT *10 Minuten* **KOCHZEIT** *keine* **FÜR 4–6 PERSONEN** *Ergibt ca. 150 ml*

6 EL Mayonnaise *(siehe Rezept auf Seite 37)*
4 EL Naturjoghurt

2 EL frischer Schnittlauch, fein gewiegt

Meersalz & frisch gemahlener schwarzer Pfeffer

1 Mayonnaise und Joghurt in einer kleinen Schüssel vermischen.
2 Schnittlauch einrühren und mit Salz und Pfeffer abschmecken. Sofort servieren oder zugedeckt kühl stellen. In einem verschlossenen Behälter bleibt die Salatsauce im Kühlschrank bis zu 2 Tage lang frisch.

SERVIEREMPFEHLUNGEN *Passt zum klassischen Waldorf-Salat (eine Mischung aus Tafeläpfeln, Sellerie, Kopfsalat und Walnüssen. Nach Belieben kann man auch noch kaltes gekochtes Hühner- oder Putenfleisch dazugeben), aber auch zu Krautsalat.*

215 ZITRONEN-VINAIGRETTE

VORBEREITUNGSZEIT *10 Minuten* **KOCHZEIT** *keine* **FÜR 4 PERSONEN** *Ergibt ca. 125 ml*

- 3 EL helles Olivenöl
- 3 EL Sonnenblumenöl
- fein abgeriebene Schale von 1 kleinen Zitrone
- 2–3 EL frisch gepresster Zitronensaft
- ½ TL feinster Kristallzucker
- 1 EL frische Petersilie, gehackt (nach Belieben)
- Meersalz & frisch gemahlener schwarzer Pfeffer

1 Öl, Zitronenschale, 2 Esslöffel Zitronensaft, Zucker und Petersilie (wenn erwünscht) in einer kleinen Schüssel vermischen. Mit Salz, Pfeffer und dem restlichen Zitronensaft abschmecken.
2 Alternativ alle Zutaten in einen sauberen Behälter mit Schraubverschluss geben und so lange schütteln, bis alles gründlich vermischt ist.
3 Abschmecken und sofort servieren oder in einem Gefäß mit Schraubverschluss bis zu 1 Woche im Kühlschrank lagern. Vor dem Servieren gut umrühren.

SERVIEREMPFEHLUNGEN *Passt zu Blattsalat, zu Avocadosalat und zu Geflügelsalat.*

216 ORANGEN-VINAIGRETTE

VORBEREITUNGSZEIT *10 Minuten* **KOCHZEIT** *keine* **FÜR 8–10 PERSONEN** *Ergibt ca. 300 ml*

- 150 ml Orangensaft
- 3 EL Apfelessig
- 3 EL Weißweinessig
- 3 EL extra-natives Olivenöl
- 1 EL frischer Rosmarin, fein gewiegt
- ½ TL feinster Kristallzucker
- Meersalz & frisch gemahlener schwarzer Pfeffer

1 Alle Zutaten in einer kleinen Schüssel vermischen.
2 Alternativ alle Zutaten in einen sauberen Behälter mit Schraubverschluss geben und so lange schütteln, bis alles gründlich vermischt ist.
3 Abschmecken und sofort servieren oder in einem Gefäß mit Schraubverschluss bis zu 3 Tage im Kühlschrank lagern. Vor dem Servieren gut umrühren.

SERVIEREMPFEHLUNGEN *Passt zu Karottensalat, zu Couscous und zu Blattsalaten.*
VARIATION *Frisch gepressten Orangensaft verwenden.*

217 KRÄUTER-VINAIGRETTE

VORBEREITUNGSZEIT *10 Minuten* **KOCHZEIT** *keine* **FÜR 4 PERSONEN** *Ergibt ca. 125 ml*

- 6 EL extra-natives Olivenöl
- 2 EL Weißweinessig oder Apfelessig
- 2 TL Dijon-Senf
- 1–2 EL frische gemischte Kräuter, gehackt
- Meersalz & frisch gemahlener schwarzer Pfeffer

1 Alle Zutaten in einer kleinen Schüssel vermischen.
2 Alternativ alle Zutaten in einen sauberen Behälter mit Schraubverschluss geben und so lange schütteln, bis alles gründlich vermischt ist.
3 Abschmecken und sofort servieren oder in einem Gefäß mit Schraubverschluss bis zu 1 Woche im Kühlschrank lagern. Vor dem Servieren gut umrühren.

SERVIEREMPFEHLUNGEN *Passt zu gemischtem Pflücksalat, grünem Salat oder Gartensalat.*

218 LIMETTEN-VINAIGRETTE

VORBEREITUNGSZEIT *10 Minuten* **KOCHZEIT** *keine* **FÜR 4 PERSONEN** *Ergibt ca. 125 ml*

- 3 EL helles Olivenöl
- 3 EL Sonnenblumenöl
- fein abgeriebene Schale von 1 Limette
- 2–3 EL frisch gepresster Limettensaft
- ½ TL feinster Kristallzucker
- 1 EL frischer Koriander, gehackt (nach Belieben)
- Meersalz & frisch gemahlener schwarzer Pfeffer

1 Öl, Limettenschale, 2 Esslöffel Limettensaft, Zucker und Koriander (wenn erwünscht) in einer kleinen Schüssel miteinander vermischen. Mit Salz, Pfeffer und dem restlichen Limettensaft abschmecken.
2 Alternativ alle Zutaten in einen sauberen Behälter mit Schraubverschluss geben und so lange schütteln, bis alles gründlich vermischt ist.
3 Abschmecken und sofort servieren oder in einem Gefäß mit Schraubverschluss bis zu 1 Woche im Kühlschrank lagern. Vor dem Servieren gut umrühren.

SERVIEREMPFEHLUNGEN *Passt zu Blattsalaten, Pflücksalaten und grünen Salaten.*

219 WALNUSS-PETERSILIEN-VINAIGRETTE

VORBEREITUNGSZEIT *10 Minuten* **KOCHZEIT** *keine* **FÜR 8–10 PERSONEN** *Ergibt ca. 300 ml*

- 4 EL Walnussöl
- 3 EL Rotweinessig
- 3 EL Apfelessig
- 150 ml roter Traubensaft
- 1 Knoblauchzehe, gepresst
- 1 TL Dijon-Senf
- eine gute Prise feinster Kristallzucker
- 2 EL frische Petersilie, gehackt
- Meersalz & frisch gemahlener schwarzer Pfeffer

1 Walnussöl, Rotweinessig, Apfelessig, Traubensaft, Knoblauch, Senf, Zucker und Petersilie in eine kleine Schüssel geben und alles sorgfältig miteinander vermischen. Mit Salz und Pfeffer abschmecken.
2 Alternativ alle Zutaten in einen sauberen Behälter mit Schraubverschluss geben und so lange schütteln, bis alles gründlich vermischt ist.
3 Abschmecken und sofort servieren oder in einem Gefäß mit Schraubverschluss bis zu 3 Tage im Kühlschrank lagern. Vor dem Servieren gut umrühren.

SERVIEREMPFEHLUNGEN *Passt zu gemischten Bohnen- oder Gartensalaten, aber auch zu heißem Gemüse wie grünen Bohnen, Spargel oder Artischocken.*

220 ERDBEER-VINAIGRETTE

VORBEREITUNGSZEIT *10 Minuten* **KOCHZEIT** *keine* **FÜR 4–6 PERSONEN** *Ergibt ca. 150 ml*

- 6 EL helles Olivenöl oder Sonnenblumenöl
- 2 EL Zitronensaft
- 5 frische reife Erdbeeren
- 1 Prise feinster Kristallzucker (nach Belieben)
- Meersalz & frisch gemahlener schwarzer Pfeffer

1 Alle Zutaten in einen kleinen Mixer oder eine Küchenmaschine geben und alles sorgfältig pürieren, bis eine dicke Masse entsteht.
2 Noch einmal abschmecken und sofort servieren.

SERVIEREMPFEHLUNGEN *Passt zu Avocadosalat, Blattsalaten oder Gartensalaten.*

221 HIMBEER-VINAIGRETTE

VORBEREITUNGSZEIT *10 Minuten* **KOCHZEIT** *keine* *Für 12–14 Personen Ergibt ca. 500 ml*

400 g Himbeeren aus der Dose, mit dem Fruchtsaft
8 EL Rotweinessig
5 EL Sonnenblumenöl oder helles Olivenöl
eine Prise feinster Kristallzucker
1 TL getrockneter Salbei
Meersalz & frisch gemahlener schwarzer Pfeffer

1 Die Himbeeren mit ihrem Saft im Mixer oder in der Küchenmaschine fein pürieren. Das Püree durch ein Nylon-Sieb in eine kleine Schüssel streichen.
2 Essig, Öl, Zucker, Salbei und Gewürze zum Himbeersaft dazugeben und alles sorgfältig miteinander vermischen.
3 Alternativ alle Zutaten in einen sauberen Behälter mit Schraubverschluss geben und so lange schütteln, bis alles gründlich vermischt ist.
4 Abschmecken und sofort servieren oder in einem Gefäß mit Schraubverschluss bis zu 3 Tage im Kühlschrank lagern. Vor dem Servieren gut umrühren.

SERVIEREMPFEHLUNGEN *Passt zu dünnen Streifen von gegrilltem Gemüse, etwa Zucchini oder Auberginen, nach Belieben auch mit gehackten Walnüssen bestreut, aber auch zu gemischtem Bohnensalat, Reissalat oder gemischten Blattsalaten.*
VARIATIONEN *Den Salbei durch getrockneten Oregano, Majoran oder Thymian ersetzen. Statt Rotweinessig passt auch Weißweinessig oder Apfelessig.*

222 ZITRONEN-MAYONNAISE

VORBEREITUNGSZEIT *10 Minuten* **KOCHZEIT** *keine Für 8 Personen Ergibt ca. 300 ml*

- 1 Portion Mayonnaise, mit Zitronensaft zubereitet (siehe Rezept auf Seite 37)
- 1½ TL fein abgeriebene Zitronenschale
- Meersalz & frisch gemahlener schwarzer Pfeffer

1 Die Mayonnaise in eine kleine Schüssel füllen. Kurz vor dem Servieren die Zitronenschale unter die Mayonnaise schlagen.
2 Nach Belieben noch einen zusätzlichen Spritzer Zitronensaft einrühren. Noch einmal abschmecken.
3 Sofort servieren oder in einem verschlossenen Behälter im Kühlschrank bis zu 2 Tage lang lagern. Kalt servieren.

SERVIEREMPFEHLUNGEN *Passt zu Gemüsesalaten, kalten gekochten Meeresfrüchten und Riesengarnelen oder dünn aufgeschnittenem Räucherlachs.*
VARIATION *Anstelle von Zitronenschale und -saft Limettenschale und -saft verwenden.*

223 PETERSILIEN-MAYONNAISE

VORBEREITUNGSZEIT *10 Minuten* **KOCHZEIT** *keine* **FÜR 4 PERSONEN** *Ergibt ca. 100 ml*

- 4 EL Portion Mayonnaise (siehe Rezept auf Seite 37)
- 2 EL Naturjoghurt
- 2 EL frische Petersilie, fein gehackt
- 1 TL fein abgeriebene Zitronenschale
- Meersalz & frisch gemahlener schwarzer Pfeffer

1 Mayonnaise, Joghurt, Petersilie und Zitronenschale in einer kleinen Schüssel vermischen. Mit Salz und Pfeffer abschmecken.
2 Sofort servieren oder in einem verschlossenen Behälter im Kühlschrank bis zu 2 Tage lang lagern. Kalt servieren.

SERVIEREMPFEHLUNGEN *Passt zu kaltem gekochtem Hühnerfleisch, Riesengarnelen oder gemischten Meeresfrüchten, aber auch zu geräucherter Forelle oder Makrele.*
VARIATION *Statt Zitronenschale Orangen- oder Limettenschale verwenden.*

224 SCHNITTLAUCH-MAYONNAISE

VORBEREITUNGSZEIT *10 Minuten* **KOCHZEIT** *keine* **FÜR 4–6 PERSONEN** *Ergibt ca. 150 ml*

- 125 ml Mayonnaise (siehe Rezept auf Seite 37)
- 2 EL frischer Schnittlauch, fein gewiegt
- 1 TL fein abgeriebene Zitronenschale
- Meersalz & frisch gemahlener schwarzer Pfeffer

1 Mayonnaise, Schnittlauch und Zitronenschale in einer kleinen Schüssel vermischen. Mit Salz und Pfeffer abschmecken.
2 Sofort servieren oder in einem verschlossenen Behälter im Kühlschrank bis zu 2 Tage lang lagern. Kalt servieren.

SERVIEREMPFEHLUNGEN *Passt zu kalten gekochten Riesengarnelen sowie zu Thunfisch-, Geflügel- und Nudelsalaten.*
VARIATION *Die Zitronenschale durch Orangen- oder Limettenschale ersetzen.*

225 MEERRETTICH-MAYONNAISE

VORBEREITUNGSZEIT *10 Minuten* **KOCHZEIT** *keine* **FÜR 8 PERSONEN** *Ergibt ca. 300 ml*

- 1 Portion Mayonnaise (siehe Rezept auf Seite 37)
- 2 EL scharfe Meerrettichsauce
- Meersalz & frisch gemahlener schwarzer Pfeffer

1. Die Mayonnaise in einer Schüssel mit der Meerrettichsauce vermischen. Mit Salz und Pfeffer abschmecken.
2. Sofort servieren oder in einem verschlossenen Behälter im Kühlschrank bis zu 2 Tage lang lagern. Kalt servieren.

SERVIEREMPFEHLUNGEN *Passt zu kaltem gekochtem Rindfleisch, Räucherfisch wie Lachs, Forelle oder Makrele sowie zu kaltem gekochtem Gemüse wie Rote Beete.*

226 SENF-MAYONNAISE

VORBEREITUNGSZEIT *10 Minuten* **KOCHZEIT** *keine* **FÜR 8 PERSONEN** *Ergibt ca. 300 ml*

- 1 Portion Mayonnaise (siehe Rezept auf Seite 37)
- 2 EL Rotisseur- oder Dijon-Senf
- Meersalz & frisch gemahlener schwarzer Pfeffer

1. Die Mayonnaise in einer Schüssel mit dem Senf vermischen. Mit Salz und Pfeffer abschmecken.
2. Sofort servieren oder in einem verschlossenen Behälter im Kühlschrank bis zu 2 Tage lang lagern. Kalt servieren.

SERVIEREMPFEHLUNGEN *Passt zu Krautsalat, Bohnensalat oder Nudelsalaten, aber auch zu kaltem gekochtem Rindfleisch, Schinkenbraten vom Schwein, Würstchen oder Hühnerfleisch.*
VARIATION *Den Senf durch 1–2 Esslöffel mittelscharfe Currypaste ersetzen.*
KÜCHENTIPP *Für die leichte Küche einfach 100 ml Mayonnaise durch Naturjoghurt oder Frischkäse ersetzen.*

227 MAROKKANISCHE MAYONNAISE

VORBEREITUNGSZEIT *20 Minuten* **KOCHZEIT** *2 Minuten* **FÜR 6 PERSONEN** *Ergibt ca. 225 ml*

- 3 EL Tomatensaft
- je ½ TL gemahlener Kreuzkümmel, gemahlener Koriander, Paprikapulver, gemahlene Kurkuma, Zimtpulver & gemahlener Ingwer
- 1 Knoblauchzehe, gepresst (nach Belieben)
- 6 EL Mayonnaise (siehe Rezept auf Seite 37)
- 4 EL Naturjoghurt
- 2–3 EL frischer Koriander, gehackt
- Meersalz & frisch gemahlener schwarzer Pfeffer

1. Tomatensaft, gemahlene Gewürze und Knoblauch (wenn erwünscht) in einen kleinen Topf geben und 2 Minuten sanft kochen, dabei ständig umrühren. Vom Herd nehmen und zum Abkühlen beiseite stellen.
2. Mayonnaise, Joghurt, Gewürzmischung und Koriander in einer kleinen Schüssel vermischen. Mit Salz und Pfeffer abschmecken.
3. Sofort servieren oder in einem verschlossenen Behälter im Kühlschrank bis zu 2 Tage lang lagern. Kalt servieren.

SERVIEREMPFEHLUNGEN *Passt zu Kartoffel-, Bohnen-, Reis- oder Nudelsalaten.*
VARIATION *Die Menge der gemahlenen Gewürze auf je 1 Teelöffel erhöhen.*

228 KRÄUTER-MAYONNAISE

VORBEREITUNGSZEIT *10 Minuten* **KOCHZEIT** *keine* **FÜR 6 PERSONEN** *Ergibt ca. 200 ml*

125 ml Mayonnaise (siehe Rezept auf Seite 37)
4 EL Naturjoghurt
1 ½ EL frische Petersilie, fein gehackt
1 ½ EL frischer Schnittlauch, fein gewiegt
Meersalz & frisch gemahlener schwarzer Pfeffer

1 Mayonnaise und Joghurt in einer kleinen Schüssel vermischen. Kräuter untermischen und mit Salz und Pfeffer abschmecken.
2 Sofort servieren oder in einem verschlossenen Behälter im Kühlschrank bis zu 2 Tage lang lagern. Kalt servieren.

SERVIEREMPFEHLUNGEN *Passt zu Rohkostsalaten sowie zu kaltem Rind- und Schweinefleisch, Parmaschinken oder geräuchertem Huhn oder Truthahn.*

229 BRUNNENKRESSE-MAYONNAISE

VORBEREITUNGSZEIT *10 Minuten* **KOCHZEIT** *keine* **Für 4–6 PERSONEN** *Ergibt ca. 175 ml*

125 ml Mayonnaise (siehe Rezept auf Seite 37)
55 g Brunnenkresse, fein gehackt
½ TL frisch geriebener scharfer Meerrettich oder scharfe Meerrettichsauce
Meersalz & frisch gemahlener schwarzer Pfeffer

1 Mayonnaise, Brunnenkresse und Meerrettich in einer kleinen Schüssel vermischen. Mit Salz und Pfeffer abschmecken.
2 Sofort servieren oder in einem verschlossenen Behälter im Kühlschrank bis zu 2 Tage lang lagern. Kalt servieren.

SERVIEREMPFEHLUNGEN *Passt zu Fisch vom Holzkohlengrill, etwa Sardinen oder Pilchards, aber auch zu Salaten mit kaltem gekochten Hühner- oder Putenfleisch oder Schinken.*

230 THUNFISCH-MAYONNAISE

VORBEREITUNGSZEIT *10 Minuten* **KOCHZEIT** *keine* **FÜR 6–8 PERSONEN** *Ergibt ca. 250 ml*

200 g Thunfisch im Aufguss aus der Dose, abgetropft und zerdrückt
4 EL Mayonnaise (siehe Rezept auf Seite 37)
2 EL Naturjoghurt
2 Frühlingszwiebeln, fein gehackt
1 TL fein abgeriebene Zitronenschale
Meersalz & frisch gemahlener schwarzer Pfeffer

1 Thunfisch, Mayonnaise, Joghurt, Frühlingszwiebeln und Zitronenschale in einer kleinen Schüssel vermischen. Mit Salz und Pfeffer abschmecken.
2 Sofort servieren oder in einem verschlossenen Behälter im Kühlschrank bis zu 2 Tage lang lagern. Kalt servieren.

SERVIEREMPFEHLUNGEN *Passt zu pochierten oder hartgekochten Eiern, zu Nudel- oder Reissalaten, zu Ofenkartoffeln oder als Brotaufstrich.*
VARIATIONEN *2 zusätzliche Esslöffel Mayonnaise und 1 zusätzlichen Esslöffel Naturjoghurt an die Sauce geben. 1 gepresste Knoblauchzehe untermischen. Zusätzlich passen 2–3 Esslöffel gehackte frische Petersilie oder fein gewiegter frischer Schnittlauch gut.*

231 KNOBLAUCH-MAYONNAISE

VORBEREITUNGSZEIT *10 Minuten* **KOCHZEIT** *keine* **FÜR 8 PERSONEN** *Ergibt ca. 300 ml*

1 Portion Mayonnaise (siehe Rezept auf Seite 37)
1 Knoblauchzehe, gepresst

2 TL frische gemischte Kräuter, fein gehackt, etwa Petersilie, Schnittlauch, Basilikum & Oregano

Meersalz & frisch gemahlener schwarzer Pfeffer

1. Die Mayonnaise nach dem angegebenen Rezept zubereiten, den Knoblauch zusammen mit dem Eigelb verarbeiten.
2. Kurz vor dem Servieren die Kräuter unter die Knoblauch-Mayonnaise heben. Mit Salz und Pfeffer abschmecken.
3. Sofort servieren oder in einem verschlossenen Behälter im Kühlschrank bis zu 2 Tage lang lagern. Kalt servieren.

SERVIEREMPFEHLUNGEN *Passt zu gemischtem mediterranem Gemüse aus dem Backofen oder vom Holzkohlengrill, aber auch zu kaltem Fleischaufschnitt vom Schwein, zu Schinken, Salami, geräuchertem Putenfleisch oder zu geräucherten Makrelenfilets.*
KÜCHENTIPP *Knoblauch ist das ganze Jahr über verfügbar, da man ihn trocken sehr gut lagern kann. Er hält sich an einem trockenen, luftigen Ort mehrere Monate lang frisch.*

KAPITEL 8

LEICHTE SAUCEN

Jeder mag eine wohlschmeckende Sauce als Begleiter eines Gerichts, doch zahlreiche gehaltvolle Saucen sind zwar sehr erfreulich für die Geschmacksnerven, aber längst nicht so gut für die schlanke Linie.

Das folgende Kapitel richtet sich an alle, die nicht auf intensiv schmeckende, edle Saucen verzichten wollen, wohl aber auf überflüssiges Fett und überzählige Kalorien. Genuss ohne Reue – das garantieren die auf den folgenden Seiten vorgestellten leichteren, gesünderen Varianten zahlreicher bekannter Saucen. Sie sind somit ideal für alle, die auf ihr Gewicht achten müssen.

Dieses Kapitel enthält eine große Auswahl köstlicher Saucen, darunter Klassiker wie leichte Käsesauce, Petersiliensauce, Kapernsauce, Brunnenkresse-Sauce und Spanische Sauce, aber auch andere beliebte Saucen wie leichte Pfeffersauce, Delikate Grillsauce, leichte Meerrettich-Creme, Mediterrane Tomatensauce, leichte Chilisauce und leichte Blauschimmelcreme. Darüber hinaus finden sich auch leichte Nudelsaucen wie die beliebte leichte Sauce Bolognese und leichte Spaghetti Carbonara.

232 LEICHTE BÉCHAMELSAUCE

VORBEREITUNGSZEIT *35 Minuten* **KOCHZEIT** *10 Minuten* **FÜR 4 PERSONEN** *Ergibt ca. 300 ml*

- 1 kleine Zwiebel oder 2 Schalotten, in Scheiben geschnitten
- 1 kleine Karotte, in Scheiben geschnitten
- ½ Stange Sellerie, grob geschnitten
- 1 Lorbeerblatt
- 6 schwarze Pfefferkörner
- einige Stängel frische Petersilie
- 300 ml Halbfettmilch
- 25 g Margarine
- 25 g Mehl
- Meersalz & frisch gemahlener schwarzer Pfeffer

1 Zwiebel oder Schalotten, Karotte, Sellerie, Lorbeerblatt, Pfefferkörner und Petersilie mit der Milch in einen Topf füllen und langsam aufkochen. Vom Herd nehmen und die Mischung 30 Minuten lang ziehen lassen.

2 Durch ein Sieb geben und die darin verbleibenden Bestandteile nicht weiter verwenden. In einem weiteren Topf die Margarine schmelzen, das Mehl einrühren und 1 Minute bei ständigem Rühren kochen.

3 Vom Herd nehmen, die aromatisierte Milch schrittweise unterrühren, erneut auf den Herd setzen und langsam aufkochen. Dabei ständig umrühren, bis die Sauce eindickt und glatt wird. Noch 2–3 Minuten langsam und unter ständigem Rühren köcheln lassen. Mit Salz und Pfeffer abschmecken und heiß servieren.

SERVIEREMPFEHLUNGEN *Passt zu Hähnchen- oder Putenbrustfilets vom Holzkohlengrill, zu Schellfischfilets, gedünstetem Sellerie oder gekochten jungen Saubohnen.*
VARIATIONEN *Je nach Belieben kurz vor dem Servieren 55 g geriebenen fettreduzierten Käse oder 2–3 Esslöffel gehackte frische Petersilie unterrühren.*

233 LEICHTE HELLE GRUNDSAUCE

VORBEREITUNGSZEIT 5 Minuten **KOCHZEIT** 10 Minuten **FÜR 4 PERSONEN** Ergibt ca. 300 ml

25 g Margarine
25 g Mehl
300 ml Halbfettmilch
Meersalz & frisch gemahlener schwarzer Pfeffer

1 Margarine, Mehl und Milch in einem kleinen Topf unter ständigem Rühren erhitzen, bis die Sauce aufkocht, eindickt und glatt wird.
2 3–4 Minuten sanft köcheln lassen. Abschmecken und heiß servieren.

SERVIEREMPFEHLUNGEN Passt zu mageren Schweineschnitzeln oder Hähnchenbrustfilets, aber auch zu gedünsteten Kabeljau- oder Heilbuttfilets oder zu gekochtem Lauch oder Sellerie.
KÜCHENTIPP Für eine etwas dünnere Sauce einfach die Mengen von Margarine und Mehl auf je 15 g reduzieren und ansonsten nach dem obigen Rezept verfahren.

234 LEICHTE KÄSESAUCE

VORBEREITUNGSZEIT 5 Minuten **KOCHZEIT** 10 Minuten **FÜR 4 PERSONEN** Ergibt ca. 300 ml

25 g Margarine
25 g Mehl
300 ml Halbfettmilch
1 TL Dijon-Senf
55 g fettreduzierter Hartkäse, fein gerieben
Meersalz & frisch gemahlener schwarzer Pfeffer

1 Margarine, Mehl und Milch in einen kleinen Topf geben. Langsam unter ständigem Rühren erhitzen, bis die Sauce aufkocht, eindickt und glatt wird. Noch 3–4 Minuten sanft köcheln lassen, dabei umrühren.
2 Vom Herd nehmen, den Senf untermischen und den Käse einrühren, bis er vollständig geschmolzen ist. Mit Salz und Pfeffer abschmecken und heiß servieren.

SERVIEREMPFEHLUNGEN Passt zu Kabeljau- und Schellfischfilets aus dem Backofen oder vom Grill, aber auch zu Schinkenbraten, Hähnchenbrustfilets vom Holzkohlengrill, gedämpftem Blumenkohl oder zu Zuckermais.
KÜCHENTIPP Als Käse passt fettreduzierter Greyerzer, Emmentaler oder Cheddar.

235 LEICHTE PETERSILIENSAUCE

VORBEREITUNGSZEIT 5 Minuten **KOCHZEIT** 10 Minuten **FÜR 4 PERSONEN** Ergibt ca. 300 ml

25 g Margarine
25 g Mehl
300 ml Halbfettmilch
2 EL frische Petersilie, fein gehackt
Meersalz & frisch gemahlener schwarzer Pfeffer

1 Margarine, Mehl und Milch in einen kleinen Topf geben. Langsam unter ständigem Rühren erhitzen, bis die Sauce aufkocht, eindickt und glatt wird. Noch 3–4 Minuten sanft köcheln lassen, dabei umrühren.
2 Petersilie untermischen, mit Salz und Pfeffer abschmecken und heiß servieren.

SERVIEREMPFEHLUNGEN Passt zu gebratener oder im Ofen gebackener Scholle, Seezunge oder Kliesche, aber auch zu magerem Schinkenbraten oder Kasselerbraten.
VARIATION Die Petersilie durch gemischte Kräuter oder Estragon ersetzen.

236 LEICHTE KAPERNSAUCE
VORBEREITUNGSZEIT 5 Minuten **KOCHZEIT** 10 Minuten **FÜR 4 PERSONEN** Ergibt ca. 300 ml

25 g Margarine
25 g Mehl
300 ml Halbfettmilch

2 EL Kapern, abgetropft
(& evtl. gehackt)

2 TL Essig aus dem Meersalz
& frisch gemahlener
schwarzer Pfeffer

1 Margarine, Mehl und Milch in einen kleinen Topf geben. Langsam unter ständigem Rühren erhitzen, bis die Sauce aufkocht, eindickt und glatt wird. Noch 3–4 Minuten sanft köcheln lassen, dabei umrühren.
2 Die Kapern und den Essig untermischen und noch einmal sanft erhitzen, dabei immer wieder umrühren. Mit Salz und Pfeffer abschmecken und heiß servieren.

SERVIEREMPFEHLUNGEN Passt zu gebackenen oder gebratenen mageren Lamm-, Schweine- oder Hirschsteaks oder -koteletts, aber auch zu gegrillten oder gebratenen Kabeljau- oder Schellfischfilets.

237 LEICHTE ESTRAGONSAUCE
VORBEREITUNGSZEIT 5 Minuten **KOCHZEIT** 10 Minuten **FÜR 6 PERSONEN** Ergibt ca. 550 ml

25 g Margarine
25 g Mehl
300 ml Gemüse- oder Hühnerfond *(siehe Rezepte auf den
Seiten 10–11)*, gekühlt

150 ml Halbfettmilch
1 EL Estragonessig
1 EL frischer Estragon,
gehackt
2 TL Dijon-Senf

55 g fettreduzierter Hartkäse,
fein gerieben
Meersalz & frisch gemahlener
schwarzer Pfeffer

1 Margarine, Mehl, Fond und Milch in einen kleinen Topf geben. Langsam unter ständigem Rühren erhitzen, bis die Sauce aufkocht, eindickt und glatt wird. Noch 3–4 Minuten sanft köcheln lassen, dabei umrühren.
2 Essig, Estragon und Senf unterrühren und noch einmal sanft erhitzen.
3 Vom Herd nehmen und den Käse einrühren, bis er vollständig geschmolzen ist. Mit Salz und Pfeffer abschmecken und heiß servieren.

SERVIEREMPFEHLUNGEN Passt zu Hähnchenbrustfilets aus dem Backofen oder vom Holzkohlengrill.

238 LEICHTE SENFSAUCE
VORBEREITUNGSZEIT 5 Minuten **KOCHZEIT** 10 Minuten **FÜR 4–6 PERSONEN** Ergibt ca. 350 ml

25 g Margarine
25 g Mehl
300 ml Halbfettmilch

2 EL Rotisseur-Senf (oder
nach Belieben)

Meersalz & frisch gemahlener
schwarzer Pfeffer

1 Margarine, Mehl und Milch in einen kleinen Topf geben. Langsam unter ständigem Rühren erhitzen, bis die Sauce aufkocht, eindickt und glatt wird. Noch 3–4 Minuten sanft köcheln lassen, dabei umrühren.
2 Den Senf untermischen und noch einmal sanft erhitzen, dabei immer wieder umrühren. Mit Salz und Pfeffer abschmecken und heiß servieren.

SERVIEREMPFEHLUNGEN Passt zu magerem Schinkenbraten, zu fettreduzierten Würstchen und Hähnchen- oder Putenbrust ohne Haut, aber auch zu ganzer Makrele oder Forelle.

239 LEICHTE KRÄUTERSAUCE

VORBEREITUNGSZEIT *5 Minuten* **KOCHZEIT** *10 Minuten* **FÜR 4–6 PERSONEN** *Ergibt ca. 350 ml*

25 g Margarine
25 g Mehl
300 ml Halbfettmilch
2 EL frische Petersilie, fein gehackt
2 EL frischer Schnittlauch, fein gehackt
Meersalz & frisch gemahlener schwarzer Pfeffer

1 Margarine, Mehl und Milch in einen kleinen Topf geben. Langsam unter ständigem Rühren erhitzen, bis die Sauce aufkocht, eindickt und glatt wird. Noch 3–4 Minuten sanft köcheln lassen, dabei umrühren.
2 Petersilie und Schnittlauch untermischen, mit Salz und Pfeffer abschmecken und heiß servieren.

SERVIEREMPFEHLUNGEN *Passt zu magerem Schweinebraten, zu Hähnchenschenkeln ohne Haut, aber auch zu gedünstetem Lachs oder gebratenen Kabeljau- oder Heilbuttfilets.*
KÜCHENTIPPS *Schnittlauch besitzt einen frischen Zwiebelgeschmack. Wenn kein frischer Schnittlauch erhältlich ist, kann man fein gehackte Frühlingszwiebeln verwenden, da diese im Geschmack dem Schnittlauch sehr ähnlich sind.*
Frische Schnittlauchblüten sind eine beliebte Garnierung für herzhafte Speisen.

240 LEICHTE BRUNNENKRESSE-SAUCE

VORBEREITUNGSZEIT *15 Minuten* **KOCHZEIT** *15 Minuten* **FÜR 6 PERSONEN** *Ergibt ca. 550 ml*

1 kleine Zwiebel, fein gehackt
1 Knoblauchzehe, gepresst
85 g Brunnenkresse, fein gehackt
150 ml Gemüsefond *(siehe Rezept auf Seite 10)*
25 g Margarine
25 g Mehl
300 ml Halbfettmilch
55 g fettreduzierter Hartkäse, fein gerieben
Meersalz & frisch gemahlener schwarzer Pfeffer

1 Zwiebel, Knoblauch, Brunnenkresse und Fond in einem Topf langsam aufkochen, dann bei reduzierter Hitze 5 Minuten sanft kochen lassen.
2 Vom Herd nehmen und leicht abkühlen lassen, dann die Mischung im Mixer oder in der Küchenmaschine fein pürieren.
3 Margarine, Mehl, Fond und Milch in einen weiteren Topf geben. Langsam unter ständigem Rühren erhitzen, bis die Sauce aufkocht, eindickt und glatt wird. Noch 3–4 Minuten sanft köcheln lassen, dabei umrühren.
4 Die pürierte Brunnenkresse sorgfältig unterrühren und die Sauce noch einmal sanft erhitzen. Vom Herd nehmen und den Käse einrühren, bis er vollständig geschmolzen ist. Mit Salz und Pfeffer abschmecken und heiß servieren.

SERVIEREMPFEHLUNGEN *Passt zu gegrillten Hähnchen- oder Putenbrustfilets oder -streifen ohne Haut, aber auch zu gedünstetem Lachs oder Seeteufelfilets aus dem Backofen.*
VARIATION *Die Zwiebel lässt sich gut durch 2 Schalotten ergänzen.*
KÜCHENTIPPS *Es gibt viele Sorten fettreduzierten Käse, von mild über medium bis kräftig. Für fettreduzierte Saucen eignen sich besonders gut reifer Emmentaler, Greyerzer oder Cheddar, da diese Sorten bei niedrigem Fettgehalt ein besonders starkes Aroma in die Sauce einbringen.*
Wenn man Käse wie Emmentaler, Greyerzer oder Cheddar sehr fein reibt, wird er sich besser und schneller in der Sauce auflösen.

241 FRISCHE PILZSAUCE
VORBEREITUNGSZEIT *40 Minuten* **KOCHZEIT** *20 Minuten* **FÜR 6 PERSONEN** *Ergibt ca. 550 ml*

1 kleine Zwiebel, geviertelt
1 kleine Karotte, in Scheiben geschnitten
½ Stange Sellerie, grob geschnitten
1 Lorbeerblatt
½ TL schwarze Pfefferkörner
450 ml Halbfettmilch
55 g Margarine
175 g Champignons, dünn geschnitten
55 g Mehl
Meersalz & frisch gemahlener schwarzer Pfeffer

1. Zwiebel, Karotte, Sellerie, Lorbeerblatt und Pfefferkörner mit der Milch in einen Topf füllen und langsam aufkochen. Vom Herd nehmen und die Mischung 30 Minuten lang ziehen lassen.
2. Durch ein Sieb geben und die darin verbleibenden Bestandteile nicht weiter verwenden. In einem weiteren Topf die Margarine bei geringer Hitze schmelzen, die Pilze darin 5 Minuten sanft weich dünsten. Dabei gelegentlich umrühren. Das Mehl 1 Minute einrühren.
3. Vom Herd nehmen und schrittweise die aromatisierte Milch unterrühren, dann erneut auf den Herd setzen und langsam aufkochen. Dabei ständig umrühren, bis die Sauce eindickt. Noch 2–3 Minuten langsam und unter ständigem Umrühren köcheln lassen. Mit Salz und Pfeffer abschmecken und heiß servieren.

SERVIEREMPFEHLUNGEN *Passt zu magerem Rind- oder Schweinefleisch, Hähnchenbrust ohne Haut und Lachs- oder Schellfischfilets, aber auch zu Blumenkohl, Zuckermais oder grünen Bohnen.*

242 LEICHTE ZWIEBELSAUCE
VORBEREITUNGSZEIT *10 Minuten* **KOCHZEIT** *20 Minuten* **FÜR 6 PERSONEN** *Ergibt ca. 550 ml*

25 g Margarine
1 Zwiebel, fein gehackt
25 g Mehl
450 ml Halbfettmilch
Meersalz & frisch gemahlener schwarzer Pfeffer

1. Die Margarine in einem Topf bei geringer Hitze schmelzen, die Zwiebel hinzufügen und 8–10 Minuten sanft weich dünsten. Dabei gelegentlich umrühren. Das Mehl dazugeben und unter ständigem Rühren 1 Minute lang kochen.
2. Vom Herd nehmen, schrittweise die Milch unterrühren, erneut auf den Herd setzen und langsam aufkochen. Dabei umrühren, bis die Sauce eindickt. Noch 2–3 Minuten köcheln lassen. Mit Salz und Pfeffer abschmecken und heiß servieren.

SERVIEREMPFEHLUNGEN *Passt zu gebratenen oder gerillten mageren Lamm- oder Putensteaks sowie zu Schweineschnitzeln oder Grillspießen, aber auch zu Eierspeisen wie Omeletts oder Frittata.*
VARIATION *Die Zwiebel durch 1 rote Zwiebel oder 3–4 Schalotten ersetzen.*
KÜCHENTIPPS *Beim Einkauf immer feste, trockene Zwiebeln wählen, die eine schöne Farbe besitzen und noch nicht grün zu sprießen begonnen haben.*

Zwiebeln lagert man an einem kühlen, trockenen, dunklen und luftigen Ort. Man kann sie auch sehr gut hängend lagern – einfach in einen Nylonstrumpf geben und nach jeder Zwiebel einen Knoten binden, damit sich die Zwiebeln nicht berühren.

243 LEICHTE PFEFFERSAUCE

VORBEREITUNGSZEIT *5 Minuten* **KOCHZEIT** *10 Minuten* **FÜR 4–6 PERSONEN** *Ergibt ca. 350 ml*

- 15 g Margarine
- 15 g Mehl
- 150 ml Gemüsefond *(siehe Rezept auf Seite 10), gekühlt*
- 150 ml Halbfettmilch
- 1 EL eingelegte grüne Pfefferkörner, abgetropft & gehackt oder zerstoßen
- 25 g geräucherter Hartkäse, fein gerieben
- Meersalz & frisch gemahlener schwarzer Pfeffer

1 Margarine, Mehl, Fond und Milch in einen Topf füllen. Unter ständigem Rühren langsam erhitzen, bis die Sauce aufkocht, eindickt und glatt wird. 3–4 Minuten sanft köcheln lassen, dabei immer wieder umrühren.
2 Vom Herd nehmen und die Pfefferkörner dazugeben. Den Käse einrühren, bis er völlig geschmolzen ist. Mit Salz und Pfeffer abschmecken und heiß servieren.

SERVIEREMPFEHLUNGEN *Passt zu gebratener Hähnchen- und Putenbrust ohne Haut, aber auch zu gedünsteten Lachs-, Kabeljau- oder Schellfischfilets.*
VARIATIONEN *Nach Belieben den Fond durch zusätzliche Milch ersetzen. Anstelle von geräuchertem Hartkäse reifen Cheddar, Emmentaler oder Greyerzer verwenden.*
KÜCHENTIPP *Schwarze, weiße und grüne Pfefferkörner sind Früchte des tropischen Pfefferstrauchs, sie unterscheiden sich nur durch Erntezeitpunkt und Verarbeitung. Schwarze Pfefferkörner besitzen die meiste Schärfe, gefolgt von den weißen. Die grünen Pfefferkörner sind die mildesten.*

244 LEICHTE SPANISCHE SAUCE

VORBEREITUNGSZEIT *15 Minuten* **KOCHZEIT** *1 Stunde 15 Minuten* **FÜR 4–6 PERSONEN** *Ergibt ca. 425 ml*

- 25 g Margarine
- 1 Scheibe magerer Speck, fein gewürfelt
- 2 Schalotten, fein gehackt
- 1 kleine Karotte, klein geschnitten
- 55 g Champignons, klein geschnitten
- 3 EL Mehl
- 550 ml Rinderfond *(siehe Rezept auf Seite 11)*
- 1 getrocknetes Bouquet garni
- 4 schwarze Pfefferkörner
- 1 Lorbeerblatt
- 2 EL Tomatenmark
- Meersalz & frisch gemahlener schwarzer Pfeffer

1. Die Margarine bei geringer Hitze in einem Topf schmelzen, den Speck darin 2 Minuten sanft köcheln lassen. Schalotten, Karotte und Pilze dazugeben und ca. 8–10 Minuten sanft bräunen lassen. Gelegentlich umrühren.
2. Das Mehl dazugeben und unter ständigem Rühren leicht bräunen lassen. Vom Herd nehmen und schrittweise den Fond unterrühren.
3. Alle restlichen Zutaten dazugeben, wieder auf den Herd stellen und die Sauce erneut langsam aufkochen. Dabei umrühren, bis die Sauce eindickt. Zugedeckt ca. 1 Stunde köcheln lassen, gelegentlich umrühren.
4. Das Bouquet garni entfernen und die Sauce durch ein Sieb streichen. Zurück in den ausgepülten Topf füllen und vor dem Servieren sanft erhitzen. Gelegentlich umrühren. Noch einmal mit Salz und Pfeffer abschmecken und heiß servieren.

SERVIEREMPFEHLUNGEN *Passt zu magerem Rinder-, Lamm- oder Wildbraten, aber auch zu Fasan.*

245 LEICHTE BURGUNDERSAUCE

VORBEREITUNGSZEIT *10 Minuten* **KOCHZEIT** *15 Minuten* **FÜR 6 PERSONEN** *Ergibt ca. 500 ml*

- 25 g Margarine
- 1 kleine rote Zwiebel, grob geraspelt
- 1 Knoblauchzehe, gepresst
- 25 g Mehl
- 250 ml Rinderfond *(siehe Rezept auf Seite 11)*
- 200 ml Burgunder oder anderer Rotwein
- 2 TL frischer Thymian, gehackt
- 1 EL Zitronensaft
- Meersalz & frisch gemahlener schwarzer Pfeffer

1. Die Margarine bei geringer Hitze in einem Topf schmelzen, Zwiebel und Knoblauch hinzufügen und 5 Minuten sanft weich dünsten.
2. Das Mehl dazugeben und 1 Minute einrühren. Vom Herd nehmen und schrittweise den Fond und den Wein unterrühren. Wieder auf den Herd stellen und die Sauce erneut langsam aufkochen, bis sie eindickt. Weitere 2–3 Minuten sanft köcheln lassen, dabei immer wieder umrühren.
3. Thymian und Zitronensaft unterrühren und mit Salz und Pfeffer abschmecken. Noch einmal erhitzen, dabei umrühren, und heiß servieren.

SERVIEREMPFEHLUNGEN *Passt zu magerem Rinder-, Lamm- oder Schweinebraten, aber auch zu Fasan und fettreduzierten Würstchen.*

VARIATIONEN *Die Zwiebel durch 2 Schalotten ersetzen. Für eine Weißweinsauce Hühner- oder Fischfond und trockenen Weißwein anstelle von Rinderfond und Rotwein verwenden.*

246 LEICHTE WEISSWEINSAUCE MIT PILZEN
VORBEREITUNGSZEIT *10 Minuten* **KOCHZEIT** *15 Minuten* **FÜR 4–6 PERSONEN**

- 175 g Champignons, in Scheiben geschnitten
- 2 Knoblauchzehen, gepresst
- 450 ml Hühnerfond *(siehe Rezept auf Seite 11)*, gekühlt
- Meersalz & frisch gemahlener schwarzer Pfeffer
- 25 g Margarine
- 25 g Mehl
- 150 ml trockener Weißwein
- 1–2 EL frischer Estragon, gehackt, oder 1-2 TL getrockneter Estragon

1 Pilze, Knoblauch, 100 ml Fond, Salz und Pfeffer in einem kleinen Topf aufkochen und bei reduzierter Hitze zugedeckt 8–10 Minuten köcheln lassen.
2 Inzwischen den restlichen Fond mit der Margarine, dem Mehl und dem Wein in einem separaten Topf unter ständigem Rühren langsam aufkochen, bis die Sauce eindickt. Weitere 3–4 Minuten köcheln lassen, dabei immer wieder umrühren.
3 Die Pilze mit einem Schaumlöffel aus ihrer Kochflüssigkeit nehmen und an die Weinsauce geben. Den Knoblauch und die Pilzflüssigkeit nicht weiter verwenden. Den Estragon sorgfältig in die Sauce einrühren und dabei die Sauce sanft erhitzen. Noch einmal abschmecken und heiß servieren.

SERVIEREMPFEHLUNGEN *Passt zu Hähnchen- und Putenbrust ohne Haut, aber auch zu gebratenem oder gegrilltem Schellfisch, Seeteufel oder Heilbutt.*
VARIATION *Anstelle von Estragon glatte Petersilie verwenden.*

247 LEICHTE PILZSAUCE MIT SALBEI
VORBEREITUNGSZEIT *10 Minuten* **KOCHZEIT** *45-50 Minuten* **FÜR 6–8 PERSONEN**

- 2 TL Olivenöl
- 2 Schalotten, fein gehackt
- 350 g braune Champignons, klein geschnitten
- 300 ml Gemüsefond *(siehe Rezept auf Seite 10)*
- 300 ml Halbfettmilch
- 2 EL frischer Salbei, fein gewiegt
- 1 Lorbeerblatt
- Meersalz & frisch gemahlener schwarzer Pfeffer
- 1 EL Speisestärke

1 Das Öl in einem beschichteten Topf erhitzen, Schalotten und Pilze hinzufügen und 8–10 Minuten sanft weich dünsten.
2 Fond und Milch einrühren, Salbei, Lorbeerblatt und je eine Prise Salz und Pfeffer untermischen. Aufkochen und zugedeckt 25–30 Minuten köcheln lassen. Gelegentlich umrühren. Das Lorbeerblatt aus der Sauce entfernen.
3 In einer kleinen Schüssel die Speisestärke mit 2 Esslöffeln kaltem Wasser vermengen. In die Sauce einrühren, dann erneut langsam aufkochen. Ständig umrühren, bis die Sauce eindickt. Noch 2–3 Minuten sanft weiter köcheln lassen, dabei immer wieder umrühren. Erneut abschmecken und heiß servieren.

SERVIEREMPFEHLUNGEN *Passt zu magerem Schweine- oder Kalbfleisch oder zu Hähnchen- oder Putenbrust ohne Haut, zu gebratenen Kabeljau- und Schellfischfilets und zu ganzer Forelle.*

248 LEICHTES THOUSAND-ISLAND-DRESSING

VORBEREITUNGSZEIT *10 Minuten, plus Standzeit* **KOCHZEIT** *keine* **FÜR 8–10 PERSONEN**

- 300 ml fettreduzierte Mayonnaise
- 4 EL Naturjoghurt
- 2 EL Tomatenketchup
- 55 g Gewürzgurken, abgetropft & fein gehackt
- 2 EL rote Paprika, entkernt & klein geschnitten
- 2 EL grüne oder gelbe Paprika, entkernt & klein geschnitten
- 1 EL frische Petersilie oder Koriander, gehackt
- Meersalz & frisch gemahlener schwarzer Pfeffer

1 Mayonnaise, Joghurt und Tomatenketchup in einer Schüssel vermischen. Gewürzgurken, Paprika und Petersilie oder Koriander sorgfältig untermischen. Mit Salz und Pfeffer abschmecken.

2 Vor dem Servieren zugedeckt im Kühlschrank ca. 30 Minuten ziehen lassen, damit sich die Aromen richtig entfalten können. Kalt servieren.

SERVIEREMPFEHLUNGEN *Passt zu kalten gekochten Krabben oder gemischten Meeresfrüchten.*
VARIATIONEN *Statt der grünen oder gelben Paprika entkernte, klein geschnittene grüne oder gefüllte Oliven verwenden. Zusätzlich 1–2 fein gehackte hartgekochte Eier an die Sauce geben.*

249 LEICHTE MEERRETTICH-CREME

VORBEREITUNGSZEIT *10 Minuten, plus Standzeit* **KOCHZEIT** *keine* **FÜR 4 PERSONEN** *Ergibt ca. 150 ml*

- 4 EL frischer Meerrettich, gerieben
- 1 TL feinster Kristallzucker
- 2 TL Dijon-Senf oder anderer scharfer Senf
- 2 TL Malzessig oder Weißweinessig
- 3 EL Naturjoghurt (oder fettreduzierte Sahne)
- Meersalz & frisch gemahlener schwarzer Pfeffer

1. Meerrettich, Zucker und Senf in einer Schüssel vermischen.
2. Erst den Essig, dann sanft den Joghurt untermischen. Noch einmal sorgfältig verrühren. Mit Salz und Pfeffer abschmecken.
3. Vor dem Servieren zugedeckt im Kühlschrank ca. 30 Minuten ziehen lassen, damit sich die Aromen richtig entfalten können. Kalt servieren.

SERVIEREMPFEHLUNGEN *Passt zu Makrelen- oder Forellenfilets oder zu kaltem Räucherlachs.*

250 APFELSAUCE MIT MINZE

VORBEREITUNGSZEIT *10 Minuten* **KOCHZEIT** *15 Minuten* **FÜR 4–6 PERSONEN**

- 1 kleine Zwiebel, fein gehackt
- 450 g Kochäpfel, geschält & in Stücke geschnitten
- ein kleines Bund frische Minzeblätter, fein gehackt
- 25 g feinster oder hellbrauner Zucker (nach Belieben)

1. Die Zwiebel und die Äpfel mit 2 Esslöffeln Wasser in einem Topf zugedeckt ca. 10 Minuten sanft weich kochen lassen, dabei gelegentlich umrühren.
2. Vom Herd nehmen und die Zwiebel und die Äpfel zu feinem Püree verarbeiten.
3. Die Minze und den Zucker hinzufügen und unter ständigem Rühren erhitzen, bis sich der Zucker aufgelöst hat. Mit zusätzlichem Zucker abschmecken und heiß oder kalt servieren, dazu dann die Sauce völlig abkühlen lassen.

SERVIEREMPFEHLUNGEN *Passt zu warmem oder kaltem Schinkenbraten oder Kasselerbraten.*

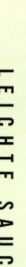

251 DELIKATE GRILLSAUCE

VORBEREITUNGSZEIT *10 Minuten* **KOCHZEIT** *25-30 Minuten* **FÜR 4–6 PERSONEN** *Ergibt ca. 300 ml*

- 40 g Margarine
- 1 Zwiebel, fein gehackt
- 150 ml Tomatensaft
- 2 EL Rotweinessig
- 1 EL Worcestersauce
- 1 EL hellbrauner Zucker
- 2 TL Dijon-Senf
- 1 EL Tomatenmark
- Meersalz & frisch gemahlener schwarzer Pfeffer

1. Die Margarine in einem kleinen Topf bei geringer Hitze schmelzen, die Zwiebel hinzufügen und ca. 8–10 Minuten weich dünsten. Gelegentlich umrühren.
2. Tomatensaft, Essig, Worcestersauce, Zucker, Senf, Tomatenmark und Gewürze dazugeben und alles gut miteinander vermischen. Sanft aufkochen, dann 10–15 Minuten ohne Deckel köcheln lassen. Dabei gelegentlich umrühren. Heiß servieren.
3. Für eine glattere Sauce leicht abkühlen lassen, dann im Mixer oder in der Küchenmaschine fein pürieren. Zurück in den ausgespülten Topf geben und vor dem Servieren sanft erhitzen.

SERVIEREMPFEHLUNGEN *Passt zu fettreduzierten Würstchen oder Hähnchenschenkeln ohne Haut.*

252 LEICHTE CHILISAUCE

VORBEREITUNGSZEIT *10 Minuten* **KOCHZEIT** *30-35 Minuten* **FÜR 6–8 PERSONEN** *Ergibt ca. 450 ml*

- 1 TL Olivenöl
- 6 Frühlingszwiebeln, fein gehackt
- 1 frische rote Chilischote, fein gehackt
- 1 Knoblauchzehe, gepresst
- 400 g gehackte Tomaten aus der Dose
- 1 TL frischer Zitronensaft
- 1 EL hellbrauner Zucker
- Meersalz & frisch gemahlener schwarzer Pfeffer

1 Öl in einem Topf erhitzen, Frühlingszwiebeln, Chili und Knoblauch darin 5 Minuten weich dünsten. Tomaten, Zitronensaft, Zucker und Gewürze untermischen.
2 Aufkochen und bei reduzierter Hitze ohne Deckel 25–30 Minuten sanft köcheln lassen, bis die Sauce gar ist und leicht eindickt. Gelegentlich umrühren. Abschmecken und heiß servieren.

SERVIEREMPFEHLUNGEN *Passt zu Seeteufelfilets, Riesengarnelen oder Jakobsmuscheln.*

253 MEDITERRANE TOMATENSAUCE

VORBEREITUNGSZEIT *10 Minuten* **KOCHZEIT** *30 Minuten* **FÜR 8 PERSONEN** *Ergibt ca. 600 ml*

- 2 TL Olivenöl
- 1 rote Zwiebel, fein gehackt
- 1 Knoblauchzehe, gepresst
- 450 g Tomaten, gehäutet & gehackt
- 1 EL Tomatenmark
- ½ TL feinster Kristallzucker
- 4 EL Rot- oder Weißwein
- Meersalz & frisch gemahlener schwarzer Pfeffer
- 2 EL frisches Basilikum, gehackt

1 Das Öl in einem Topf erhitzen, Zwiebel und Knoblauch darin 5 Minuten dünsten. Tomaten, Tomatenmark, Zucker, Wein und Gewürze untermischen.
2 Aufkochen und ohne Deckel 20 Minuten sanft köcheln lassen, bis die Sauce eindickt. Gelegentlich umrühren. Basilikum untermischen und heiß servieren.

SERVIEREMPFEHLUNGEN *Passt zu Thunfischsteaks oder mageren Lammkoteletts vom Holzkohlengrill.*

254 LEICHTE BASILIKUMSAUCE

VORBEREITUNGSZEIT *5 Minuten* **KOCHZEIT** *15 Minuten* **FÜR 4–6 PERSONEN** *Ergibt ca. 350 ml*

- 15 g Margarine
- 1 kleine Zwiebel oder 2 Schalotten, fein gehackt
- 1 Knoblauchzehe, gepresst
- 15 g Mehl
- 300 ml Halbfettmilch
- 25 g frischer Parmesan, fein gerieben
- 2–3 EL frisches Basilikum, gehackt
- Meersalz & frisch gemahlener schwarzer Pfeffer

1 Margarine in einem Topf bei geringer Hitze schmelzen, Zwiebel und Knoblauch darin ca. 5 Minuten sanft weich dünsten. Gelegentlich umrühren.
2 Das Mehl 1 Minute einrühren. Vom Herd nehmen und schrittweise die Milch unterrühren, dann wieder auf den Herd stellen und erneut aufkochen. Umrühren, bis die Sauce eindickt. Weitere 2–3 Minuten köcheln lassen.
3 Den Parmesan einrühren, bis er völlig geschmolzen ist, dann das Basilikum untermischen. Mit Salz und Pfeffer abschmecken und heiß servieren.

SERVIEREMPFEHLUNGEN *Passt zu gegrillter oder gebratener ganzer Scholle oder Rotzunge.*

255 SCHNELLE TOMATENSAUCE

VORBEREITUNGSZEIT *10 Minuten* **KOCHZEIT** *25 Minuten* **FÜR 6 PERSONEN** *Ergibt ca. 450 ml*

- 40 g Margarine
- 1 Zwiebel, fein gehackt
- 400 g gehackte Tomaten aus der Dose
- 1 EL Tomatenmark
- 1 TL getrocknete Kräuter der Provence
- Meersalz & frisch gemahlener schwarzer Pfeffer
- 4 EL trockener Weißwein

1 Die Margarine in einem Topf bei geringer Hitze schmelzen, die Zwiebel darin ca. 5 Minuten dünsten. Gelegentlich umrühren.
2 Tomaten, Tomatenmark und Kräuter untermischen. Noch einmal gut umrühren. Mit Salz und Pfeffer abschmecken.
3 Erhitzen und kurz vor dem Aufkochen den Wein angießen. Aufkochen und bei reduzierter Hitze 15–20 Minuten ohne Deckel köcheln lassen, bis die Sauce eindickt. Dabei gelegentlich umrühren. Heiß servieren.

SERVIEREMPFEHLUNGEN *Passt zu Thunfisch- oder Lachssteaks vom Holzkohlengrill, aber auch zu Schellfischfilets, zu Hühnerbrust ohne Haut oder zu gebratenen Polentascheiben.*
VARIATIONEN *Nach Belieben 1 Knoblauchzehe an die Tomatensauce geben. Anstelle der Küchenzwiebel passen auch 1 rote Zwiebel oder 4 Schalotten. Die getrockneten Kräuter können durch 1 Esslöffel gehackte frische gemischte Kräuter ersetzt werden.*
KÜCHENTIPP *Wird eine glattere Sauce bevorzugt, den Topf von der Kochstelle nehmen und den Inhalt leicht abkühlen lassen. Dann die Sauce im Mixer oder in der Küchenmaschine fein pürieren. Zurück in den ausgespülten Topf geben und vor dem Servieren sanft erhitzen.*

256 LEICHTE BLAUSCHIMMELCREME

VORBEREITUNGSZEIT *10 Minuten* **KOCHZEIT** *keine* **FÜR 4–6 PERSONEN**

115 g Frischkäse mit Knoblauch und Kräutern
100 ml Naturjoghurt oder Saure Sahne (oder griechischer Joghurt)
50 g reifer dänischer Blauschimmelkäse, gewürfelt oder zerkrümelt

1. Frischkäse und Joghurt oder Saure Sahne in eine kleine Schüssel geben.
2. Den Blauschimmelkäse dazugeben und alles sehr gründlich miteinander vermischen, bis eine glatte Masse entsteht. Sofort servieren.

SERVIEREMPFEHLUNGEN Passt zu in Scheiben geschnittenen Dessertbirnen oder Tafeläpfeln, aber auch zu Charentais- oder Gallia-Melone.
VARIATIONEN Anstelle des aromatisierten Frischkäses passt auch einfacher Frischkäse zu dieser Sauce. Der dänische Blauschimmelkäse kann auch durch andere Sorten wie Stilton oder Gorgonzola ersetzt werden. Statt Joghurt oder Saurer Sahne kann man auch Quark verwenden.
KÜCHENTIPPS Dänischer Blauschimmelkäse ist ein halbfester, weißer Käse mit einer cremig-weichen bis leicht krümeligen Struktur, vielen blauen Adern und einem reichhaltigen, kräftigen, leicht salzigen und pikanten Geschmack.
  Am besten bewahrt man Käsesorten wie Dänischen Blauschimmelkäse in Fettpapier oder in Folie in einem luftdichten Behälter im Kühlschrank auf.

257 LEICHTE BROKKOLI-KÄSESAUCE

VORBEREITUNGSZEIT *15 Minuten* **KOCHZEIT** *10 Minuten* **FÜR 6–8 PERSONEN**

225 g kleine Brokkoli-Röschen
1 kleine Zwiebel, gehackt
15 g Margarine
15 g Mehl
150 ml Halbfettmilch
150 ml Gemüsefond *(siehe Rezept auf Seite 10),* gekühlt
55 g fettreduzierter Cheddar, Emmentaler oder Greyerzer, fein gerieben
Meersalz & frisch gemahlener schwarzer Pfeffer

1. Den Brokkoli und die Zwiebel ca. 6–7 Minuten in einem Topf weich kochen. Kalt abspülen, abtropfen lassen und mit 3 Esslöffeln Wasser im Mixer oder in der Küchenmaschine fein pürieren.
2. Margarine, Mehl, Milch und Fond in einem kleinen Topf unter ständigem Rühren langsam aufkochen, bis die Sauce eindickt. Weitere 3–4 Minuten köcheln lassen, dabei immer wieder umrühren.
3. Das Brokkolipüree unter die Sauce mischen und alles sanft erhitzen, dabei ständig umrühren. Vom Herd nehmen, den Käse unterrühren, bis er völlig geschmolzen ist. Mit Salz und Pfeffer abschmecken und heiß servieren.

SERVIEREMPFEHLUNGEN Passt zu Kabeljau- oder Schellfischfilets sowie zu ganzer Forelle.

258 LEICHTE SAUCE BOLOGNESE
VORBEREITUNGSZEIT *10 Minuten* **KOCHZEIT** *1 Stunde 40 Minuten* **FÜR 4 PERSONEN**

- 1 Zwiebel, gehackt
- 1 Knoblauchzehe, gepresst
- 450 g mageres Hackfleisch vom Rind
- 3 Möhren, klein geschnitten
- 225 g braune Champignons, dünn geschnitten
- 3 Stangen Sellerie, fein geschnitten
- 400 g gehackte Tomaten aus der Dose
- 1 EL Tomatenmark
- 2 TL getrocknete gemischte Kräuter
- 300 ml Rinderfond *(siehe Rezept auf Seite 11)*
- 150 ml trockener Weiß- oder Rotwein
- Meersalz & frisch gemahlener schwarzer Pfeffer

1 Die Zwiebeln und den Knoblauch mit dem Hackfleisch in einem beschichteten Topf rundum sanft braun braten. Dabei gelegentlich umrühren.
2 Möhren, Pilze und Sellerie 5 Minuten mitbraten, gelegentlich umrühren.
3 Tomaten, Tomatenmark, Kräuter, Fond, Wein und Gewürze an die Fleischmasse geben und alles gut vermischen. Aufkochen, dann zugedeckt ca. 1 Stunde köcheln lassen. Gelegentlich umrühren.
4 Den Deckel abnehmen und die Sauce bei stärkerer Hitze 20-30 Minuten eindicken lassen. Heiß servieren.

SERVIEREMPFEHLUNGEN *Passt zu Spaghetti, Spaghettini, Tagliatelle oder Fettucine.*
VARIATIONEN *Die Küchenzwiebel durch 1 rote Zwiebel oder 4 Schalotten ersetzen. Statt des Hackfleischs vom Rind mageres Gehacktes von der Pute oder vom Schwein verwenden.*

259 LEICHTE SPAGHETTI CARBONARA
VORBEREITUNGSZEIT *10 Minuten* **KOCHZEIT** *15 Minuten* **FÜR 4–6 PERSONEN**

- 350 g Spaghetti
- Meersalz & frisch gemahlener schwarzer Pfeffer
- 2 TL Olivenöl
- 1 Zwiebel, fein gehackt
- 1 Knoblauchzehe, gepresst
- 225 g magerer Kochschinken, in dünne Streifen geschnitten
- 3 Eier, aufgeschlagen
- 6 EL Saure Sahne
- 85 g frischer Parmesan, fein gerieben
- 2 EL gehackte frische Petersilie oder Schnittlauch (nach Belieben)

1 Die Spaghetti in einem großen Topf in kochendem Salzwasser ca. 10–12 Minuten „al dente" oder weich kochen.
2 Inzwischen in einem beschichteten Topf das Olivenöl erhitzen. Zwiebel und Knoblauch darin ca. 8–10 Minuten weich dünsten. Den Schinken untermischen. Vom Herd nehmen und beiseite stellen.
3 In einer Schüssel Eier, Saure Sahne, Parmesan, Petersilie oder Schnittlauch (wenn erwünscht) und Gewürze gut vermischen.
4 Die Nudeln sorgfältig abtropfen lassen und in einem sauberen Topf mit der Schinkenmasse vermischen. Die Eiermischung hinzufügen und bei geringer Hitze ständig rühren, bis das Ei gerade cremig-fest wird. Sofort servieren.

SERVIEREMPFEHLUNGEN *Passt am besten zu Spaghetti und zu Tagliatelle.*

260 LEICHTE TOMATENSAUCE MIT BASILIKUM UND OLIVEN
VORBEREITUNGSZEIT *10 Minuten* **KOCHZEIT** *30–35 Minuten* **FÜR 4 PERSONEN**

- 2 TL Olivenöl
- 3 Schalotten, fein gehackt
- 1 Knoblauchzehe, gepresst
- 625 g gehackte Tomaten aus der Dose
- 150 ml trockener Weißwein
- 2 EL Tomatenmark
- Meersalz & frisch gemahlener schwarzer Pfeffer
- 115 g entkernte schwarze Oliven, halbiert
- 2 EL frisches Basilikum, fein gehackt

1. Das Öl in einem beschichteten Topf erhitzen, Schalotten und Knoblauch darin ca. 5 Minuten weich dünsten. Tomaten, Wein und Tomatenketchup untermischen und mit Salz und Pfeffer abschmecken.
2. Aufkochen und dann bei reduzierter Hitze zugedeckt 15 Minuten köcheln lassen. Dabei gelegentlich umrühren.
3. Den Deckel abnehmen und die Sauce bei stärkerer Hitze weitere 5-10 Minuten köcheln lassen, damit sie dicker wird. Gelegentlich umrühren. Die Oliven und das Basilikum untermischen und heiß servieren.

SERVIEREMPFEHLUNGEN *Passt zu Nudelsorten wie Fusili, Farfalle oder Spirali.*
VARIATIONEN *Anstelle der Schalotten 1 Küchenzwiebel oder rote Zwiebel verwenden. Statt des Weins Gemüsefond (siehe Rezept auf Seite 10) angießen. Die Oliven durch geröstete oder gegrillte, in Öl eingelegte Paprika (abgetropft, trocken getupft und klein geschnitten) ersetzen. Eine Alternative zum Basilikum sind gemischte Kräuter.*

261 PILZSAUCE MIT KNOBLAUCH
VORBEREITUNGSZEIT *5 Minuten* **KOCHZEIT** *25 Minuten* **FÜR 4–6 PERSONEN**

- 25 g Margarine
- 1 Zwiebel, fein gehackt
- 4 Knoblauchzehen, gepresst
- 450 g Champignons, dünn geschnitten
- 25 g Mehl
- 175 ml Halbfettmilch
- 125 ml Gemüsefond *(siehe Rezept auf Seite 10)*
- 2 EL Saure Sahne
- 1 EL frische Petersilie, gehackt
- Meersalz & frisch gemahlener schwarzer Pfeffer

1. Die Margarine in einem Topf bei geringer Hitze schmelzen, die Zwiebel und den Knoblauch darin ca. 5 Minuten sanft dünsten. Gelegentlich umrühren. Die Pilze einrühren und zugedeckt 8–10 Minuten sanft weich dünsten.
2. Das Mehl 1 Minute einrühren. Vom Herd nehmen und schrittweise Milch und Fond unterrühren. Wieder auf den Herd stellen und erneut aufkochen. Dabei umrühren, bis die Sauce eindickt. Weitere 2–3 Minuten sanft köcheln lassen, dabei immer wieder umrühren.
3. Den Topf erneut von der Kochstelle nehmen, Saure Sahne und Petersilie untermischen, mit Salz und Pfeffer abschmecken und heiß servieren.

SERVIEREMPFEHLUNGEN *Passt zu Teigwaren wie Tagliatelle, Linguine oder Fettucine.*
VARIATION *Anstelle der Zwiebel 3-4 Schalotten verwenden.*

262 LAUCH-PILZ-SAUCE
VORBEREITUNGSZEIT *10 Minuten* **KOCHZEIT** *20 Minuten* **FÜR 4 PERSONEN**

350 g geputzter Lauch, klein geschnitten
280 g Champignons, dünn geschnitten
1 Lorbeerblatt
40 g Margarine
40 g Mehl
500 ml Halbfettmilch
2 EL frischer Schnittlauch, fein gewiegt
Meersalz & frisch gemahlener schwarzer Pfeffer

1 Lauch und Pilze mit dem Lorbeerblatt über einem Topf mit kochendem Wasser 10–15 Minuten weich dämpfen. Das Lorbeerblatt entfernen. Das Gemüse gut abtropfen lassen, beiseite stellen und warm halten.
2 Inzwischen die Margarine, das Mehl und die Milch in einem Topf unter ständigem Rühren langsam aufkochen, bis die Sauce eindickt und glatt wird. Weitere 3–4 Minuten köcheln lassen, dabei immer wieder umrühren.
3 Das gedämpfte Gemüse und den Schnittlauch untermischen. Die Sauce erhitzen, dabei umrühren. Mit Salz und Pfeffer abschmecken und heiß servieren.

SERVIEREMPFEHLUNGEN *Passt zu Nudelsorten wie Linguine, Pappardelle oder Fettucine.*
VARIATIONEN *Anstelle des Schnittlauchs Petersilie oder Estragon zu dieser Nudelsauce verwenden. Die Champignons durch Zucchini ersetzen.*
KÜCHENTIPP *Beim Einkauf von Lauch darauf achten, dass die Stangen knackig, frisch und klar gefärbt sind. Trockene, weiche oder schleimige Stangen eignen sich nicht mehr zum Verzehr.*

263 THUNFISCH-ZUCCHINI-SAUCE
VORBEREITUNGSZEIT *10 Minuten* **KOCHZEIT** *20 Minuten* **FÜR 4 PERSONEN**

25 g Margarine
2 Schalotten, fein gehackt
2 Zucchini, fein gestiftelt
25 g Mehl
300 ml Halbfettmilch
215 g Thunfisch aus der Dose, zerdrückt
ein Spritzer Tabascosauce
1–2 EL frischer Schnittlauch, fein gewiegt
Meersalz & frisch gemahlener schwarzer Pfeffer

1 Die Margarine in einem Topf bei geringer Hitze schmelzen, Schalotten und Zucchini darin ca. 8–10 Minuten sanft weich dünsten. Gelegentlich umrühren.
2 Das Mehl dazugeben und sorgfältig 1 Minute einrühren. Vom Herd nehmen und schrittweise die Milch unterrühren.
3 Wieder auf den Herd stellen und aufkochen. Dabei umrühren, bis die Sauce eindickt. Weitere 2–3 Minuten köcheln lassen, immer wieder umrühren.
4 Thunfisch, Tabascosauce und Schnittlauch untermischen. Noch einmal erhitzen, dabei umrühren. Mit Salz und Pfeffer abschmecken und heiß servieren.

SERVIEREMPFEHLUNGEN *Passt zu Pasta wie Farfalle, Conchiglie oder Penne.*
VARIATIONEN *Statt der Schalotten kann man auch gut 1 kleine Küchenzwiebel oder rote Zwiebel verwenden. Die Zucchini lassen sich gut durch 225 g zerkleinerte Champignons ersetzen. Alternativen zum Schnittlauch sind Petersilie oder Koriander.*

KAPITEL 9
HERZHAFTE UND SÜSSE DIPS

Eine tolle Möglichkeit, die Familie und Freunde auf einer Party kulinarisch zu verwöhnen, besteht darin, eine verlockende Auswahl von aromatischen, selbst gemachten Dips zu servieren. Dips dienen auch der Kommunikation: Sie zwingen die Gäste geradezu, herumzugehen und sich dabei zu vermischen – nur so kann man sich leicht bedienen und alles probieren. Die meisten Dips lassen sich schnell und leicht zubereiten, und viele können auch schon vorbereitet werden – perfekt für Partys, Grillfeste und ungezwungenes Beisammensein.

Herzhafte Dips passen sehr gut zu einer frischen Rohkostplatte, zu warmem Fladenbrot, zu gebackenen Kartoffeln, Gebäckstangen, Tortilla Chips, frischen Kartoffelchips oder kleinen Crackern. Zu süßen Dips passen am besten vorbereitete Früchte aller Art, Schokoladengebäck, Biskuitgebäck, Marshmallows, Buttertoffee, Löffelbiskuits, getrocknetes Obst und ganze Nüsse.

Die folgenden Seiten enthalten eine köstliche Auswahl an herzhaften und süßen Dips, darunter Guacamole, Hummus, Tzatziki, Honig-Senf-Dip, Saure-Sahne-Dip mit Schnittlauch, Dip mit geröstetem Knoblauch, Dip mit Blauschimmelkäse, italienischer Tomaten-Dip und cremiger Krabben-Dip, aber auch Honig-Dip, Zitronensahne, Himbeer-Dip, Schokoladenfondue und samtiger Schokoladen-Dip.

264 GUACAMOLE

VORBEREITUNGSZEIT *10 Minuten* **KOCHZEIT** *keine* **FÜR 4–6 PERSONEN**

- 2 reife Avocados
- Saft von 1 Limette
- 3 Schalotten, fein gehackt
- 2 Tomaten, gehäutet, entkernt & fein gehackt
- 1 frische grüne Chili, entkernt & klein geschnitten
- 1 Knoblauchzehe, gepresst
- 1 EL frischer Koriander, gehackt
- Meersalz & frisch gemahlener schwarzer Pfeffer
- frische Korianderstängel zum Garnieren

1 Die Avocado halbieren, entsteinen und schälen. Das Fruchtfleisch mit dem Limettensaft in einer Schüssel fein zerdrücken.
2 Schalotten, Tomaten, Chili, Knoblauch und Koriander untermischen. Mit Salz und Pfeffer abschmecken und noch einmal durchmischen.
3 Das Guacamole mit Korianderstängeln garnieren und sofort servieren.

SERVIEREMPFEHLUNGEN *Passt zu einer gemischten Rohkostplatte mit Karotten- und Gurken- und Paprikastiften sowie Frühlingszwiebeln, aber auch zu Tortilla-Chips und Fladenbrot.*

265 HUMMUS

VORBEREITUNGSZEIT *10 Minuten* **KOCHZEIT** *keine* **FÜR 4 PERSONEN**

- 420 g Kichererbsen aus der Dose, abgetropft
- Saft von 1 Zitrone
- 3 EL extra-natives Olivenöl
- 2 EL helle Tahini-Paste
- 1 Knoblauchzehe, zerdrückt
- ½ TL gemahlener Koriander
- ½ TL gemahlener Kreuzkümmel
- Meersalz & frisch gemahlener schwarzer Pfeffer
- frische Korianderstängel zum Garnieren

1 Kichererbsen, Zitronensaft, Olivenöl, Tahini-Paste, Knoblauch und Gewürze im Mixer oder in der Küchenmaschine gründlich und fein pürieren.
2 In eine Schüssel geben, mit Korianderstängeln garnieren und sofort servieren.

SERVIEREMPFEHLUNGEN *Passt zu einer gemischten Rohkostplatte mit Paprika-, Karotten- und Zucchinistiften, Champignons und Zuckermais, aber auch zu warmem Fladenbrot.*

266 TARAMASALATA

VORBEREITUNGSZEIT *15 Minuten* **KOCHZEIT** *keine* **FÜR 6–8 PERSONEN**

- 1 dicke Scheibe Weißbrot ohne Kruste (ca. 40 g)
- 115 g geräucherter Dorschrogen ohne Haut, abgetropft
- Saft von ½ Zitrone
- 1 Knoblauchzehe, gepresst
- 5 EL Sonnenblumenöl
- 5 EL Olivenöl
- frisch gemahlener schwarzer Pfeffer

1 Das Brot unter fließendes kaltes Wasser halten, bis es sich vollgesaugt hat. Abtropfen lassen und auspressen. Zusammen mit dem Dorschrogen, dem Zitronensaft und dem Knoblauch im Mixer oder in der Küchenmaschine kurz durchmischen.
2 Bei laufendem Motor schrittweise nacheinander Sonnenblumen- und Olivenöl in einem dünnen, gleichmäßigen Strahl dazugeben, bis eine weiche, helle und cremige Masse entsteht.
3 In eine Schüssel geben und mit Pfeffer abschmecken. Sofort servieren.

SERVIEREMPFEHLUNGEN *Passt zu warmen Mini-Fladenbroten oder heißen Toastbrot-Streifen.*

267 TAPENADE

VORBEREITUNGSZEIT *10 Minuten* **KOCHZEIT** *keine* **FÜR 4–6 PERSONEN**

- 115 g entkernte schwarze Oliven
- 25 g Kapern, abgespült und abgetropft
- 50 g Sardellenfilets in Öl aus der Dose, abgetropft
- 1 Knoblauchzehe, geschält
- 1 EL Weißweinessig
- 1 EL frische Petersilie, gehackt
- 6 EL Olivenöl
- frisch gemahlener schwarzer Pfeffer

1 Oliven, Kapern und Sardellen in einem kleinen Mixer oder in der Küchenmaschine kurz hacken. Knoblauch, Essig und Petersilie hinzufügen und kurz mixen.
2 Bei laufendem Motor schrittweise das Olivenöl in einem dünnen, gleichmäßigen Strahl dazugeben, bis es völlig mit dem Püree vermischt ist.
3 Die Mixtur in eine Schüssel geben, mit Pfeffer abschmecken und sofort servieren oder zugedeckt im Kühlschrank bis zu 3 Tage aufbewahren.

SERVIEREMPFEHLUNGEN *Passt zu Gemüse vom Holzkohlengrill, heißen Toastbrot-Streifen, warmen Mini-Fladenbroten oder Gebäckstangen.*
VARIATION *1 Teelöffel fein abgeriebene Zitronenschale an die Tapenade geben.*

268 TZATZIKI

VORBEREITUNGSZEIT *10 Minuten, plus Kühlzeit* **KOCHZEIT** *keine* **FÜR 6–8 PERSONEN**

- 1 Salatgurke
- 300 ml griechischer Joghurt
- 1 EL Olivenöl
- 2 Knoblauchzehen, gepresst
- 2 EL frische Minze, gehackt
- Meersalz & frisch gemahlener schwarzer Pfeffer

1 Die Gurke längs halbieren, entkernen und klein schneiden. Das Fruchtfleisch in einer Schüssel gut mit dem Joghurt und dem Olivenöl vermischen.
2 Knoblauch und Minze hinzufügen und gründlich durchmischen und mit Salz und Pfeffer abschmecken. Vor dem Servieren zugedeckt kühlen.

SERVIEREMPFEHLUNGEN *Passt zu warmen Streifen Vollkorn-Fladenbrot, zu Gebäckstangen sowie zu gemischten Gemüseplatten.*

269 AVOCADO-DIP

VORBEREITUNGSZEIT *10 Minuten* **KOCHZEIT** *keine* **FÜR 6–8 PERSONEN**

- 2 reife Avocados
- ein Spritzer frischer Zitronensaft, nach Belieben
- 1 Knoblauchzehe, gepresst
- 2 Frühlingszwiebeln, fein gehackt
- 1 EL frischer Schnittlauch, fein gewiegt
- Meersalz & frisch gemahlener schwarzer Pfeffer

1 Die Avocado halbieren, entsteinen und schälen. Das Fruchtfleisch mit dem Zitronensaft in einer Schüssel fein zerdrücken.
2 Knoblauch, Frühlingszwiebeln und Schnittlauch hinzufügen, alles gut miteinander vermischen und mit Salz und Pfeffer abschmecken. Sofort servieren oder vorher zugedeckt bei Zimmertemperatur 30 Minuten ziehen lassen.

SERVIEREMPFEHLUNGEN *Passt zu gegrilltem Gemüse wie Baby-Zucchini, Paprikastreifen, Baby-Karotten oder Zuckermais.*

270 KNOBLAUCH-DIP MIT SCHNITTLAUCH

VORBEREITUNGSZEIT *5 Minuten* **KOCHZEIT** *keine* **FÜR 6 PERSONEN**

150 ml Schmand
150 ml Frischkäse
2 Knoblauchzehen, gepresst
2 Schalotten, fein gehackt (nach Belieben)

2–3 EL frischer Schnittlauch, fein gewiegt
Meersalz & frisch gemahlener schwarzer Pfeffer

zusätzlicher frischer Schnittlauch, fein gewiegt, zum Garnieren (nach Belieben)

1 Schmand mit dem Frischkäse in einer Schüssel gründlich vermischen.
2 Knoblauch, Schalotten (wenn erwünscht) und Schnittlauch hinzufügen, alles gut miteinander vermischen und mit Salz und Pfeffer abschmecken.
3 Den Dip in eine saubere Schüssel geben und sofort servieren oder zugedeckt kühlen. Mit Schnittlauch garnieren (wenn erwünscht).

SERVIEREMPFEHLUNGEN *Passt zu gebratenen Streifen von paniertem Fischfilet oder Hähnchen, aber auch zu Kartoffelschnitzen aus dem Backofen.*
VARIATIONEN *Statt Schmand griechischen Joghurt oder Crème fraîche verwenden. Die Schalotten durch ½ rote Zwiebel oder 2 Frühlingszwiebeln ersetzen. Anstelle des Schnittlauchs passen auch andere frische Kräuter wie Petersilie oder gemischte Kräuter.*
KÜCHENTIPP *Eine besonders schöne Garnierung bilden frische Schnittlauchblüten.*

271 HONIG-SENF-DIP
VORBEREITUNGSZEIT *10 Minuten* **KOCHZEIT** *keine* **FÜR 8–10 PERSONEN**

225 ml Crème fraîche
125 ml Mayonnaise *(siehe Rezept auf Seite 37)*

3 EL Rotisseur-Senf
2 EL flüssiger Honig

Meersalz & frisch gemahlener schwarzer Pfeffer (nach Belieben)

1 Die Crème fraîche mit der Mayonnaise in einer Schüssel vermischen.
2 Senf und Honig einrühren, alles gut miteinander vermischen und mit Salz und Pfeffer abschmecken (wenn erwünscht).
3 Sofort servieren oder vor dem Auftragen 1 Stunde zugedeckt kühlen, damit die Aromen sich richtig entfalten können.

SERVIEREMPFEHLUNGEN *Passt zu gebackenen Süßkartoffeln, aber auch zu einer gemischten Rohkostplatte mit Karotten- und Gurkenstiften sowie Kirschtomaten.*
VARIATION *Statt Rotisseur-Senf kann man auch gut Dijon-Senf verwenden.*

272 SAURE-SAHNE-DIP MIT SCHNITTLAUCH
VORBEREITUNGSZEIT *10 Minuten* **KOCHZEIT** *keine* **FÜR 6 PERSONEN**

300 ml Schmand
1 Knoblauchzehe, gepresst
2–3 Frühlingszwiebeln, fein gehackt (nach Belieben)

3–4 EL frischer Schnittlauch, fein gewiegt
Meersalz & frisch gemahlener schwarzer Pfeffer

frische Schnittlauchblüten zum Garnieren (nach Belieben)

1 Schmand in einer Schüssel gründlich mit Knoblauch, Frühlingszwiebeln (wenn erwünscht) und Schnittlauch vermischen. Mit Salz und Pfeffer abschmecken.
2 In eine Schüssel geben und sofort servieren oder zugedeckt kühlen. Mit Schnittlauchblüten garnieren (wenn erwünscht).

SERVIEREMPFEHLUNGEN *Passt zu einer gemischten Gemüseplatte, aber auch zu kalten kleinen neuen Kartoffeln oder kalten gegrillten Cocktail-Würstchen.*
VARIATION *Statt Schnittlauch kann man auch gut frische gemischte Kräuter verwenden.*

273 KÄSE-DIP MIT BRUNNENKRESSE
VORBEREITUNGSZEIT *10 Minuten, plus Kühlzeit* **KOCHZEIT** *keine* **FÜR 6–8 PERSONEN**

225 g Doppelrahm-Frischkäse
3 EL Crème fraîche

70 g Brunnenkresse, fein gehackt

1 Knoblauchzehe, gepresst
Meersalz & frisch gemahlener schwarzer Pfeffer

1 Den Frischkäse in einer Schüssel rühren, bis er ein bisschen weicher wird. Gut mit der Crème fraîche vermengen.
2 Brunnenkresse und Knoblauch unterrühren, mit Salz und Pfeffer würzen.
3 Vor dem Servieren mindestens 1 Stunde zugedeckt kühlen.

SERVIEREMPFEHLUNGEN *Passt zu Gebäckstangen, Crackern oder einer Rohkostplatte.*

274 KRÄUTER-DIP
VORBEREITUNGSZEIT *10 Minuten* **KOCHZEIT** *keine* **FÜR 8–10 PERSONEN**

175 g Frischkäse
175 g Mayonnaise *(siehe Rezept auf Seite 37)*
2 Frühlingszwiebeln, fein gehackt
3 EL frische Petersilie, gehackt
2 EL frischer Schnittlauch, fein gewiegt
1 TL frischer Zitronensaft
Meersalz & frisch gemahlener schwarzer Pfeffer

1 Den Frischkäse in einer Schüssel gut mit der Mayonnaise vermengen.
2 Frühlingszwiebeln, Kräuter und Zitronensaft untermischen und würzen.
3 Sofort servieren oder vor dem Auftragen 1 Stunde zugedeckt kühlen.

SERVIEREMPFEHLUNGEN *Passt zu Käsegebäck oder einer gemischten Gemüseplatte.*

275 DIP MIT GERÖSTETEM KNOBLAUCH
VORBEREITUNGSZEIT *15 Minuten* **KOCHZEIT** *45 Minuten* **FÜR 6–8 PERSONEN**

2 ganze Knoblauchknollen, ungeschält
1 EL Olivenöl
225 g Doppelrahm-Frischkäse
3 EL frischer Schnittlauch, fein gewiegt
Meersalz & frisch gemahlener schwarzer Pfeffer

1 Den Backofen auf 200 °C (Gas Stufe 6) vorheizen. Die Spitze jeder Knoblauchknolle abschneiden, damit die Zehen entblößt werden.
2 Die Knoblauchknollen auf eine feuerfeste Schale geben und das Öl über die Spitzen träufeln. Mit Alufolie bedecken und ca. 45 Minuten im Ofen goldbraun backen. Aus dem Ofen nehmen und völlig auskühlen lassen.
3 Die abgekühlten Knoblauchknollen vom Wurzelende her sanft ausdrücken. Das Fruchtfleisch in einer kleinen Schüssel zerdrücken.
4 Frischkäse und Schnittlauch einrühren. Mit Salz und Pfeffer abschmecken. Sofort servieren oder vor dem Auftragen zugedeckt kühlen.

SERVIEREMPFEHLUNGEN *Passt zu Mini-Fladenbroten, Gebäckstangen oder Toastbrot-Streifen.*

276 HUMMUS MIT ROTEM PAPRIKA
VORBEREITUNGSZEIT *10 Minuten* **KOCHZEIT** *keine* **FÜR 8–10 PERSONEN**

420 g Kichererbsen aus der Dose, abgetropft
115 g gebackene rote Paprika in Öl, abgetropft
1 große Knoblauchzehe, zerdrückt
1 EL frischer Zitronensaft
4 EL extra-natives Olivenöl
2 EL helle Tahini-Paste
½ TL scharfes Chilipulver
Meersalz & frisch gemahlener schwarzer Pfeffer

1 Kichererbsen mit Paprika und Knoblauch im Mixer oder in der Küchenmaschine gut mixen.
2 Zitronensaft, 4 EL Olivenöl, Tahini-Paste, Chilipulver und Gewürze dazugeben und fein pürieren.
3 In eine Schüssel geben und sofort servieren.

SERVIEREMPFEHLUNGEN *Passt zu Gebäckstangen, aber auch zu einer gemischten Gemüseplatte mit Zucchini- und Selleriestiften, Frühlingszwiebeln und Zuckermais.*

277 DIP MIT BLAUSCHIMMELKÄSE
VORBEREITUNGSZEIT *10 Minuten* **KOCHZEIT** *keine* **FÜR 8 PERSONEN**

225 g Gorgonzola oder Stilton
1 EL frischer Zitronensaft
1 kleine Knoblauchzehe, zerdrückt (nach Belieben)
200 ml Crème fraîche
2 EL frischer Schnittlauch, fein gewiegt (nach Belieben)
Meersalz & frisch gemahlener schwarzer Pfeffer

1 Den Blauschimmelkäse in einer Schüssel zu einem dicken Brei zerdrücken.
2 Zitronensaft dazugeben und alles vermischen. Schrittweise die Crème fraîche unterschlagen, bis eine glatte, cremige Masse entsteht.
3 Den Schnittlauch einrühren und mit Salz und Pfeffer abschmecken. Sofort servieren.

SERVIEREMPFEHLUNGEN *Passt zu Sesam- und Vollkorn-Gebäckstangen, aber auch zu einer gemischten Gemüseplatte mit Selleriestiften und Brokkoli-Röschen.*

278 KÄSE-DIP MIT SCHNITTLAUCH UND FRÜHLINGSZWIEBELN
VORBEREITUNGSZEIT *5 Minuten* **KOCHZEIT** *keine* **FÜR 6–8 PERSONEN**

225 g Doppelrahm-Frischkäse
3 EL Schmand
2 Frühlingszwiebeln, fein gehackt
3 EL frischer Schnittlauch, fein gewiegt
Meersalz & frisch gemahlener schwarzer Pfeffer

1 Den Frischkäse in einer Schüssel rühren und schlagen, bis er ein bisschen weicher wird. Gut mit dem Schmand zu einer glatten Masse vermengen.
2 Frühlingszwiebeln und Schnittlauch unterrühren, mit Salz und Pfeffer würzen.
3 Sofort servieren oder erst ca. 1 Stunde zugedeckt kühlen.

SERVIEREMPFEHLUNGEN *Passt zu kalten Cocktailwürstchen oder zu einer gemischten Gemüseplatte.*

279 LIMABOHNEN-DIP
VORBEREITUNGSZEIT *15 Minuten, plus Kühlzeit* **KOCHZEIT** *keine* **FÜR 4–6 PERSONEN**

225 g Hüttenkäse
400 g Limabohnen aus der Dose, abgetropft
1 Bund Frühlingszwiebeln, gehackt
55 g Brunnenkresse, gehackt
4 EL Mayonnaise (siehe Rezept auf Seite 37)
3 TL frische gemischte Kräuter, gehackt
Meersalz & frisch gemahlener schwarzer Pfeffer
einige Kräuterstängel zum Garnieren

1 Hüttenkäse mit Limabohnen, Frühlingszwiebeln, Brunnenkresse, Mayonnaise und Kräutern im Mixer oder in der Küchenmaschine fein pürieren.
2 Die Mischung in eine Schüssel geben, mit Salz und Pfeffer abschmecken und noch einmal gut durchmischen. Zugedeckt bis zum Servieren kühlen. Vor dem Auftragen mit Kräuterstängeln garnieren.

SERVIEREMPFEHLUNGEN *Passt zu warmen Mini-Fladenbroten, aber auch zu einer gemischten Gemüseplatte mit Karottenstiften und Paprikastreifen, Selleriestiften und Zuckermais.*
VARIATION *Limabohnen durch große weiße Bohnen (Cannellini) oder Augenbohnen ersetzen.*

280 ITALIENISCHER TOMATEN-DIP

VORBEREITUNGSZEIT *15 Minuten* **KOCHZEIT** *keine* **FÜR 6–8 PERSONEN**

225 g Doppelrahm-Frischkäse
4 EL Mayonnaise
(siehe Rezept auf Seite 37)

115 g getrocknete Tomaten in Öl, abgetropft, trocken getupft & fein gehackt

3 EL frisches Basilikum, fein gehackt
Meersalz & frisch gemahlener schwarzer Pfeffer

1 Den Frischkäse in einer Schüssel schlagen, bis er ein bisschen weicher wird. Gründlich mit der Mayonnaise vermengen.
2 Tomaten und Basilikum unterrühren und mit Salz und Pfeffer abschmecken.
3 Sofort servieren oder vor dem Auftragen ca. 1 Stunde zugedeckt kühlen.

SERVIEREMPFEHLUNGEN *Passt zu kleinen Gebäckstangen, Käsestangen oder Crackern.*

281 SCHNELLER SALSA-DIP

VORBEREITUNGSZEIT *10 Minuten, plus Kühlzeit* **KOCHZEIT** *keine* **FÜR 8–10 PERSONEN**

225 g Doppelrahm-Frischkäse
2 EL Schmand
280 g gekühlte fertige Tomaten-Salsa

2 EL frisches Basilikum, fein gehackt
Meersalz & frisch gemahlener schwarzer Pfeffer

einige kleine oder grob zerkleinerte Basilikumblätter zum Garnieren (nach Belieben)

1 Den Frischkäse in einer Schüssel schlagen, bis er ein bisschen weicher wird. Gründlich mit dem Schmand vermengen, bis eine glatte Masse entsteht.
2 Tomaten-Salsa und Basilikum unterrühren. Mit Salz und Pfeffer würzen.
3 Zugedeckt vor dem Servieren ca. 1 Stunde kühlen.
4 Mit Basilikumblättern garnieren (wenn erwünscht).

SERVIEREMPFEHLUNGEN *Passt zu gebackenen Kartoffel- und Süßkartoffelspalten, aber auch zu Chicken-Nuggets.*

282 KÄSEFONDUE

VORBEREITUNGSZEIT *10 Minuten* **KOCHZEIT** *10 Minuten* **FÜR 6–8 PERSONEN**

1 große Knoblauchzehe, geschält & halbiert
225 g Greyerzer, gerieben
225 g Emmentaler, gerieben
1 EL Speisestärke

2 EL Kirschwasser
200 ml trockener Weißwein
eine Prise frisch geriebene Muskatnuss (nach Belieben)

frisch gemahlener schwarzer Pfeffer
frische Petersilie, gehackt, zum Garnieren (nach Belieben)

1 Die Innenseite eines Topfes mit dickem Boden mit den Knoblauchhälften abreiben. Den Käse in den Topf geben. Die Speisestärke mit dem Kirschwasser vermengen und zusammen mit dem Weißwein an den Käse geben. Gut vermischen.
2 Unter ständigem Rühren bei sehr geringer Hitze aufkochen, bis die Mischung vollständig geschmolzen ist. 3–4 Minuten sanft köcheln lassen, immer wieder umrühren. Mit Muskatnuss (wenn erwünscht) und Pfeffer abschmecken.
3 Sofort servieren, dazu den Topf über einem Fonduebrenner (oder auf eine Warmhalteplatte) auf den Tisch stellen. Gabeln zum Tunken dazugeben.

SERVIEREMPFEHLUNGEN *Passt zu dunklem Bauernbrot und zu einer Rohkostplatte.*

283 DIP AUS GEBACKENEN AUBERGINEN

VORBEREITUNGSZEIT 20 Minuten, plus Abkühl- & Kühlzeit **KOCHZEIT** 30–45 Minuten **FÜR 6 PERSONEN**

- 2 Auberginen, in Stücke geschnitten
- 1 Zwiebel, in Scheiben geschnitten
- 2 Knoblauchzehen, dünn geschnitten
- 150 ml Tomatensaft
- je 1 TL scharfes Chilipulver, gemahlener Koriander & gemahlener Kreuzkümmel
- 2 EL Olivenöl
- Saft von 1 Zitrone
- Meersalz & frisch gemahlener schwarzer Pfeffer

1 Backofen auf 200 °C (Gas Stufe 6) vorheizen. Alle Zutaten auf ein beschichtetes Backblech geben und gut vermischen. Mit Alufolie abdecken und 30–45 Minuten weich backen. Zwischendurch ein- oder zweimal umrühren.
2 Aus dem Backofen nehmen und abgedeckt zum Abkühlen beiseite stellen.
3 Das abgekühlte Gemüse im Mixer oder in der Küchenmaschine fein pürieren. Noch einmal abschmecken, dann in eine kleine Schüssel geben und vor dem Servieren kühlen.

SERVIEREMPFEHLUNGEN Passt zu Streifen oder Dreiecken von warmem orientalischem Fladenbrot, aber auch zu einer gemischten Gemüseplatte mit Möhrenstiften und Paprikastreifen.
VARIATIONEN Statt Chilipulver 1 frische rote Chili verwenden. Anstelle des Zitronensafts passen auch Limetten- und Orangensaft.

284 SAHNE-DIP MIT ROTER PAPRIKA
VORBEREITUNGSZEIT *10 Minuten* **KOCHZEIT** *keine* **FÜR 6–8 PERSONEN**

150 ml Schmand
5 EL Mayonnaise
 (siehe Rezept auf Seite 37)
175 g gebackene rote Paprika in Öl, abgetropft & trocken getupft
1 Knoblauchzehe, gepresst
2 EL frisches Basilikum, gehackt
ein Spritzer Tabascosauce
Meersalz & frisch gemahlener schwarzer Pfeffer

1 Den Schmand in einer Schüssel mit der Mayonnaise vermengen. Paprika, Knoblauch und Basilikum unterrühren. Mit Tabascosauce, Salz und Pfeffer würzen.
2 Sofort servieren oder vor dem Auftragen ca. 1 Stunde zugedeckt kühlen.

SERVIEREMPFEHLUNGEN *Passt zu Käsestangen, kleinen Gebäckstangen, Chicken-Nuggets, aber auch zu einer gemischten Gemüseplatte mit Gurkenstiften, Zuckermais und Champignons.*
VARIATIONEN *Die Saure Sahne oder der Schmand lässt sich gut durch Crème fraîche ersetzen. Anstelle des Basilikums passen auch frische gemischte italienische Kräuter zu diesem Dip.*
KÜCHENTIPP *Gebackene rote Paprika in Öl oder Salzlake und Essig sind in Gläsern im Supermarkt oder Delikatessengeschäft erhältlich.*

285 PAPRIKA-LINSEN-DIP
VORBEREITUNGSZEIT *30 Minuten, plus Abkühl- und Kühlzeit* **KOCHZEIT** *40 Minuten* **FÜR 6 PERSONEN**

225 g braune Linsen
Gemüsefond (siehe Rezept auf Seite 10) zum Kochen der Linsen
1 Lorbeerblatt
2 rote Paprikaschoten
1 Zwiebel, fein gehackt
1 Knoblauchzehe, gepresst
115 g Champignons, klein geschnitten
85 g reifer Hartkäse, fein gerieben
2 EL frischer Koriander, gehackt
Meersalz & frisch gemahlener schwarzer Pfeffer
2 EL Naturjoghurt oder Crème fraîche (nach Belieben)

1 Die Linsen in einem Topf mit ausreichend Gemüsefond bedecken. Das Lorbeerblatt dazugeben. Aufkochen und bei reduzierter Hitze zugedeckt 30–40 Minuten sanft weich köcheln lassen. Gelegentlich umrühren. In einen feinen Durchschlag gießen und die Linsen abtropfen lassen, das Lorbeerblatt entfernen.
2 Inzwischen den Grill im Backofen auf höchster Stufe vorheizen. Die Paprikaschoten halbieren und mit den Schnittflächen nach unten auf den Rost einer Grillpfanne legen. Für 10–15 Minuten unter den Grill stellen, bis die Haut schwarz wird. Herausnehmen, mit einem angefeuchteten Trockentuch abdecken und leicht abkühlen lassen. Haut und Kerne entfernen und das Fruchtfleisch würfeln.
3 Zwiebel, Knoblauch, Pilze und Paprika mit 2 Esslöffeln Gemüsebrühe in einen Topf geben und ca. 10 Minuten sanft weich kochen. Vom Herd nehmen und die gekochten Linsen, den Käse und den Koriander dazugeben. Alles gut miteinander vermischen und mit Salz und Pfeffer abschmecken.
4 Im Mixer oder in der Küchenmaschine fein pürieren, in eine Schüssel geben und zum Abkühlen beiseite stellen. Joghurt oder Crème fraîche (wenn erwünscht) einrühren und bis zum Servieren zugedeckt kühlen.

SERVIEREMPFEHLUNGEN *Passt gut einer gemischten Gemüseplatte mit Karotten- und Selleriestiften sowie kleinen Eiertomaten, aber auch zu warmen kleinen Fladenbroten und Sesam-Gebäckstangen.*

286 TARTAR-DIP

VORBEREITUNGSZEIT *15 Minuten, plus Kühlzeit* **KOCHZEIT** *keine* **FÜR 8–10 PERSONEN**

200 ml Mayonnaise (siehe Rezept auf Seite 37)
100 ml Frischkäse
15 g rote Zwiebel, fein gehackt
15 g Gewürzgurken, abgetropft & klein geschnitten
15 g Kapern, abgetropft & klein geschnitten
1 EL frische Petersilie, gehackt
1 EL frischer Schnittlauch, fein gewiegt
Meersalz & frisch gemahlener schwarzer Pfeffer

1 Die Mayonnaise in einer Schüssel mit dem Frischkäse mischen. Zwiebel, Gewürzgurken, Kapern und Kräuter unterrühren. Mit Salz und Pfeffer abschmecken.
2 1 Stunde zugedeckt kühlen, damit sich die Aromen richtig entfalten können.

SERVIEREMPFEHLUNGEN *Passt zu paniertem Backfisch oder paniertem Fisch aus der Bratpfanne, aber auch zu Fischstäbchen, Chicken-Nuggets oder panierten Streifen vom Hähnchenbrustfilet.*

287 THUNFISCH-DIP

VORBEREITUNGSZEIT *10 Minuten, plus Kühlzeit* **KOCHZEIT** *keine* **FÜR 8 PERSONEN**

400 g Thunfisch im Aufguss aus der Dose, abgetropft & zerdrückt
420 g große weiße Bohnen aus der Dose, abgetropft
225 g Hüttenkäse
55 g Brunnenkresse, grob gehackt
2 EL Mayonnaise (siehe Rezept auf Seite 37)
2 EL griechischer Joghurt
fein abgeriebene Schale von 1 Limette
Meersalz & frisch gemahlener schwarzer Pfeffer

1 Thunfisch, Bohnen, Hüttenkäse, Brunnenkresse, Mayonnaise, Joghurt, Limettenschale und Gewürze im Mixer oder in der Küchenmaschine sehr gründlich pürieren.
2 Den Dip in eine Schüssel geben und vor dem Servieren zugedeckt kühlen, damit sich die Aromen entfalten.

SERVIEREMPFEHLUNGEN *Passt gut einer gemischten Gemüseplatte mit Baby-Karotten, Radieschen, Kirschtomaten, Frühlingszwiebeln und Zuckermais.*

288 SARDINEN-DIP

VORBEREITUNGSZEIT *10 Minuten* **KOCHZEIT** *keine* **FÜR 6–8 PERSONEN**

120 g Sardinen in Tomatensauce aus der Dose
225 g Doppelrahm-Frischkäse
2 EL Mayonnaise (siehe Rezept auf Seite 37)
1 EL frischer Limettensaft
2 EL frischer Schnittlauch, fein gewiegt
Meersalz & frisch gemahlener schwarzer Pfeffer

1 Die Sardinen mit ihrer Tomatensauce in einer Schüssel mit einer Gabel zerdrücken. Den Frischkäse hinzufügen und alles vermengen.
2 Sorgfältig die Mayonnaise, den Limettensaft und den Schnittlauch unterrühren. Mit Salz und Pfeffer abschmecken.
3 Sofort servieren oder vor dem Auftragen ca. 1 Stunde zugedeckt kühlen.

SERVIEREMPFEHLUNGEN *Passt zu Gebäckstangen, dünnen Baguettescheiben oder heißem Toast.*
KÜCHENTIPP *Nach Belieben kann man vor dem Zerkleinern der Sardinen die Gräten entfernen.*

289 CREMIGER KRABBEN-DIP

VORBEREITUNGSZEIT *20 Minuten* **KOCHZEIT** *keine* **FÜR 8–10 PERSONEN**

225 g Doppelrahm-Frischkäse
2 EL Mayonnaise
 (siehe Rezept auf Seite 37)
2 TL frischer Zitronensaft
½ rote Paprika, entkernt & klein geschnitten
2 Frühlingszwiebeln, fein gehackt
1 Knoblauchzehe, gepresst
225 g weißes Krebsfleisch aus der Dose, abgetropft & zerdrückt
2 EL frische Petersilie, fein gehackt
Meersalz & frisch gemahlener schwarzer Pfeffer

1 Den Frischkäse in einer Schüssel schlagen, bis er ein bisschen weicher wird. Mit der Mayonnaise und dem Zitronensaft glatt rühren.
2 Rote Paprika, Frühlingszwiebeln und Knoblauch untermischen. Krebsfleisch und Petersilie unterrühren und mit Salz und Pfeffer abschmecken.
3 Sofort servieren oder vor dem Auftragen ca. 1 Stunde zugedeckt kühlen.

SERVIEREMPFEHLUNGEN *Passt zu Gebäckstangen, kleinen Crackern oder einer gemischten Gemüseplatte.*

290 ERDNUSSBUTTER-DIP

VORBEREITUNGSZEIT *10 Minuten* **KOCHZEIT** *keine* **FÜR 8–10 PERSONEN**

115 g cremig-weiche Erdnussbutter
175 ml Crème double
175 ml Frischkäse
½ TL Zimtpulver

1 Die Erdnussbutter in einer Schüssel weich schlagen. Beiseite stellen.
2 Die Crème double in einer weiteren Schüssel gründlich mit dem Frischkäse oder Quark verquirlen, bis die Masse so weit eindickt, dass Spitzen stehen bleiben. Die Erdnussbutter unterheben und den Zimt einrühren.
3 Sofort servieren oder vor dem Auftragen ca. 1 Stunde zugedeckt kühlen.

SERVIEREMPFEHLUNGEN *Passt zu frischen Früchten wie Apfel- oder Birnenscheiben und Bananenstücken (mit Zitronensaft beträufelt, um das hässliche Braunwerden zu vermeiden).*

291 HONIG-DIP

VORBEREITUNGSZEIT *5 Minuten* **KOCHZEIT** *keine* **FÜR 6–8 PERSONEN**

225 g griechischer Joghurt
115 g Naturjoghurt
2 EL flüssiger Honig (oder nach Belieben)
½ TL Zimtpulver

1 Griechischen und Naturjoghurt in einer Schüssel vermengen.
2 Honig und Zimt unterheben und vermischen. Sofort servieren.

SERVIEREMPFEHLUNGEN *Passt zu frischen Früchten wie Apfel- oder Birnenschnitzen, Pfirsich- oder Nektarinenscheiben und Bananenstücken (mit Zitronensaft beträufelt, um das hässliche Braunwerden zu vermeiden), aber auch zu ganzen Erdbeeren und Himbeeren oder Brombeeren.*
VARIATIONEN *Der Honig lässt sich gut durch Ahornsirup oder Zuckerrübensirup ersetzen. Anstelle von Zimt passen auch Mixed Spice (oder Lebkuchengewürz) oder Ingwer zu diesem Dip.*
KÜCHENTIPP *Je flüssiger der verwendete Honig ist, desto leichter mischt er sich mit den anderen Zutaten dieses Rezepts, vor allem mit dem Joghurt.*

292 VANILLE-DIP

VORBEREITUNGSZEIT *5 Minuten* **KOCHZEIT** *keine* **FÜR 4 PERSONEN**

175 g griechischer Joghurt
150 g Naturjoghurt oder Frischkäse
1–2 EL flüssiger Honig
einige Tropfen Vanille-Essenz

1 Griechischen und Naturjoghurt oder Frischkäse in einer Schüssel vermengen.
2 Honig und Vanille-Essenz unterheben und sofort servieren.

SERVIEREMPFEHLUNGEN *Passt zu rohen oder noch warmen, gegrillten Fruchtstücken oder -scheiben von Aprikosen, Mango, Ananas, Äpfeln und Birnen.*
VARIATIONEN *Naturjoghurt oder Frischkäse lassen sich gut durch leicht geschlagene Crème double ersetzen. Anstelle von Vanille-Essenz passt auch Mandel-Essenz zu diesem Dip.*

293 ZITRONENSAHNE

VORBEREITUNGSZEIT *5 Minuten* **KOCHZEIT** *keine* **FÜR 8–10 PERSONEN**

225 g Crème double
175 g Frischkäse
fein abgeriebene Schale von 1 unbehandelten Zitrone
5 EL englische Zitronencreme (oder Zitronenmarmelade)

1 Crème double und Frischkäse in einer Schüssel vermengen und dick und steif schlagen. Die Zitronenschale unterheben.
2 Die Sahne in eine Schüssel füllen und die Zitronencreme darüber geben.
3 Die Zitronencreme mit einem Löffel aus Metall so unter die Sahne heben, dass der optische Effekt einer Spirale entsteht. Sofort servieren.

SERVIEREMPFEHLUNGEN *Passt zu gemischten Beeren wie Erdbeeren, Himbeeren und Blaubeeren mit Löffelbiskuits oder englischen Shortbread-Stangen.*

294 ORANGEN-DIP

VORBEREITUNGSZEIT *10 Minuten* **KOCHZEIT** *keine* **FÜR 8 PERSONEN**

225 g Doppelrahm-Frischkäse
3 EL Crème fraîche
1 TL fein abgeriebene Orangenschale
3 EL Orangenmarmelade (ca. 70 g)

1 Den Frischkäse in einer Schüssel weich schlagen. Gründlich mit der Crème fraîche glatt rühren, dann die Orangenschale hinzufügen. Die Orangenmarmelade unterheben und alles gut miteinander vermischen.
2 Sofort servieren oder vor dem Auftragen ca. 1 Stunde zugedeckt kühlen.

SERVIEREMPFEHLUNGEN *Passt zu frischen Früchten wie Pfirsich- oder Nektarinenspalten, ganzen Erdbeeren und Mangoscheiben, aber auch zu Schokoladenbiskuits, Brownies oder Löffelbiskuits.*
VARIATION *Statt Orangenmarmelade und -schale kann man auch gut Zitronenmarmelade und -schale verwenden.*

295 HIMBEER-DIP

VORBEREITUNGSZEIT *15 Minuten* **KOCHZEIT** *keine* **FÜR 8–10 PERSONEN**

225 g frische Himbeeren
55 g feinster Kristallzucker
fein abgeriebene Schale und Saft von ½ Orange
300 ml Crème double

1 Himbeeren, Zucker und Orangenschale und -saft im Mixer oder in der Küchenmaschine fein pürieren. Durch ein Nylonsieb in eine Schüssel streichen.
2 Die Crème double in einer weiteren Schüssel steif schlagen. Das Himbeerpüree sanft darunterheben und alles gut miteinander vermischen.
3 Den Dip in eine saubere Schüssel füllen und sofort servieren oder vor dem Auftragen ca. 2 Stunden zugedeckt kühlen.

SERVIEREMPFEHLUNGEN *Passt zu frischen Früchten wie ganzen Erdbeeren, Apfel- oder Birnenscheiben und Pfirsich- oder Aprikosenspalten, aber auch zu Löffelbiskuits oder Brownies.*
VARIATION *Anstelle von Himbeeren Brombeeren, Tayberen oder Loganbeeren verwenden.*

296 SCHOKOLADENFONDUE

VORBEREITUNGSZEIT *5 Minuten* **KOCHZEIT** *10–15 Minuten* **FÜR 4 PERSONEN**

225 g Zartbitterschokolade, in Stücke gebrochen
55 g Butter, gewürfelt
150 ml Crème double
2 EL Zuckerrübensirup
2 EL Weinbrand (nach Belieben)

1 Schokolade, Butter, Crème double und Zuckerrübensirup im Wasserbad schmelzen lassen. Gelegentlich umrühren und dabei alles gut miteinander vermischen. Den Weinbrand angießen (wenn erwünscht) und gut unterrühren.
2 Alternativ kann man das Schokoladenfondue auch in einem Fonduetopf direkt auf dem Tisch zubereiten. Den Fonduebrenner dazu auf kleinste Flamme einstellen. Sofort servieren.

SERVIEREMPFEHLUNGEN *Frische Früchte wie ganze Erdbeeren und Kirschen, aber auch Ananasstücke oder halbierte Aprikosen in das Schokoladenfondue eintunken. Es eignen sich auch getrocknete Früchte, ganze Nüsse, Marshmallows, Löffelbiskuit und andere Biskuits.*

297 KARAMELL-DIP

VORBEREITUNGSZEIT *5 Minuten* **KOCHZEIT** *5 Minuten* **FÜR 8–10 PERSONEN**

400 g weiche Sahnebonbons
170 g Kondensmilch aus der Dose
115 g Zartbitterschokolade, fein gehackt
½ TL Vanille-Essenz

1 Die Sahnebonbons mit der Kondensmilch und der Schokolade in einen Topf mit dickem Boden geben. Unter ständigem Rühren sanft erhitzen, bis alles gut miteinander vermischt und eine glatte Masse entstanden ist.
2 Von der Kochstelle nehmen und die Vanille-Essenz einrühren. Sofort servieren.

SERVIEREMPFEHLUNGEN *Passt zu frischen Früchten wie Apfel- und Birnenspalten, Erdbeeren, Kirschen und Bananenstücken (mit Zitronensaft beträufelt, um das hässliche Braunwerden zu vermeiden), aber auch zu aber auch zu Löffelbiskuits, kleinen Keksen, Shortbread oder Brownies.*

298 SAMTIGER SCHOKOLADEN-DIP

VORBEREITUNGSZEIT *5 Minuten* **KOCHZEIT** *5 Minuten* **FÜR 6–8 PERSONEN**

225 g Zartbitterschokolade, in Stücke gebrochen
175 ml Crème double
½ TL Vanille-Essenz
½ TL Zimtpulver

1 Schokolade und Crème double im Wasserbad schmelzen lassen. Gelegentlich umrühren und dabei alles gut miteinander vermischen, bis eine glatte Masse entsteht.
2 Vanille-Essenz und Zimtpulver in die geschmolzene Schokolade mischen. Heiß oder bei Zimmertemperatur servieren, aber nicht kühlen.

SERVIEREMPFEHLUNGEN *Passt zu frische Früchten wie Ananasstücken, ganzen Erdbeeren, Pfirsich- oder Nektarinenschnitzen, Papaya- oder Mangoscheiben und Litschis.*
VARIATIONEN *Statt Zartbitterschokolade Vollmilchschokolade oder weiße Schokolade verwenden. Die Vanille-Essenz durch Mandel-Essenz oder Pfefferminz-Essenz ersetzen. Das Zimtpulver dann weglassen. Anstelle des Zimzpulvers passen Mixed Spice (oder Lebkuchengewürz) oder Ingwer.*

299 SCHOKOLADEN-ORANGEN-DIP

VORBEREITUNGSZEIT *15 Minuten* **KOCHZEIT** *8–10 Minuten* **FÜR 8 PERSONEN**

225 g Zartbitterschokolade, in Stücke gebrochen
200 ml Crème fraîche
fein abgeriebene Schale von 1 Orange
1 EL Orangenlikör

1 Die Schokolade mit der Crème fraîche in einem kleinen Topf mit dickem Boden bei geringer Hitze schmelzen und glatt rühren.
2 Vom Herd nehmen und die Orangenschale und den Likör (wenn erwünscht) unter die Schokoladenmasse rühren. Heiß oder bei Zimmertemperatur servieren, aber nicht kühlen, da der Dip sonst hart wird.

SERVIEREMPFEHLUNGEN *Passt zu frischen Früchten wie ganzen Erdbeeren oder Kirschen, zu Birnen-, Pfirsich- oder Aprikosenspalten und Bananenstücken (mit Zitronensaft beträufelt, um das hässliche Braunwerden zu vermeiden), aber auch zu Löffelbiskuits, kleinen Keksen und Shortbread.*
VARIATION *Anstelle von Orangenlikör kann man auch Weinbrand oder Whisky verwenden.*

KAPITEL 10

SÜSSE SAUCEN UND COULIS

Viele Desserts schmecken erst dann richtig gut, wenn die Geschmacksnerven durch eine köstliche Sauce noch zusätzlich gereizt werden. Deshalb geben süße Saucen und Fruchtcoulis den meisten Desserts erst den richtigen Schliff und setzen somit der gesamten Mahlzeit am Ende „die Krone auf".

Dieses Kapitel enthält eine große Auswahl an köstlichen süßen Saucen, die alle dazu geeignet sind, die Familie oder Freunde kulinarisch zu verwöhnen, darunter altbekannte Lieblinge wie Crème Anglaise, Weinbrandsauce, Karamell-Sauce und Rum-Rosinen-Sauce, oder Tafelfreuden wie Schokoladen-Fondant, Kaffeesauce, Kirschlikörsauce und Karibische Kokosnuss-Sauce. Zudem findet sich auf den folgenden Seiten eine bunte Kollektion von delikaten Fruchtcoulis wie Blutrotes Fruchtcoulis, Süßes Erdbeercoulis, Himbeer-Wodka-Coulis, Exotisches Mangocoulis und Schwarzes Johannisbeercoulis.

300 SÜSSE HELLE GRUNDSAUCE

VORBEREITUNGSZEIT *5 Minuten* **KOCHZEIT** *10 Minuten* **FÜR 4 PERSONEN** *Ergibt ca. 300 ml*

| 5 TL Speisestärke | ein kleines Stückchen Butter | 5–6 TL feinster Kristallzucker |
| 300 ml Milch | | (oder nach Belieben) |

1 Die Speisestärke in einer kleinen Schüssel mit etwas Milch vermengen.
2 Die restliche Milch mit der Butter in einem kleinen Topf sanft bis zum Aufkochen erhitzen. Schrittweise zu der Speisestärke geben, dabei ständig umrühren.
3 Die Mischung zurück in den Topf geben und unter ständigem Rühren langsam aufkochen, bis die Sauce eindickt und glatt wird. Noch 2–3 Minuten sanft köcheln lassen, dabei immer wieder umrühren. Den Zucker einrühren und heiß servieren.

SERVIEREMPFEHLUNGEN *Passt zu gedämpftem oder gebackenem Pudding, zu Pudding mit Trockenfrüchten oder Marmeladenstrudel, aber auch zu Obsttorten, oder -strudeln.*
VARIATIONEN *Direkt vor dem Servieren die fein abgeriebene Schale von 1 Zitrone oder kleinen Orange sowie 1–2 Esslöffel Weinbrand oder ½–1 Teelöffel Vanille-Essenz unterheben.*

301 ZITRONENSAUCE

VORBEREITUNGSZEIT *5 Minuten* **KOCHZEIT** *10 Minuten* **FÜR 4 PERSONEN** *Ergibt ca. 300 ml*

15 g Butter	fein abgeriebene Schale von	5–6 TL feinster Kristallzucker
15 g Mehl	1 kleinen Zitrone	(oder nach Belieben)
300 ml Milch		

1 Butter, Mehl und Milch in einem kleinen Topf unter ständigem Rühren aufkochen und eindicken. Weitere 3–4 Minuten köcheln lassen, dabei umrühren.
2 Vom Herd nehmen, die Zitronenschale einrühren, zuckern und heiß servieren.

SERVIEREMPFEHLUNGEN *Passt zu Fruchtspießen vom Holzkohlengrill oder frischen gemischten Beeren, aber auch zu gestürztem Aprikosen- oder Birnenpudding.*
VARIATION *Statt der Zitronenschale die fein abgeriebene Schale von 1 Limette verwenden.*

302 VANILLESAUCE

VORBEREITUNGSZEIT *5 Minuten* **KOCHZEIT** *10 Minuten* **FÜR 4 PERSONEN** *Ergibt ca. 300 ml*

5 TL Speisestärke	5–6 TL feinster Kristallzucker	½–1 TL Vanille-Essenz (oder
300 ml Milch	(oder nach Belieben)	nach Belieben)
ein kleines Stückchen Butter		

1 Die Speisestärke in einer kleinen Schüssel mit etwas Milch vermengen.
2 Die restliche Milch mit der Butter in einem kleinen Topf bis zum Aufkochen erhitzen. Schrittweise zu der Speisestärke geben, dabei ständig umrühren.
3 Zurück in den Topf geben und unter ständigem Rühren langsam aufkochen, bis die Sauce eindickt und glatt wird. Noch 2–3 Minuten sanft köcheln lassen, dabei immer wieder umrühren. Zucker und Vanille-Essenz einrühren und heiß servieren.

SERVIEREMPFEHLUNGEN *Passt zu gedämpftem oder gebackenem Fruchtpudding, zu Obstkuchen oder Tarts wie etwa Ananas-Tarte oder Erdbeer-Tarte.*

303 CRÈME ANGLAISE

VORBEREITUNGSZEIT *35 Minuten* **KOCHZEIT** *15 Minuten* **FÜR 4–6 PERSONEN** *Ergibt ca. 350 ml*

300 ml Milch
1 Vanilleschote, längs halbiert
3 Eigelb
1 EL feinster Kristallzucker

1. Die Milch in einen kleinen Topf mit dickem Boden geben, die Vanilleschote hinzufügen und sanft bis beinahe zum Kochen erhitzen. Von der Kochstelle nehmen, beiseite stellen und 15 Minuten ziehen lassen.
2. Die Vanilleschote entfernen. Eigelb mit dem Zucker in einer kleinen Schüssel zu einer dicken, cremigen Masse verrühren. Schrittweise die heiße, aromatisierte Milch einrühren, dann die Mischung zurück in den Topf geben.
3. Bei geringer Hitze ca. 10 Minuten ständig rühren, bis die Sauce dick genug ist, einen Holzlöffel mit einer dünnen Schicht zu überziehen. Nicht aufkochen lassen, denn sonst gerinnt die Sauce. Heiß oder kalt servieren. Soll sie kalt serviert werden, die Sauce in eine saubere Schüssel gießen und die Oberfläche locker mit einem Stück nicht haftenden Backpapier bedecken, damit sich keine Haut bildet. Dann abkühlen lassen.

SERVIEREMPFEHLUNGEN *Passt zu gegrillten, gebackenen oder gedünsteten Früchten, zu heißen gebackenen oder gedämpften Fruchtpuddings, aber auch zu Streuselkuchen mit Himbeeren oder Äpfeln.*
VARIATIONEN *Statt mit der Vanilleschote kann man die Milch auch mit der abgeschälten Schale einer unbehandelten Zitrone oder kleinen Orange aromatisieren. Für eine Schokoladen-Crème Anglaise in Schritt 1 dieses Rezepts 55 g Zartbitterschokolade in der Milch schmelzen.*

304 ZABAIONE

VORBEREITUNGSZEIT *10 Minuten* **KOCHZEIT** *10 Minuten* **FÜR 6–8 PERSONEN**

4 Eigelb
55 g feinster Kristallzucker
150 ml halbtrockener Weißwein
fein abgeriebene Schale von 1 Zitrone
150 ml Crème double, geschlagen (nach Belieben)

1. Eigelb, Zucker und Wein in eine große, feuerfeste Schüssel geben und in einen Topf mit siedendem Wasser setzen. Mit dem elektrischen Rührgerät ca. 8–10 Minuten dick und schaumig schlagen.
2. Die Schüssel aus dem Wasserbad nehmen und die Zitronenschale untermischen. Sofort servieren oder weiter rühren, bis die Zabaione erkaltet ist.
3. Wenn die Sauce kalt ist, sanft die Crème double unterheben (wenn erwünscht) und servieren.

SERVIEREMPFEHLUNGEN *Passt zu kalten Fruchtdesserts wie Fruchtsalat oder zu Obst-Tarte, aber auch zu heißen Fruchtdesserts wie Aprikosenstrudel oder Tarte Tatin.*
VARIATION *Statt der Zitronenschale die fein abgeriebene Schale von 1 Orange verwenden.*

305 ORANGEN-SAHNESAUCE

VORBEREITUNGSZEIT *10 Minuten* **KOCHZEIT** *keine* **FÜR 6–8 PERSONEN**

150 ml Crème double
150 g Frischkäse
4 EL englische Orangencreme (oder Orangenmarmelade)
fein abgeriebene Schale von 1 kleinen Orange (nach Belieben)

1 Crème double und Frischkäse in einer Schüssel gründlich miteinander vermengen und so lange schlagen, bis die Mixtur eindickt und kleine Spitzen stehen bleiben.
2 Sanft die Orangencreme oder -marmelade und die Orangenschale (wenn erwünscht) unterheben und alles gut vermischen. Kalt servieren.

SERVIEREMPFEHLUNGEN *Passt zu Himbeertörtchen, pochierten Feigen, aber auch zu frischem Obst wie Himbeeren, in Scheiben geschnittenen Erdbeeren oder gemischten Sommerbeeren.*
VARIATIONEN *Statt der Orangenschale passt auch die fein abgeriebene Schale von 1 Zitrone. Die englische Orangencreme durch englische Zitronencreme ersetzen. Anstelle von Crème double und Frischkäse 300 ml Crème fraîche verwenden. Soll die Sauce noch dicker werden, einfach statt Frischkäse weitere 150 ml Crème double verarbeiten.*
KÜCHENTIPPS *Wenn man die Sahne, die Schüssel und den Schneebesen vorher kühlt, gelingt die Schlagsahne am besten.*
Ein Handrührgerät oder ein elektrisches Rührgerät benutzen, aber die Sahne nicht zu stark schlagen.

306 SCHOKOLADEN-FONDANT

VORBEREITUNGSZEIT *5 Minuten* **KOCHZEIT** *10 Minuten* **FÜR 4–6 PERSONEN** *Ergibt ca. 350 ml*

115 g hellbrauner Zucker
115 g feinster Kristallzucker
55 g Butter, gewürfelt
55 g Zartbitterschokolade, in Stücke gebrochen
3 EL Zuckerrübensirup
einige Tropfen Vanille-Essenz
4 EL Schlagsahne

1 Zucker, Butter, Schokolade und Sirup in einem kleinen Topf mit dickem Boden unter ständigem Rühren sanft erhitzen, bis die Sauce glatt ist. Aufkochen und 5 Minuten sanft köcheln lassen. Dabei immer wieder umrühren.
2 Vom Herd nehmen, sorgfältig die Vanille-Essenz und die Sahne untermischen und heiß servieren.

SERVIEREMPFEHLUNGEN *Passt zu Vanilleeis oder anderer Eiscreme, aber auch zu kleinen Windbeuteln und zu in Scheiben geschnittenem Obst wie Birnen, Pfirsichen oder Bananen.*
VARIATIONEN *Statt der Zartbitterschokolade passt auch Vollmilchschokolade zu dieser Sauce. Die Schlagsahne lässt sich gut durch Kondensmilch ersetzen.*
KÜCHENTIPPS *Am besten verwendet man eine sehr gute, dunkle Zartbitterschokolade, die einen hohen Kakaoanteil enthält.*

307 WEINBRANDSAUCE

VORBEREITUNGSZEIT *5 Minuten* **KOCHZEIT** *10 Minuten* **FÜR 4–6 PERSONEN** *Ergibt ca. 350 ml*

1 EL Speisestärke
300 ml Vorzugsmilch

1–2 EL feinster Kristallzucker
oder hellbrauner Zucker

2 EL Weinbrand (oder nach
Belieben)

1. Die Speisestärke in einer kleinen Schüssel mit 2 Esslöffeln Milch vermengen.
2. Die restliche Milch in einem kleinen Topf sanft gerade eben bis zum Aufkochen erhitzen. Die heiße Milch schrittweise zu der Speisestärke geben, dabei ständig umrühren und alles sorgfältig miteinander vermischen.
3. Zurück in den Topf geben und unter ständigem Rühren langsam aufkochen, bis die Sauce eindickt und glatt wird. Noch 2–3 Minuten sanft köcheln lassen.
4. Zucker und Weinbrand einrühren. Noch einmal erhitzen und heiß servieren.

SERVIEREMPFEHLUNGEN *Passt zu Weihnachtspudding, zu Mince Pies oder zu Mincemeat Tart.*
VARIATION *Statt Weinbrand kann auch Rum, Whisky oder Sherry verwendet werden.*

308 SÜSSE SHERRYSAUCE

VORBEREITUNGSZEIT *5 Minuten* **KOCHZEIT** *10 Minuten* **FÜR 4–6 PERSONEN** *Ergibt ca. 350 ml*

5 TL Speisestärke
300 ml Milch

5–6 EL feinster Kristallzucker
(oder nach Belieben)

2–3 EL süßer Sherry (oder
nach Belieben)

1. Die Speisestärke in einer kleinen Schüssel mit 2 Esslöffeln Milch vermengen.
2. Die restliche Milch in einem kleinen Topf bis zum Aufkochen erhitzen. Die heiße Milch schrittweise zu der Speisestärke geben, dabei ständig umrühren.
3. Zurück in den Topf geben und unter ständigem Rühren langsam aufkochen, bis die Sauce eindickt und glatt wird. Noch 2–3 Minuten sanft köcheln lassen.
4. Den Zucker und den Sherry einrühren. Noch einmal erhitzen und heiß servieren.

SERVIEREMPFEHLUNGEN *Passt zu gedämpftem oder gebackenem Pudding wie etwa Marmeladenpudding, aber auch zu Obsttorten und -strudeln.*

309 SCHNELLE SCHOKOLADENSAUCE

VORBEREITUNGSZEIT *5 Minuten* **KOCHZEIT** *10 Minuten* **FÜR 4–6 PERSONEN** *Ergibt ca. 350 ml*

5 TL Speisestärke
1 EL Kakaopulver
300 ml Milch

2 EL feinster Kristallzucker
oder hellbrauner Zucker
(nach Belieben)

1. Die Speisestärke in einem kleinen Topf mit dem Kakaopulver und 3 Esslöffeln Milch vermengen. Schrittweise die restliche Milch untermischen.
2. Unter ständigem Rühren langsam aufkochen, bis die Sauce eindickt und glatt wird. Noch 2–3 Minuten sanft köcheln lassen, dabei immer wieder umrühren.
3. Den Zucker einrühren, alles gut vermischen und heiß servieren.

SERVIEREMPFEHLUNGEN *Passt zu gedämpftem oder gebackenem Schokoladen-Frucht-Pudding und gestürztem Ananas- oder Birnenpudding, aber auch zu englischem Sponge-Pudding.*

310 SCHOKOLADE-VANILLE-SAUCE

VORBEREITUNGSZEIT *5 Minuten* **KOCHZEIT** *10 Minuten* **FÜR 4–6 PERSONEN** *Ergibt ca. 350 ml*

1 EL Vanillepulver	1–2 EL feinster Kristallzucker	300 ml Milch
1 EL Kakaopulver	(oder nach Belieben)	

1 Das Vanillepulver in einer kleinen Schüssel mit dem Kakaopulver und dem Zucker vermischen. Mit etwas Milch vermengen. Beiseite stellen.
2 Die restliche Milch in einem kleinen Topf fast bis zum Aufkochen erhitzen und dann schrittweise zu der Vanillemasse geben und vollständig unterrühren.
3 Zurück in den Topf geben und unter ständigem Rühren aufkochen und eindicken lassen. Noch 1–2 Minuten sanft köcheln lassen. Heiß servieren.

SERVIEREMPFEHLUNGEN *Passt zu gestürztem Schokoladen-Ananas-Pudding oder Birnen-Galette, aber auch zu pochierten Früchten wie Birnen, Pfirsichen oder Aprikosen.*

311 ÜPPIGE SCHOKOLADENSAUCE

VORBEREITUNGSZEIT *5 Minuten* **KOCHZEIT** *10 Minuten* **FÜR 4–6 PERSONEN** *Ergibt ca. 325 ml*

175 g Zartbitterschokolade, in Stücke gebrochen	55 g hell- oder dunkelbrauner Zucker	15 g Butter
100 ml Crème double	55 g Zuckerrübensirup	

1 Alle Zutaten in einen kleinen Topf mit dickem Boden geben. Unter ständigem Rühren sanft erhitzen, bis die Schokolade komplett geschmolzen ist und der Zucker sich vollständig aufgelöst hat.
2 Langsam aufkochen, dabei ständig umrühren, bis die Mischung glatt wird. Sehr sanft weitere 1–2 Minuten köcheln lassen, dabei gelegentlich umrühren. Vor dem Servieren ganz leicht abkühlen.

SERVIEREMPFEHLUNGEN *Passt zu Schokoladen-Windbeuteln oder zu Vanilleeis.*

312 WEISSE SCHOKOLADENSAUCE

VORBEREITUNGSZEIT *5 Minuten* **KOCHZEIT** *10 Minuten* **FÜR 4–6 PERSONEN** *Ergibt ca. 300 ml*

175 g Weiße Schokolade, grob gehackt	150 ml Crème double
	15 g Butter, gewürfelt

1 Schokolade, Crème double und Butter im Wasserbad schmelzen lassen. Dabei ständig umrühren und alles gut miteinander vermischen, bis die Sauce glatt ist.
2 Warm oder kalt (bei Zimmertemperatur, nicht gekühlt) servieren. Wird die Sauce kalt serviert, vor dem Auftragen noch einmal gut umrühren.

SERVIEREMPFEHLUNGEN *Passt zu englischem Sponge-Pudding, zu gebackenem Fruchtpudding und zu Obst-Tarte, aber auch zu gegrilltem Obst oder frischen Früchten wie Kirschen, Himbeeren oder Erdbeeren.*
VARIATION *Statt weißer Schokolade Vollmilch- oder Zartbitterschokolade verwenden.*

313 KARAMELL-SAUCE
VORBEREITUNGSZEIT *5 Minuten* **KOCHZEIT** *10 Minuten* **FÜR 6 PERSONEN** *Ergibt ca. 400 ml*

175 g hellbrauner Zucker
150 ml Crème double
55 g Butter, gewürfelt
115 g Zuckerrübensirup
einige Tropfen Vanille-Essenz

1. Zucker, Crème double, Butter und Zuckerrübensirup in einen Topf geben.
2. Unter ständigem Rühren sanft aufkochen, bis die Sauce glatt ist.
3. Gerade wenn die Sauce sanft aufkocht, den Topf von der Kochstelle nehmen und die Vanille-Essenz einrühren.
4. Heiß oder kalt (bei Zimmertemperatur, nicht gekühlt) servieren. Wird die Sauce kalt serviert, vor dem Auftragen noch einmal gut umrühren.

SERVIEREMPFEHLUNGEN *Passt zu rohen oder gebackenen Bananenscheiben, zu englischem Sponge-Pudding oder zu Vanille- oder Karamelleis.*
VARIATIONEN *Statt des hellbraunen Zuckers passt auch dunkelbrauner Zucker zu dieser Sauce. Der Zuckerrübensirup lässt sich gut durch Ahornsirup ersetzen.*
KÜCHENTIPP *Wenn brauner Zucker beim Lagern hart wird, ihn einfach in einen für die Mikrowelle geeigneten Behälter geben und eine Apfelspalte dazulegen. Den Behälter verschließen, in die Mikrowelle geben und diese für 30 Sekunden auf höchster Stufe einschalten. Herausnehmen, den Apfel entfernen und den Zucker gut durchrühren – er sollte nun wieder körnig und weich sein.*

314 MARSHMALLOW-SAUCE

VORBEREITUNGSZEIT *5 Minuten* **KOCHZEIT** *10 Minuten* **FÜR 4–6 PERSONEN** *Ergibt ca. 375 ml*

85 g Zartbitterschokolade, grob gehackt	115 g Marshmallows, in Stücke geschnitten	6 EL Crème double
4 EL Zuckerrübensirup

1 Alle Zutaten in einen kleinen Topf mit dickem Boden geben. Unter ständigem Rühren sanft erhitzen, bis die Schokolade und die Marshmallows geschmolzen sind und die Sauce gut durchgemischt, glatt und heiß ist.
2 Heiß oder kalt (bei Zimmertemperatur, nicht gekühlt) servieren. Wird die Sauce kalt serviert, vor dem Auftragen noch einmal gut umrühren.

SERVIEREMPFEHLUNGEN *Passt zu Frischobst wie Bananenscheiben oder Birnenscheiben, aber auch zu sahnigen Fruchtdesserts oder Eiscreme.*
VARIATION *Statt des Zuckerrübensirups flüssigen Honig oder Ahornsirup verwenden.*
KÜCHENTIPP *Die Marshmallows mit einer gefetteten oder bemehlten Küchenschere zerschneiden.*

315 SCHOKOLADEN-INGWER-SAUCE

VORBEREITUNGSZEIT *10 Minuten* **KOCHZEIT** *10 Minuten* **FÜR 4 PERSONEN** *Ergibt ca. 225 ml*

175 g Zartbitterschokolade, in Stücke zerbrochen
3 EL Crème double	40 g eingemachte Ingwerstückchen in Sirup, abgetropft und fein gehackt	2 EL Sirup aus dem Ingwerglas
1 TL Zimtpulver (nach Belieben)

1 Schokolade, Crème double, Ginger und Sirup in eine feuerfeste Schüssel geben.
2 Den Inhalt der Schüssel im Wasserbad schmelzen lassen. Dabei ständig umrühren und alles gut miteinander vermischen, bis die Sauce glatt ist.
3 Den Zimt einrühren (wenn erwünscht) und sofort servieren.

SERVIEREMPFEHLUNGEN *Passt zu Eiscreme, gefrorenem Joghurt und Frischobst wie Erdbeeren oder Kirschen, aber auch zu englischen Sponge-Puddings.*

316 HASELNUSS-KARAMELL-SAUCE

VORBEREITUNGSZEIT *5 Minuten* **KOCHZEIT** *10 Minuten* **FÜR 4–6 PERSONEN** *Ergibt ca. 350 ml*

140 g hellbrauner Zucker
85 g Butter, gewürfelt
5 EL Zuckerrübensirup
einige Tropfen Vanille-Essenz	4 EL Crème double
2–3 EL fein gehackte geröstete Haselnüsse

1 Zucker, Butter und Zuckerrübensirup in einem kleinen Topf mit dickem Boden unter ständigem Rühren sanft erhitzen, bis die Mischung geschmolzen und die Sauce glatt ist. Langsam aufkochen und 5 Minuten sanft köcheln lassen.
2 Vom Herd nehmen, Vanille-Essenz und Crème double an die Sauce geben und alles vermischen. Haselnüsse einrühren und heiß servieren.

SERVIEREMPFEHLUNGEN *Passt zu gedämpften und gebackenen englischen Sponge-Puddings oder zu heißen Pfannkuchen oder Crêpes mit Apfelfüllung, aber auch zu Eiscreme mit Früchten oder ohne.*

317 KARAMELLSIRUP-SAUCE

VORBEREITUNGSZEIT *5 Minuten* **KOCHZEIT** *20 Minuten* **FÜR 6 PERSONEN** *Ergibt ca. 425 ml*

115 g hellbrauner Zucker
115 g feinster Kristallzucker
450 ml Wasser
1 EL Pfeilwurzpulver

1. Den gesamten Zucker mit dem Wasser in einen Topf geben, sanft erhitzen, bis der Zucker völlig aufgelöst ist. Dabei ständig umrühren. Langsam aufkochen und 10 Minuten sanft köcheln lassen, dabei gelegentlich umrühren.
2. Das Pfeilwurzpulver in einer kleinen Schüssel mit 2 Esslöffeln kaltem Wasser vermengen. In den Zuckersirup einrühren und völlig auflösen.
3. Die Sauce sanft erhitzen, bis sie aufkocht und eindickt. Dabei ständig umrühren. Heiß servieren.

SERVIEREMPFEHLUNGEN *Passt zu gedünstetem oder gebackenem Obst wie Orangen-, Bananen- oder Ananasscheiben, aber auch zu Eiscreme oder gedämpftem englischem Sponge-Pudding.*
VARIATIONEN *2–3 Esslöffel Weinbrand oder Orangenlikör einrühren, nach Belieben vielleicht auch noch einige gehackte eingelegte Ingwerstücke. Noch einmal leicht erhitzen.*

318 TOFFEESAUCE

VORBEREITUNGSZEIT *5 Minuten* **KOCHZEIT** *10-15 Minuten* **FÜR 6 PERSONEN** *Ergibt ca. 425 ml*

175 g Butter, gewürfelt
115 g Zuckerrübensirup
85 g hellbrauner Zucker
½ TL Vanille-Essenz (oder nach Belieben)

1. Butter, Zuckerrübensirup und Zucker unter ständigem Rühren langsam aufkochen, dann ca. 2 Minuten sanft köcheln lassen, bis die Sauce sirupartig eindickt.
2. Die Vanille-Essenz einrühren und heiß servieren.

SERVIEREMPFEHLUNGEN *Passt zu englischen Sponge-Puddings oder zu Eiscreme.*

319 KAFFEE-VANILLESAUCE

VORBEREITUNGSZEIT *5 Minuten* **KOCHZEIT** *10 Minuten* **FÜR 4–6 PERSONEN** *Ergibt ca. 350 ml*

1 EL Vanillepulver
3 EL hellbrauner Zucker (oder nach Belieben)
300 ml Vorzugsmilch
2 TL löslicher Kaffee

1. Das Vanillepulver und den Zucker in einer kleinen Schüssel mit ein wenig Milch zu einer weichen Paste vermengen, dann beiseite stellen. In einer weiteren Schüssel den Kaffee in 1 Esslöffel heißem Wasser auflösen.
2. Die restliche Milch in einem kleinen Topf sanft fast bis zum Kochen erhitzen. Über die Vanillemischung gießen und glatt rühren.
3. Zurück in den Topf füllen und den aufgelösten Kaffee einrühren. Unter ständigem Rühren sanft erhitzen, bis die Sauce aufkocht und eindickt. Weitere 1–2 Minuten sanft köcheln lassen, gelegentlich umrühren. Heiß servieren.

SERVIEREMPFEHLUNGEN *Passt zu englischem Sponge-Pudding, zu Schokoladenpudding und -torten, aber auch zu Vanille- oder Stracciatella-Eis.*

320 MOKKASAUCE

VORBEREITUNGSZEIT *5 Minuten* **KOCHZEIT** *15 Minuten* **FÜR 4–6 PERSONEN** *Ergibt ca. 325 ml*

4 EL Vanillepulver
1 EL hellbrauner Zucker oder feinster Kristallzucker
300 ml Vorzugsmilch
1–2 TL löslicher Kaffee (oder nach Belieben)
55 g Zartbitterschokolade, grob gehackt
einige Tropfen Vanille-Essenz (nach Belieben)

1. Das Vanillepulver und den Zucker in einer kleinen Schüssel mit ein wenig Milch zu einer weichen Paste vermengen, dann beiseite stellen.
2. In einer weiteren Schüssel den Kaffee in 1 Esslöffel heißem Wasser auflösen. Zu der Vanillepaste geben und gründlich damit vermischen. Beiseite stellen.
3. Die restliche Milch mit der Schokolade in einem kleinen Topf mit dickem Boden sanft erhitzen, bis die Schokolade geschmolzen ist und die Sauce beinahe aufkocht. Gelegentlich umrühren.
4. Die heiße Milch schrittweise über die Vanillemischung gießen. Dabei umrühren, bis eine glatte Masse entsteht.
5. Zurück in den Topf füllen und unter ständigem Rühren sanft aufkochen und eindicken lassen. Weitere 1–2 Minuten sanft köcheln lassen.
6. Die Vanille-Essenz einrühren (wenn erwünscht) und heiß servieren.

SERVIEREMPFEHLUNGEN *Passt zu englischem Sponge-Pudding oder zu gestürztem Obstpudding, aber auch zu gebackenem oder gegrilltem Obst wie Birnen oder Pfirsichen.*

KÜCHENTIPP *Der cremige Geschmack in dieser Sauce entsteht durch die Verwendung von Vorzugsmilch. Wenn man eine leichtere Sauce bevorzugt, kann man auch Halbfettmilch verwenden.*

321 KAFFEESAUCE

VORBEREITUNGSZEIT *5 Minuten* **KOCHZEIT** *10 Minuten* **FÜR 4–6 PERSONEN** *Ergibt ca. 350 ml*

4 TL Speisestärke
300 ml Milch
2 TL löslicher Kaffee
2 EL feinster Kristallzucker oder hellbrauner Zucker

1. Die Speisestärke in einer Schüssel mit 2 Esslöffeln Milch vermengen.
2. Die restliche Milch in einem Topf fast bis zum Aufkochen erhitzen.
3. Die heiße Milch zu der Speisestärke geben, dabei ständig umrühren und alles sorgfältig miteinander vermischen.
4. Zurück in den Topf geben und unter ständigem Rühren langsam aufkochen, bis die Sauce eindickt und glatt wird. Noch 2–3 Minuten sanft köcheln lassen.
5. Den Kaffee in 2 Esslöffeln heißem Wasser auflösen.
6. Kaffee und Zucker sorgfältig in die Sauce einrühren. Noch einmal erhitzen, dabei umrühren, und heiß servieren.

SERVIEREMPFEHLUNGEN *Passt zu Eiscreme mit oder ohne Früchte, aber auch zu gegrilltem oder gedünstetem Obst wie Pfirsiche, Nektarinen, Birnen und Äpfel.*

KÜCHENTIPP *Damit eine glatte Sauce ohne Klumpen entsteht, die Milch in Schritt 3 am besten schrittweise an die Speisestärke-Paste geben. Dabei ständig umrühren.*

322 RUM-ROSINEN-SAUCE

VORBEREITUNGSZEIT *5 Minuten* **KOCHZEIT** *10 Minuten* **FÜR 4–6 PERSONEN** *Ergibt ca. 375 ml*

55 g Rosinen	100 ml Crème double	2 EL Rum
1 EL Speisestärke	15 g Butter	
200 ml Milch	1 EL hellbrauner Zucker	

1 Die Rosinen grob hacken, beiseite stellen. Die Speisestärke in einer kleinen Schüssel mit 2 Esslöffeln Milch vermengen. Beiseite stellen.

2 Die restliche Milch mit der Crème double und der Butter in einem kleinen Topf mit dickem Boden fast bis zum Aufkochen erhitzen. Die heiße Milch schrittweise zu der Speisestärke geben, dabei ständig umrühren.

3 Zurück in den Topf geben und unter ständigem Rühren langsam aufkochen, bis die Sauce eindickt und glatt wird. Noch 2–3 Minuten sanft köcheln lassen.

4 Zucker, Rum und Rosinen einrühren. Noch einmal erhitzen und heiß servieren.

SERVIEREMPFEHLUNGEN *Passt zu heißen Pfannkuchen oder Crêpes mit Eiscreme.*
VARIATIONEN *Die Rosinen lassen sich durch Sultaninen oder durch getrocknete Kirschen, Feigen oder Aprikosen ersetzen. Anstelle von Rum kann man auch* Weinbrand *oder* Whisky *verwenden.*

323 ORANGENMARMELADEN-SAUCE

VORBEREITUNGSZEIT *5 Minuten* **KOCHZEIT** *10 Minuten* **FÜR 4 PERSONEN** *Ergibt ca. 200 ml*

Saft von 1 Orange
5 EL Orangenmarmelade

2 TL Pfeilwurzpulver

1–2 TL Weinbrand oder Whisky (nach Belieben)

1. Den Orangensaft in einem Messbecher mit kaltem Wasser auf 150 ml auffüllen.
2. Die Mischung mit der Marmelade in einen kleinen Topf geben und gut durchmischen.
3. Sanft erhitzen und ständig umrühren, bis sich die Marmelade völlig aufgelöst hat. Langsam aufkochen, dabei gelegentlich umrühren.
4. Das Pfeilwurzpulver in einer kleinen Schüssel mit 1 Esslöffel kaltem Wasser vermengen und vollständig in der Marmeladensauce auflösen.
5. Die Sauce sanft aufkochen und eindicken lassen, dabei umrühren.
6. Den Weinbrand einrühren (wenn erwünscht) und heiß servieren.

SERVIEREMPFEHLUNGEN *Passt zu englischem Sponge-Pudding, zu Obsttorten oder -pudding und Eiscreme, aber auch zu gegrilltem Obst wie Mango, Bananen oder Nektarinen.*
VARIATIONEN *Die Orangenmarmelade durch Zitronen- oder Limettenmarmelade ersetzen, dann den Weinbrand weglassen. Anstelle von Weinbrand oder Whisky Orangenlikör verwenden.*
KÜCHENTIPP *Man kann für diesen Sauce Orangenmarmelade ohne Schalen, mit fein oder grob geschnittenen Schalen verwenden.*

324 INGWERSAUCE

VORBEREITUNGSZEIT *5 Minuten* **KOCHZEIT** *15 Minuten* **FÜR 4 PERSONEN** *Ergibt ca. 225 ml*

55 g feinster Kristallzucker
150 ml Wasser

55 g eingemachte Ingwerstückchen in Sirup, abgetropft und fein gehackt

4 EL Sirup aus dem Ingwerglas
2 EL frischer Zitronensaft
1 TL Pfeilwurzpulver

1. Den Zucker mit dem Wasser in einem Topf sanft erhitzen, bis er völlig aufgelöst ist. Dabei ständig umrühren. Aufkochen und 5 Minuten kochen lassen.
2. Den Ingwer mit dem Sirup und dem Zitronensaft in das Zuckerwasser geben und alles gut vermischen.
3. Das Pfeilwurzpulver in einer kleinen Schüssel mit 1 Esslöffel kaltem Wasser vermengen. Diese sorgfältig in die Sauce einrühren.
4. Die Sauce sanft erhitzen, bis sie aufkocht und eindickt. Dabei ständig umrühren. Heiß servieren.

SERVIEREMPFEHLUNGEN *Passt zu gedämpftem oder gebackenem englischem Sponge-Pudding oder Obstpudding, zu Eiscreme oder gefrorenem Joghurt, aber auch zu Obstsalat, Obstkompott oder zu Gallia-, Charantais-, Cantaloup- oder Honigmelone.*
VARIATION *Der Kristallzucker kann durch hellbraunen Zucker ersetzt werden.*
KÜCHENTIPP *Die eingelegten Ingwerstückchen geben dieser süßen Sauce zusätzliche köstliche Aromen. Man kann eingelegten Ingwer auch zu Lebkuchen oder Ingwerkuchen hinzufügen, dann schmecken sie noch intensiver.*

325 ORANGEN-VANILLE-SAUCE

VORBEREITUNGSZEIT *5 Minuten* **KOCHZEIT** *10 Minuten* **FÜR 4–6 PERSONEN** *Ergibt ca. 350 ml*

1 EL Vanillepulver
1–2 EL feinster Kristallzucker
(oder nach Belieben)
fein abgeriebene Schale von
1 kleinen Orange
300 ml Vorzugsmilch

1. Das Vanillepulver, den Zucker und die Orangenschale in einer kleinen Schüssel mit ein wenig Milch zu einer weichen Paste vermengen, dann beiseite stellen.
2. Die restliche Milch in einem kleinen Topf sanft fast bis zum Kochen erhitzen. Schrittweise über die Vanillemischung gießen und glatt rühren.
3. Zurück in den Topf füllen und unter ständigem Rühren sanft aufkochen und eindicken lassen. Weitere 1–2 Minuten sanft köcheln lassen. Heiß servieren.

SERVIEREMPFEHLUNGEN Passt zu englischem Sponge-Pudding, zu Obstpudding und Streuselkuchen, aber auch Obsttorten und -kuchen wie Blaubeertorte oder Tarte Tatin mit Pflaumen oder Birnen.
VARIATION Die Orangenschale kann durch die fein abgeriebene Schale von 1 Zitrone ersetzt werden.

326 ZITRONEN-HONIG-SIRUP

VORBEREITUNGSZEIT *5 Minuten* **KOCHZEIT** *5 Minuten* **FÜR 4 PERSONEN** *Ergibt ca. 200 ml*

2 ½ TL Pfeilwurzpulver
125 ml Wasser
6 EL flüssiger Honig
fein abgeriebene Schale und
Saft von 1 kleinen Zitrone

1. Das Pfeilwurzpulver in einer kleinen Schüssel in dem Wasser auflösen. Honig, Zitronenschale und -saft sorgfältig einrühren.
2. Die Sauce sanft erhitzen, bis sie aufkocht und eindickt. Dabei ständig umrühren. Heiß servieren.

SERVIEREMPFEHLUNGEN Passt zu englischem Sponge-Pudding oder heißen Pfannkuchen und Crêpes, aber auch zu Eiscreme, Blaubeerkuchen oder Aprikosen-Galette.
VARIATION Der Honig kann durch Zuckerrübensirup oder Ahornsirup ersetzt werden.
KÜCHENTIPP Für eine dickere Sauce ½ Teelöffel Pfeilwurzpulver zusätzlich verwenden.

327 CREMIGE ZITRUSSAUCE

VORBEREITUNGSZEIT *10 Minuten* **KOCHZEIT** *10 Minuten* **FÜR 6 PERSONEN** *Ergibt ca. 450 ml*

25 g Butter
25 g Mehl
450 ml Milch
40 g feinster Kristallzucker
(oder nach Belieben)
fein abgeriebene Schale von
1 kleinen Orange
fein abgeriebene Schale von
1 kleinen Zitrone
fein abgeriebene Schale von
1 kleinen Limette

1. Butter, Mehl und Milch in einem kleinen Topf unter ständigem Rühren sanft aufkochen und eindicken lassen. Noch 3–4 Minuten sanft köcheln lassen.
2. Zucker und Zitusschalen einrühren und erhitzen. Heiß servieren.

SERVIEREMPFEHLUNGEN Passt zu gegrilltem oder gebackenem Obst wie Pfirsiche, Birnen oder Nektarinen, zu Eiscreme oder gemischten Beeren, aber auch zu gebackenem Obstpudding oder Kuchen wie Streuselkuchen oder Kirschkuchen.
KÜCHENTIPP Für das Abreiben der Schale eignen sich nur ausdrücklich unbehandelte Zitrusfrüchte. Die Schalen der handelsüblichen Zitrusfrüchte sind in der Regel für den Verzehr nicht geeignet.

328 MANGOSAUCE

VORBEREITUNGSZEIT *15 Minuten* **KOCHZEIT** *10 Minuten* **FÜR 6–8 PERSONEN** *Ergibt ca. 600 ml*

1 reife Mango (ca. 300 g), geschält und grob gehackt
40 g Butter
40 g Mehl
300 ml Kokosmilch
150 ml Crème double
55 g hellbrauner Zucker

1 Die Mango im Mixer oder in der Küchenmaschine fein pürieren. Beiseite stellen.
2 Die Butter in einem Topf schmelzen, das Mehl 1 Minute lang einrühren. Vom Herd nehmen und schrittweise Kokosmilch und Crème double untermischen.
3 Erneut auf die Kochstelle setzen und langsam aufkochen und eindicken lassen. Noch 2–3 Minuten köcheln lassen, dabei immer wieder umrühren.
4 Wieder von der Kochstelle nehmen und die pürierte Mango und den Zucker einrühren. Sanft erhitzen, dabei umrühren. Heiß servieren.

SERVIEREMPFEHLUNGEN *Passt zu englischem Sponge-Pudding, zu gegrillten tropischen Früchten oder zu tropischem Obstkompott.*

329 ORANGEN-SULTANINEN-SAUCE

VORBEREITUNGSZEIT *5 Minuten* **KOCHZEIT** *20 Minuten* **FÜR 4 PERSONEN**

300 ml Orangensaft
225 g Sultaninen
1 EL Sherry, Weinbrand oder Whisky (nach Belieben)

1 Den Orangensaft in einem Topf mit den Sultaninen vermischen und langsam aufkochen. 15 Minuten sanft kochen lassen, bis die Flüssigkeit reduziert ist und die Sultaninen sich mit dem Orangensaft vollgesogen haben.
2 Sherry, Weinbrand oder Whisky einrühren (wenn erwünscht), noch einmal sanft erhitzen und heiß servieren.

SERVIEREMPFEHLUNGEN *Passt zu einfachen oder mit Früchten gefüllten Pfannkuchen oder Crêpes, zu gedämpftem oder gebackenem englischem Sponge-Pudding oder zu Eiscreme.*

330 KIRSCHLIKÖRSAUCE

VORBEREITUNGSZEIT *10 Minuten* **KOCHZEIT** *20 Minuten* **FÜR 4–6 PERSONEN** *Ergibt ca. 375 ml*

125 ml milder Rotwein ohne viel Gerbstoffe
55 g hellbrauner Zucker
225 g entkernte frische süße dunkle Kirschen
2 TL Pfeilwurzpulver
2 EL Kirschlikör

1 Den Rotwein mit dem Zucker in einem kleinen Topf sanft erhitzen, bis sich der Zucker aufgelöst hat. Dabei gelegentlich umrühren.
2 Die Kirschen dazugeben und zugedeckt aufkochen. Dann bei reduzierter Hitze ca. 10 Minuten sanft kochen lassen, bis die Kirschen sehr weich sind. Gelegentlich umrühren.
3 Das Pfeilwurzpulver in einer kleinen Schüssel mit dem Kirschlikör vermengen und in die Kirschsauce geben. Unter ständigem Rühren erhitzen, bis die Sauce aufkocht und eindickt. Heiß servieren.

SERVIEREMPFEHLUNGEN *Passt zu heißen Pfannkuchen, Schokoladencrêpes oder -waffeln, zu gegrilltem Frischobst, aber auch zu Apfel-Galette oder Tarte Tatin.*

331 ERDBEERMARMELADEN-SAUCE

VORBEREITUNGSZEIT 5 Minuten **KOCHZEIT** 10 Minuten **FÜR 4–6 PERSONEN** Ergibt ca. 350 ml

- 6 EL kernlose Erdbeermarmelade
- 225 ml Wasser
- 2 TL Zitronensaft
- 2 TL Pfeilwurzpulver
- einige Tropfen rote Lebensmittelfarbe (nach Belieben)

1 Die Marmelade mit dem Wasser und dem Zitronensaft unter ständigem Rühren in einem Topf aufkochen.
2 Das Pfeilwurzpulver in einer kleinen Schüssel mit 2 Esslöffeln kaltem Wasser zu einer weichen Paste vermengen und in die Kirschsauce geben. Unter ständigem Rühren erhitzen, bis die Sauce aufkocht und eindickt.
3 Vom Herd nehmen und die rote Lebensmittelfarbe einrühren (wenn erwünscht). Vor dem Servieren einige Minuten abkühlen lassen.

SERVIEREMPFEHLUNGEN Passt zu Sponge-Pudding oder zu gebackenem Käsekuchen.

332 PFIRSICHSAUCE

VORBEREITUNGSZEIT 10 Minuten **KOCHZEIT** keine **FÜR 8–10 PERSONEN** Ergibt ca. 700 ml

- 400 g Pfirsichscheiben oder -hälften mit Fruchtsaft aus der Dose
- 140 g Frischkäse oder Quark
- 150 ml Crème double
- 2 EL flüssiger Honig

1 Die Pfirsiche mit dem Saft im Mixer oder in der Küchenmaschine pürieren, bis eine feine, weiche Masse entsteht.
2 Frischkäse oder Quark, Crème double und Honig dazugeben und noch einmal pürieren.
3 Die Sauce in eine Schüssel geben und sofort servieren oder vor dem Auftragen noch ca. 2 Stunden zugedeckt kühlen und dann kalt servieren.

SERVIEREMPFEHLUNGEN Passt zu frischen Beeren wie Erdbeeren, Himbeeren oder Brombeeren.

333 BROMBEER-APFEL-SAUCE

VORBEREITUNGSZEIT 40 Minuten **KOCHZEIT** 10 Minuten **FÜR 4–6 PERSONEN** Ergibt ca. 350 ml

- 225 g Kochäpfel, geschält, von den Kerngehäusen befreit & in dünne Scheiben geschnitten
- 225 g frische Brombeeren
- 55 g feinster Kristallzucker
- 115 g Doppelrahm-Frischkäse
- 150 ml Crème double

1 Die Äpfel und die Brombeeren in einem Topf mit 2 Esslöffeln Wasser zugedeckt sanft weich kochen, gelegentlich umrühren.
2 Vom Herd nehmen und den Zucker einrühren. Leicht abkühlen lassen, dann im Mixer oder in der Küchenmaschine fein pürieren. Das Püree durch ein Nylonsieb in eine Schüssel streichen.
3 Den Frischkäse und die Crème double sorgfältig miteinander vermengen. Die Fruchtsauce dazugeben und gründlich vermischen. Sofort servieren oder vor dem Auftragen zugedeckt kühlen und dann kalt servieren.

SERVIEREMPFEHLUNGEN Passt zu Obststrudel oder gegrilltem Obst wie Pfirsichen oder Birnen.

334 SAUCE MELBA

VORBEREITUNGSZEIT *10 Minuten* **KOCHZEIT** *5 Minuten* **FÜR 4 PERSONEN** *Ergibt ca. 225 ml*

4 EL rotes oder schwarzes Johannisbeergelee	225 g frische Himbeeren 25 g Puderzucker, gesiebt	1 EL Himbeer- oder Kirschlikör (oder nach Belieben)

1 Das Johannisbeergelee in einem kleinen Topf sanft weich erhitzen, bis es geschmolzen ist, dabei ständig umrühren. Vom Herd nehmen und beiseite stellen.
2 Die Himbeeren mit dem geschmolzenen Johannisbeergelee, dem Puderzucker und dem Likör im Mixer oder in der Küchenmaschine fein pürieren.
3 Das Püree durch ein Nylonsieb in eine Schüssel streichen. Die im Sieb verbleibenden Bestandteile nicht weiter verwenden. Kalt servieren.

SERVIEREMPFEHLUNGEN *Passt zu gedünstetem Obst wie Pfirsiche, Nektarinen oder Birnen, aber auch zu Schaumgebäck mit Fruchtfüllung wie Meringue oder Pavlova.*
VARIATIONEN *Das rote oder schwarze Johannisbeergelee durch kernloses Himbeergelee ersetzen. Anstelle von Himbeeren Brombeeren oder gemischte Beeren verwenden.*

335 ROTE BEERENSAUCE

VORBEREITUNGSZEIT *10 Minuten* **KOCHZEIT** *15 Minuten* **FÜR 4 PERSONEN** *Ergibt ca. 300 ml*

115 g frische Himbeeren
115 g frische Brombeeren
115 g frische Erdbeeren
2–3 EL flüssiger Honig
1 TL gemahlene „Mixed Spice"
(oder Lebkuchengewürz)

1. Alle Beeren in einem Topf mit 3 Esslöffeln Wasser zugedeckt sanft weich kochen, gelegentlich umrühren.
2. Vom Herd nehmen, die Sauce leicht abkühlen lassen und dann im Mixer oder in der Küchenmaschine fein pürieren. Das Püree durch ein Nylonsieb in eine Schüssel streichen. Die im Sieb verbleibenden Bestandteile nicht weiter verwenden.
3. Die Sauce zurück in den ausgespülten Topf geben und den Honig und die Gewürze sorgfältig einrühren. Sanft erhitzen, dabei immer wieder umrühren. Heiß oder kalt servieren, dann aber vor dem Auftragen komplett auskühlen lassen.

SERVIEREMPFEHLUNGEN *Passt zu englischem Summer Pudding, zu Beerenpudding oder zu Eiscreme.*
VARIATION *Anstelle von Erdbeeren Loganbeeren, Taybeeren oder Stachelbeeren verwenden.*

336 RHABARBER-ERDBEER-SAUCE

VORBEREITUNGSZEIT *20 Minuten* **KOCHZEIT** *20 Minuten* **FÜR 6–8 PERSONEN** *Ergibt ca. 550 ml*

225 g frische reife Erdbeeren, halbiert
225 g frischer Rhabarber, geputzt und in 1-cm-Stücke geschnitten
55 g Butter, gewürfelt
100 ml Wasser
55 g feinster Kristallzucker oder hellbrauner Zucker
1 EL Mandellikör (z.B. Amaretto)

1. Die Erdbeeren mit dem Rhabarber mit der Butter und dem Wasser in einem Topf aufkochen, gelegentlich umrühren. Zugedeckt ca. 10 Minuten sanft weich köcheln lassen. Gelegentlich umrühren.
2. Vom Herd nehmen und die Sauce im Mixer oder in der Küchenmaschine fein zu einem weichen Brei pürieren.
3. Zurück in den ausgespülten Topf geben und den Zucker sorgfältig einrühren. Wieder sanft erhitzen, dabei umrühren, bis sich der Zucker völlig aufgelöst hat. Den Mandellikör einrühren. Heiß oder kalt servieren, dann aber vor dem Auftragen komplett auskühlen lassen.

SERVIEREMPFEHLUNGEN *Passt zu Eiscreme oder Desserts mit Eiscreme, aber auch zu Blancmange.*
VARIATION *Anstelle von Erdbeeren kann man auch Loganbeeren oder Himbeeren verwenden.*

337 SAHNIGE ZITRONENSAUCE

VORBEREITUNGSZEIT *10 Minuten* **KOCHZEIT** *keine* **FÜR 6–8 PERSONEN**

150 ml Crème double
150 g Frischkäse oder Quark
4 EL englische Zitronencreme
fein abgeriebene Schale von 1 kleinen Zitrone (nach Belieben)

1. Crème double und Frischkäse oder Quark in einer Schüssel gründlich miteinander vermengen und so lange schlagen, bis die Mixtur eindickt und steif wird.
2. Zitronencreme und Zitronenschale (wenn erwünscht) unterheben. Kalt servieren.

SERVIEREMPFEHLUNGEN *Passt zu frischem Obst wie gemischten Beeren, Erdbeeren oder Obstkompott.*

338 ORANGEN-INGWER-SAUCE

VORBEREITUNGSZEIT *10 Minuten* **KOCHZEIT** *10 Minuten* **FÜR 4 PERSONEN** *Ergibt ca. 225 ml*

- 2 TL Pfeilwurzpulver
- fein abgeriebene Schale und Saft von 1 Orange
- 25 g hellbrauner Zucker oder feinster Kristallzucker
- 100 ml Wasser
- 55 g eingemachte Ingwerstückchen in Sirup, abgetropft und fein gehackt
- 1 EL Sirup aus dem Ingwerglas

1 Das Pfeilwurzpulver in einer Schüssel mit 1 Esslöffel kaltem Wasser vermengen. Orangensaft, Zucker und Wasser in einen Topf sanft erhitzen, bis der Zucker völlig aufgelöst ist. Dabei ständig umrühren. Dann aufkochen.
2 Vom Herd nehmen und die heiße Orangenflüssigkeit schrittweise über die Pfeilwurzpaste geben, dabei ständig umrühren. Die Sauce in den Topf zurückgeben, und die Orangenschale, den Ingwer und den Sirup untermischen. Unter ständigem Rühren erhitzen, bis die Sauce aufkocht und eindickt. Heiß servieren.

SERVIEREMPFEHLUNGEN *Passt zu Sponge-Pudding oder zu Orangen- oder Ananasscheiben.*

339 GOLDENE APRIKOSENSAUCE

VORBEREITUNGSZEIT *20 Minuten* **KOCHZEIT** *30 Minuten* **FÜR 6–8 PERSONEN** *Ergibt ca. 550 ml*

- 55 g feinster Zucker
- 150 ml Wasser
- 225 g genussfertige getrocknete Aprikosen, grob gehackt
- 300 ml trockener Weißwein oder Orangensaft

1 Den Zucker mit dem Wasser in einem Topf unter ständigem Rühren sanft erhitzen, bis er sich völlig aufgelöst hat.
2 Aprikosen und Wein oder Orangensaft hinzufügen. Langsam aufkochen und dann zugedeckt 20 Minuten sanft köcheln lassen, dabei gelegentlich umrühren.
3 Vom Herd nehmen und beiseite stellen, bis sich die Sauce leicht abgekühlt hat. Dann die Mischung im Mixer oder in der Küchenmaschine fein pürieren.
4 In den ausgespülten Topf zurückgeben und erhitzen. Heiß servieren.

SERVIEREMPFEHLUNGEN *Passt zu Pfannkuchen, Crêpes oder Waffeln und zu gebackenen Pfirsichen.*

340 DUFTIGE FRUCHTSAUCE

VORBEREITUNGSZEIT *5 Minuten* **KOCHZEIT** *10 Minuten* **FÜR 6 PERSONEN** *Ergibt ca. 425 ml*

- 2 EL Pfeilwurzpulver
- 200 ml Apfelsaft
- 200 ml Orangensaft
- 2 EL Ingwerwein
- 2 EL flüssiger Honig

1 Das Pfeilwurzpulver in einer kleinen Schüssel mit 4 Esslöffeln Apfelsaft vermengen.
2 Den restlichen Apfelsaft mit dem Orangensaft, dem Ingwerwein und dem Honig in einem Topf fast bis zum Kochen erhitzen, dabei gelegentlich umrühren. Die heiße Flüssigkeit schrittweise zu der Pfeilwurzpaste geben und verrühren.
3 Die Sauce in den ausgespülten Topf zurückgeben und erneut sanft erhitzen, bis sie aufkocht und eindickt. Heiß servieren.

SERVIEREMPFEHLUNGEN *Passt zu frischen Obstscheiben, zu heißen Crêpes oder zu Obstkompott.*

341 SOMMERLICHE ERDBEERSAUCE
VORBEREITUNGSZEIT *10 Minuten* **KOCHZEIT** *15 Minuten* **FÜR 6 PERSONEN** *Ergibt ca. 450 ml*

225 g frische reife Erdbeeren
150 ml Wasser
fein abgeriebene Schale &
 Saft von 2 Zitronen

55 g feinster Kristallzucker
1 TL Pfeilwurzpulver

1 Die Erdbeeren im Mixer oder in der Küchenmaschine fein pürieren.
2 Das Erdbeerpüree in einem Topf mit dem Wasser, der Zitronenschale und dem -saft sowie dem Zucker vermischen.
3 Unter ständigem Rühren sanft erhitzen, bis sich der Zucker aufgelöst hat. Aufkochen und 5 Minuten sanft köcheln lassen, dabei gelegentlich umrühren.
4 Das Pfeilwurzpulver in einer kleinen Schüssel mit 1 Esslöffel kaltem Wasser vermengen. Schrittweise in das heiße Erdbeerpüree einrühren.
5 Sanft erhitzen, bis die Sauce aufkocht und eindickt. Dabei ständig umrühren. Heiß servieren.

SERVIEREMPFEHLUNGEN *Passt zu gekühltem Zitronen- oder Vanille-Käsekuchen, zu frischen Obstspießen, Obstgelee, Sorbet, Eiscreme oder gefrorenem Joghurt.*
VARIATION *Die Zitronen durch 1 Orange ersetzen.*
KÜCHENTIPP *Soll die Sauce dicker werden, ½–1 Teelöffel Pfeilwurzpulver zusätzlich dazugeben.*

342 BUNTE BEERENSAUCE
VORBEREITUNGSZEIT *10 Minuten* **KOCHZEIT** *5 Minuten* **FÜR 4–6 PERSONEN**

3 EL roter Traubensaft
3 EL Apfelsaft
1 EL flüssiger Honig
350 g frische gemischte Beeren, etwa Himbeeren, Brombeeren, Blaubeeren & kleine Erdbeeren, halbiert oder geviertelt

1 Die Fruchtsäfte und den Honig in einem kleinen Topf sanft beinahe bis zum Kochen erhitzen, dabei ständig umrühren. Vom Herd nehmen.
2 Die Beeren in eine Fruchtschüssel geben, den heißen Fruchtsaft darüber gießen und alles vermischen. Beiseite stellen und heiß oder kalt servieren.

SERVIEREMPFEHLUNGEN *Passt zu Schaumgebäck wie mit Sahne gefüllten Meringues.*

343 SCHWARZE JOHANNISBEERSAUCE
VORBEREITUNGSZEIT *10 Minuten* **KOCHZEIT** *15 Minuten* **FÜR 6 PERSONEN** *Ergibt ca. 450 ml*

225 g frische oder gefrorene schwarze Johannisbeeren, entstielt & geputzt
2–3 EL flüssiger Honig (oder nach Belieben)
2 EL schwarzer Johannisbeerlikör (Crème de Cassis)
1 TL Pfeilwurzpulver

1 Die Johannisbeeren mit dem Honig und 4 Esslöffeln Wasser in einem Topf zugedeckt sanft weich kochen, dabei gelegentlich umrühren.
2 Vom Herd nehmen und den Johannisbeerlikör einrühren. Das Pfeilwurzpulver in einer kleinen Schüssel mit 1 Esslöffel kaltem Wasser vermengen. Schrittweise in die heiße Johannisbeersauce einrühren und vermischen.
3 Wieder auf den Herd setzen und den Inhalt unter ständigem Rühren sanft erhitzen, bis die Sauce aufkocht und eindickt. Heiß oder kalt servieren, dann aber vor dem Auftragen beiseite stellen und komplett auskühlen lassen.

SERVIEREMPFEHLUNGEN *Passt zu Pfannkuchen oder Crêpes, zu Sorbet oder pochiertem Obst.*

344 BLAUBEERSIRUP
VORBEREITUNGSZEIT *5 Minuten* **KOCHZEIT** *10–15 Minuten* **FÜR 6–8 PERSONEN** *Ergibt ca. 600 ml*

225 g feinster Kristallzucker
150 ml Wasser
225 g frische Blaubeeren
Saft von 1 Zitrone

1 Den Zucker mit dem Wasser in einem Topf mit dickem Boden unter ständigem Rühren sanft erhitzen, bis der Zucker sich aufgelöst hat.
2 Die Blaubeeren hinzufügen, dann langsam aufkochen. Dabei ständig umrühren. 3–5 Minuten sanft köcheln lassen, immer wieder umrühren.
3 Den Zitronensaft einrühren, den Topf von der Kochstelle nehmen und für 5 Minuten beiseite stellen. Heiß servieren.

SERVIEREMPFEHLUNGEN *Passt zu heißen Pfannkuchen oder Crêpes.*

345 APRIKOSEN-DATTELN-SAUCE

VORBEREITUNGSZEIT *10 Minuten* **KOCHZEIT** *15 Minuten* **FÜR 4 PERSONEN**

85 g genussfertige getrocknete Aprikosen, fein gehackt
85 g entsteinte getrocknete Datteln, fein gehackt
2 EL hellbrauner Zucker
2 TL Zimtpulver
150 ml Wasser

1 Alle Zutaten in einen Topf geben. Langsam aufkochen, ständig umrühren
2 Ohne Deckel sanft köcheln lassen, bis die Früchte weich sind und die Sauce reduziert und leicht eigedickt ist. Heiß servieren.

SERVIEREMPFEHLUNGEN *Passt zu heißen Pfannkuchen oder Crêpes.*
VARIATIONEN *Die Aprikosen durch getrocknete Pfirsiche oder Birnen ersetzen. Anstelle von Zimt gemahlene englische „Mixed Spice" oder Lebkuchengewürz verwenden.*

346 SÜSSE PFLAUMENSAUCE

VORBEREITUNGSZEIT *25 Minuten* **KOCHZEIT** *20 Minuten* **FÜR 6–8 PERSONEN** *Ergibt ca. 550 ml*

350 g rote Pflaumen, halbiert & entsteint
150 ml Wasser
fein abgeriebene Schale & Saft von 1 Orange
55 g feinster Kristallzucker oder hellbrauner Zucker
½ TL Zimtpulver
1 EL Weinbrand

1 Die Pflaumen mit dem Wasser in einem Topf langsam aufkochen, dann zugedeckt sanft köcheln lassen, bis sie weich sind. Dabei gelegentlich umrühren.
2 Vom Herd nehmen und beiseite stellen, bis sich die Sauce leicht abgekühlt hat. Dann die Pflaumen im Mixer oder in der Küchenmaschine fein pürieren.
3 Das Pflaumenpüree in den ausgespülten Topf zurückgeben und Orangenschale und -saft, Zucker, Zimt und Weinbrand dazugeben. Erneut sanft erhitzen, dabei immer wieder umrühren. Heiß oder kalt servieren, dann aber vor dem Auftragen beiseite stellen und komplett auskühlen lassen.

SERVIEREMPFEHLUNGEN *Passt zu Obsttorten, -kuchen oder -strudeln, zu Eiscreme oder Desserts mit Eiscreme, aber auch zu Vanille-Blancmange oder zu Milchpudding.*

347 PASSIONSFRUCHT-SAUCE

VORBEREITUNGSZEIT *5 Minuten* **KOCHZEIT** *10 Minuten* **FÜR 4 PERSONEN** *Ergibt ca. 200 ml*

2 Passionsfrüchte
1 ½ TL Pfeilwurzpulver
150 ml Orangensaft
1 EL flüssiger Honig
½ TL gemahlene englische „Mixed Spice" (oder Lebkuchengewürz)

1 Die Passionsfrüchte halbieren, Fruchtfleisch und Kerne herauslösen.
2 Das Pfeilwurzpulver in einer Schüssel mit 2 Esslöffeln Orangensaft vermengen. Schrittweise den restlichen Orangensaft, den Honig und die Gewürze einrühren. Unter ständigem Rühren erhitzen, bis die Sauce aufkocht und eindickt.
3 Das Fruchtfleisch und die Kerne der Passionsfrüchte untermischen und noch einmal erhitzen. Dabei immer wieder umrühren. Heiß servieren.

SERVIEREMPFEHLUNGEN *Passt zu gemischten Obstspießen und frischem Fruchtsalat oder -kompott, zu Eiscreme, aber auch zu Schokoladendesserts wie Mousse au chocolate.*

348 ROTE HIMBEERSAUCE

VORBEREITUNGSZEIT *20 Minuten* **KOCHZEIT** *15–20 Minuten* **FÜR 4 PERSONEN** *Ergibt ca. 300 ml*

225 g frische Himbeeren
55 g feinster Kristallzucker
150 ml halbtrockener Weißwein
1 TL Pfeilwurzpulver
einige Tropfen Mandel-Essenz

1 Die Himbeeren in einem Topf mit 2 Esslöffeln kaltem Wasser langsam aufkochen und dann zugedeckt sanft weich köcheln lassen, gelegentlich umrühren.
2 Vom Herd nehmen, leicht abkühlen lassen und im Mixer oder in der Küchenmaschine fein pürieren. Das Püree durch ein Nylonsieb in eine Schüssel streichen. Zurück in den ausgespülten Topf geben und Zucker und Wein sorgfältig einrühren.
3 Das Pfeilwurzpulver in einer kleinen Schüssel mit 1 Esslöffel kaltem Wasser vermengen. Diese gründlich in die Himbeersauce einrühren. Langsam unter ständigem Rühren erhitzen, bis die Sauce aufkocht und eindickt.
4 Vom Herd nehmen und die Mandel-Essenz untermischen. Heiß oder kalt servieren, dann aber vorher komplett auskühlen lassen.

SERVIEREMPFEHLUNGEN *Passt zu englischem Sponge-Pudding oder zu Schokoladen- oder Himbeereis, aber auch zu frischen Birnen-, Pfirsich- oder Aprikosenstücken oder -scheiben.*
VARIATION *Anstelle von Himbeeren Brombeeren oder Loganbeeren verwenden. Statt Weißwein passt auch Apfelsaft gut zu dieser Sauce.*

349 CLEMENTINENSAUCE

VORBEREITUNGSZEIT *30 Minuten* **KOCHZEIT** *20 Minuten* **FÜR 6–8 PERSONEN** *Ergibt ca. 550 ml*

10 Clementinen, geschält, in Spalten geteilt & von den Häuten befreit
1 EL frischer Zitronensaft
150 ml Wasser
55 g hellbrauner Zucker
2 TL Pfeilwurzpulver
1–2 EL Orangenlikör

1 Die Clememtinenspalten in einem Topf mit dem Zitronensaft und dem Wasser aufkochen und dann bei reduzierter Hitze zugedeckt sanft weich köcheln lassen, gelegentlich umrühren.
2 Vom Herd nehmen, die Sauce leicht abkühlen lassen und dann im Mixer oder in der Küchenmaschine fein pürieren. Das Püree zurück in den ausgespülten Topf geben und den Zucker hinzufügen. Unter ständigem Rühren sanft erhitzen, bis sich der Zucker aufgelöst hat.
3 Das Pfeilwurzpulver in einer kleinen Schüssel mit 2 Esslöffeln kaltem Wasser vermengen. Sorgfältig in das Clementinenpüree einrühren und erhitzen, bis die Sauce aufkocht und eindickt. Mit dem Likör abschmecken und heiß servieren.

SERVIEREMPFEHLUNGEN *Passt zu Eiscreme, Sahne-Desserts und zu Vanille- oder Zitronen-Käsekuchen.*
KÜCHENTIPP *Man kann das Clementinenpüree auch durch ein Nylonsieb geben, wenn erwünscht. Danach den Zucker dazugeben und nach Rezept fortfahren.*

350 GLASIERTE KUMQUAT-SAUCE

VORBEREITUNGSZEIT *15 Minuten* **KOCHZEIT** *15 Minuten* **FÜR 6 PERSONEN**

280 g Kumquats
115 g Kristallzucker
150 ml Wasser
1 EL Orangenlikör

1. Die Kumquats in dünne Scheiben schneiden und in eine feuerfeste Schüssel legen.
2. Den Zucker mit dem Wasser in einem Topf unter ständigem Rühren sanft erhitzen, bis er sich völlig aufgelöst hat. Dann aufkochen und bei großer Hitze ohne Rühren kochen lassen, bis der Sirup eine karamellbraune Färbung annimmt.
3. Vom Herd nehmen und 4 Esslöffel kochendes Wasser einrühren. Wieder auf den Herd geben und den Karamell auflösen. Mit dem Orangenlikör abschmecken.
4. Den Topf erneut von der Kochstelle nehmen und den Inhalt 5 Minuten abkühlen lassen. Die Sauce über die Kumquats geben und durchmischen. Heiß oder kalt servieren, dann aber vorher komplett auskühlen lassen oder zugedeckt kühlen.

SERVIEREMPFEHLUNGEN *Passt zu englischem Sponge-Pudding mit Schokolade, zu Mousse au chocolate, Schokoladentörtchen oder zu Schokoladen- oder Vanilleeis.*
VARIATION *Anstelle von Kumquats in Scheiben geschnittene und geviertelte Orangen verwenden.*

351 LIMETTEN-KIWI-SAUCE

VORBEREITUNGSZEIT *40 Minuten* **KOCHZEIT** *keine* **FÜR 8–10 PERSONEN** *Ergibt ca. 700 ml*

8 reife Kiwis (ca. 450 g), geschält & geviertelt
fein abgeriebene Schale und Saft von 1 Limette
115 g Doppelrahm-Frischkäse
115 g Sahne
55 g Puderzucker, gesiebt

1 Die Kiwis mit der Limettenschale und dem Saft im Mixer oder in der Küchenmaschine fein pürieren.
2 Frischkäse und Sahne hinzufügen und alles sorgfältig vermischen.
3 Die Sauce in eine Schüssel geben und den Puderzucker untermischen.
4 Vor dem Servieren zugedeckt an einem kühlen Ort ca. 30 Minuten ziehen lassen. Vor dem Auftragen noch einmal gut umrühren. Kalt servieren.

SERVIEREMPFEHLUNGEN *Passt zu gemischten Obstspießen, frischem Obstsalat oder Obstkompott.*
VARIATIONEN *Anstelle der Limette 1 kleine Zitrone verwenden. Die Sahne durch Crème fraîche, Frischkäse oder griechischen Joghurt ersetzen.*
KÜCHENTIPPS *Die Kiwifrucht besitzt dunkelgrünes Fruchtfleisch mit essbaren schwarzen Samen. Sie schmeckt unverwechselbar und verleiht diese Sauce Farbe und köstliche Aromen.*

Den intensivsten Geschmack besitzen reife Kiwis. Die Reife erkennt man daran, dass die Früchte weich sind und leicht nachgeben, wenn man sie sanft drückt.

352 KARIBISCHE KOKOSNUSS-SAUCE
VORBEREITUNGSZEIT *10 Minuten* **KOCHZEIT** *keine* **FÜR 6 PERSONEN** *Ergibt ca. 450 ml*

1 große reife Mango (ca. 450 g), geschält & gehackt
2 EL Orangensaft
200 ml Kokosmilch
2 EL flüssiger Honig

1 Die Mango mit dem Orangensaft im Mixer oder in der Küchenmaschine fein zu einer weichen Masse pürieren.
2 Die Kokosmilch hinzufügen noch einmal fein pürieren. Den Honig dazugeben und erneut gründlich mixen.
3 Sofort servieren oder vorher 1–2 Stunden zugedeckt kühlen.

SERVIEREMPFEHLUNGEN *Passt zu tropischem Obstsalat oder -kompott oder zu gegrillten tropischen Früchten wie Ananas, Papaya oder Sternfrucht.*

353 VANILLE-JOGHURT-SAUCE
VORBEREITUNGSZEIT *5 Minuten* **KOCHZEIT** *keine* **FÜR 4 PERSONEN**

115 g griechischer Joghurt
85 g Naturjoghurt
1–2 EL flüssiger Honig
einige Tropfen Vanille-Essenz

1 Griechischen und Naturjoghurt in einer Schüssel gut vermischen.
2 Zuerst den Honig und dann die Vanille-Essenz sanft unterheben. Sofort servieren oder zunächst zugedeckt kühlen.

SERVIEREMPFEHLUNGEN *Passt zu vorbereiteten frischen Früchten wie Passionsfrucht, Nektarinen oder Pfirsichen.*
VARIATIONEN *Anstelle der Vanille-Essenz Mandel-Essenz verwenden. Den Honig durch Ahornsirup ersetzen.*
KÜCHENTIPP *Nach dem Anrichten auf dem Obst kann man jede Portion Sauce noch mit geraspelter Zartbitterschokolade bestreuen.*

354 FRUCHTIGE JOGHURTSAUCE
VORBEREITUNGSZEIT *10 Minuten* **KOCHZEIT** *keine* **FÜR 6 PERSONEN** *Ergibt ca. 400 ml*

225 g frische gemischte Beeren, etwa Erdbeeren, Himbeeren & Brombeeren oder Blaubeeren
2 EL flüssiger Honig
115 g griechischer Joghurt
2 EL Crème fraîche

1 Die Beeren im Mixer oder in der Küchenmaschine fein pürieren. Das Püree durch ein Nylonsieb streichen.
2 Honig untermischen, dann den Joghurt und die Crème fraîche dazugeben und sorgfältig vermischen. Sofort servieren oder vorher zugedeckt 1 Stunde kühlen.

SERVIEREMPFEHLUNGEN *Passt zu frischem Obstsalat oder -kompott oder zu gefrorenem Vanillejoghurt.*
VARIATIONEN *Die Beeren durch gehackte Mango ersetzen. Gefrorene Mischbeeren verwenden, wenn keine frischen erhältlich sind.*

355 WEINBRANDBUTTER

VORBEREITUNGSZEIT *10 Minuten, plus Kühlzeit* **KOCHZEIT** *keine* **FÜR 8 PERSONEN**

- 115 g weiche ungesalzene Butter
- 115 g hellbrauner Zucker (am besten Muscovado-Zucker)
- 4–6 EL Weinbrand

1 Die Butter in einer Schüssel weich und cremig schlagen.
2 Schrittweise den Zucker unterschlagen, bis die Butter leicht und schaumig wird, dann schrittweise immer 1 EL Weinbrand unterschlagen.
3 Die Butter in eine Schüssel geben und vor dem Servieren 2–3 Stunden zugedeckt kühlen. Luftdicht verpackt kann man die Butter im Kühlschrank bis zu 1 Woche aufbewahren, im Gefrierfach bis zu 1 Monat.

SERVIEREMPFEHLUNGEN *Passt zu englischem Weihnachtspudding oder zu anderem festlichen Obstpudding, aber auch zu Weihnachtsgebäck, heißen Pfannkuchen oder Bratäpfeln.*

356 RUMBUTTER

VORBEREITUNGSZEIT *10 Minuten, plus Kühlzeit* **KOCHZEIT** *keine* **FÜR 8 PERSONEN**

- 115 g weiche ungesalzene Butter
- 115 g hellbrauner Zucker (am besten Muscovado-Zucker)
- 4–6 EL Rum

1 Die Butter in einer Schüssel weich und cremig schlagen.
2 Schrittweise den Zucker unterschlagen, bis die Butter leicht und schaumig wird, dann schrittweise immer 1 EL Rum unterschlagen.
3 Die Butter in eine Schüssel geben und vor dem Servieren 2–3 Stunden zugedeckt kühlen. Luftdicht verpackt kann man die Butter im Kühlschrank bis zu 1 Woche aufbewahren, im Gefrierfach bis zu 1 Monat.

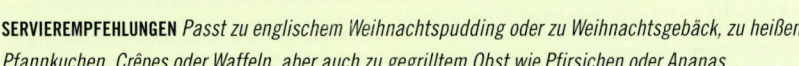

SERVIEREMPFEHLUNGEN *Passt zu englischem Weihnachtspudding oder zu Weihnachtsgebäck, zu heißen Pfannkuchen, Crêpes oder Waffeln, aber auch zu gegrilltem Obst wie Pfirsichen oder Ananas.*

357 HIMBEERCOULIS

VORBEREITUNGSZEIT *10 Minuten* **KOCHZEIT** *keine* **FÜR 4 PERSONEN** *Ergibt ca. 175 ml*

- 225 g frische Himbeeren
- 25 g Puderzucker, gesiebt
- 2 TL Himbeer- oder Kirschlikör (nach Belieben)

1 Die Himbeeren im Mixer oder in der Küchenmaschine fein pürieren. Das Püree durch ein Nylonsieb in eine Schüssel streichen.
2 Den Puderzucker sorgfältig untermischen, dann den Likör hinzufügen (wenn erwünscht) und alles noch einmal gut vermischen. Kalt servieren.

SERVIEREMPFEHLUNGEN *Passt zu frischen gemischten Beeren und frischen, dünn geschnittenen Pfirsich- oder Nektarinenscheiben.*

358 BLUTROTES FRUCHTCOULIS

VORBEREITUNGSZEIT *10 Minuten* **KOCHZEIT** *keine* **FÜR 6–8 PERSONEN** *Ergibt ca. 350 ml*

450 g reife rote Sommerfrüchte wie Himbeeren, Erdbeeren, rote Johannisbeeren & Taybeeren

25 g Puderzucker, gesiebt
1 EL Himbeer- oder schwarzer Johannisbeerlikör

1 Die Früchte im Mixer oder in der Küchenmaschine fein pürieren. Das Püree durch ein Nylonsieb in eine Schüssel streichen.
2 Schrittweise den Puderzucker gut untermischen, dann den Likör hinzufügen. Kalt servieren.

SERVIEREMPFEHLUNGEN *Passt zu Schokoladen-Käsekuchen, Mousse au chocolate, Eiscreme, Sorbet und Obstkuchen wie Kirsch- oder Aprikosenkuchen.*
VARIATION *Rote Johannisbeeren und Taybeeren durch Brombeeren und Blaubeeren ersetzen.*

359 WÜRZIGES PFIRSICHCOULIS

VORBEREITUNGSZEIT *10 Minuten* **KOCHZEIT** *keine* **FÜR 6 PERSONEN** *Ergibt ca. 275 ml*

400 g Pfirsichhälften oder -scheiben in Fruchtsaft aus der Dose

1 TL gemahlene „Mixed Spice" (oder Lebkuchengewürz)

25 g Puderzucker, gesiebt
2 TL Mandellikör (nach Belieben)

1 Die Pfirsiche mit den „Mixed Spice" im Mixer oder in der Küchenmaschine fein pürieren.
2 Das Püree durch ein Nylonsieb in eine Schüssel streichen.
2 Den Puderzucker sorgfältig untermischen, dann den Likör hinzufügen (wenn erwünscht). Kalt servieren.

SERVIEREMPFEHLUNGEN *Passt zu sahnigen Desserts, etwa zu gekühltem Zitronen-Käsekuchen, sahnigen Obstdesserts, Eiscreme und gefrorenem Joghurt.*
VARIATIONEN *Statt Pfirsichen Aprikosen verwenden. „Mixed Spice" durch Zimtpulver ersetzen.*

360 SÜSSES ERDBEERCOULIS

VORBEREITUNGSZEIT *10 Minuten* **KOCHZEIT** *keine* **FÜR 4 PERSONEN** *Ergibt ca. 175 ml*

225 g frische Erdbeeren
1 EL flüssiger Honig

1–2 TL Kirschlikör oder Calvados

1 Die Erdbeeren im Mixer oder in der Küchenmaschine fein pürieren. Das Püree durch ein Nylonsieb streichen.
2 Honig und Likör oder Calvados sorgfältig untermischen. Kalt servieren.

SERVIEREMPFEHLUNGEN *Passt zu einer gemischten Obstplatte oder zu italienischem Panna Cotta.*

361 GOLDENES NEKTARINENCOULIS

VORBEREITUNGSZEIT *20 Minuten* **KOCHZEIT** *15–20 Minuten* **FÜR 6 PERSONEN** *Ergibt ca. 300 ml*

- 4 reife Nektarinen, geschält, halbiert & entsteint
- 2 EL frisch gepresster Orangensaft
- 25 g feinster Kristallzucker
- 2–3 TL Orangenlikör oder Weinbrand (nach Belieben)

1 Die Nektarinen grob hacken und mit dem Orangensaft und dem Zucker in einem Topf langsam erhitzen. Umrühren, bis sich der Zucker aufgelöst hat. Aufkochen und die Nektarinen zugedeckt 10–15 Minuten sanft weich köcheln lassen. Gelegentlich umrühren.

2 Vom Herd nehmen, leicht abkühlen lassen und das Fruchtfleisch zerdrücken oder im Mixer oder in der Küchenmaschine fein pürieren. Das Püree durch ein Nylonsieb in eine Schüssel streichen.

3 Den Likör oder Weinbrand hinzufügen (wenn erwünscht), noch einmal mit Zucker abschmecken und alles gut vermischen. Heiß oder kalt servieren.

SERVIEREMPFEHLUNGEN *Passt zu Fruchtsorbet, Eiscreme oder gefrorenem Joghurt.*

362 SCHWARZES JOHANNISBEERCOULIS

VORBEREITUNGSZEIT *15 Minuten, plus Kühlzeit* **KOCHZEIT** *15 Minuten* **FÜR 6 PERSONEN** *Ergibt ca. 250 ml*

350 g frische schwarze Johannisbeeren, entstielt und geputzt

85 g hellbrauner Zucker, oder nach Belieben

1–2 EL schwarzer Johannisbeerlikör (Creme de Cassis)

1 Die Johannisbeeren mit dem Zucker und 2 Esslöffeln kaltem Wasser in einem Topf langsam erhitzen. Umrühren, bis sich der Zucker aufgelöst hat. Aufkochen und die Johannisbeeren zugedeckt ca. 10 Minuten sanft weich köcheln lassen. Gelegentlich umrühren.
2 Vom Herd nehmen, leicht abkühlen lassen und die Beeren mit dem Saft durch ein Nylonsieb in eine Schüssel streichen.
3 Den Likör hinzufügen, noch einmal mit Zucker abschmecken und alles gut vermischen.
4 Heiß oder kalt servieren, dann aber abkühlen lassen und vor dem Auftragen zugedeckt kühlen.

SERVIEREMPFEHLUNGEN *Passt zu französischem Apfelkuchen, heißen Pfannkuchen oder Crêpes, Baiser, Eiscreme, gefrorenem Joghurt oder Sorbet oder frischem Obst wie Feigen oder Pfirsichen.*

363 GEMISCHTES BEERENCOULIS

VORBEREITUNGSZEIT *10 Minuten* **KOCHZEIT** *15–20 Minuten* **FÜR 6 PERSONEN** *Ergibt ca. 300 ml*

350 g frische gemischte Beeren, etwa Himbeeren, Erdbeeren, Brombeeren, Blaubeeren und rote Johannisbeeren	55 g feinster Kristallzucker 1–2 EL schwarzer Johannisbeerlikör (Creme de Cassis) oder Himbeerlikör

1 Die Beeren mit dem Zucker und 2 Esslöffeln kaltem Wasser in einem Topf langsam erhitzen. Umrühren, bis sich der Zucker aufgelöst hat. Aufkochen und die Beeren zugedeckt 10–15 Minuten sanft weich köcheln lassen. Gelegentlich umrühren.
2 Vom Herd nehmen, leicht abkühlen lassen und die Beeren mit dem Saft durch ein Nylonsieb in eine Schüssel streichen.
3 Den Likör hinzufügen, noch einmal mit Zucker und evtl. etwas Likör abschmecken und alles gut vermischen. Heiß oder kalt servieren.

SERVIEREMPFEHLUNGEN *Passt zu heißen Pfannkuchen oder Crêpes und zu Obsttorte mit Zitrusfrüchten.*

364 HIMBEER-WODKA-COULIS

VORBEREITUNGSZEIT *10 Minuten* **KOCHZEIT** *keine* **FÜR 4 PERSONEN** *Ergibt ca. 175 ml*

225 g frischen Himbeeren 15 g Puderzucker, gesiebt	ein oder zwei Spritzer eisgekühlter Wodka

1 Die Himbeeren im Mixer oder in der Küchenmaschine fein pürieren. Das Püree durch ein Nylonsieb in eine Schüssel streichen.
2 Den Puderzucker sorgfältig untermischen, dann den Wodka hinzufügen (wenn erwünscht) und alles noch einmal gut vermischen. Kalt servieren.

SERVIEREMPFEHLUNGEN *Passt zu gemischten Beeren, Erdbeeren oder zu Sommerpudding.*

365 EXOTISCHES MANGOCOULIS

VORBEREITUNGSZEIT *15 Minuten* **KOCHZEIT** *keine* **FÜR 6–8 PERSONEN** *Ergibt ca. 350 ml*

2 große reife Mangos (je 450 g), geschält und gewürfelt	Saft von ½ Limette 55 g hellbrauner Zucker	1 EL Orangenlikör (nach Belieben)

1 Die Mango mit dem Limettensaft im Mixer oder in der Küchenmaschine fein pürieren. Den Zucker sorgfältig untermischen.
2 Das Püree durch ein Nylonsieb in eine Schüssel streichen.
3 Den Likör hinzufügen (wenn erwünscht), gut vermischen, und noch einmal mit Zucker abschmecken. Kalt servieren.

SERVIEREMPFEHLUNGEN *Passt zu tropischem Obstsalat, gegrilltem Obst oder Mango-Sorbet.*

Register

A
Aïoli 37
Ananas
  Ananas-Ingwer-Salsa 107
  Ananas-Salsa mit Koriander 108
  Knackige Ananas-Würzsauce 117
Äpfel
  Apfelsauce 18
  Apfelsauce mit Minze 151
  Brombeer-Apfel-Sauce 190
Aprikosen
  Aprikosen-Datteln-Sauce 196
  Aprikosen-Ingwer-Salsa 107
  Goldene Aprikosensauce 193
Auberginen
  Dip aus gebackenen Auberginen 167
Avocados
  Avocadocreme 75
  Avocado-Dip 161
  Avocado-Dressing 132
  Avocado-Salsa 111
  Guacamole 160

B
Basilikum
  Basilikum-Dressing 123
  Joghurt-Dressing mit Basilikum 124
  Leichte Basilikumsauce 152
  Tomaten-Basilikum-Dressing 122
Béarnaise, Sauce 38
Béchamelsauce 28
Béchamelsauce, leichte 142
Beeren
  Bunte Beerensauce 195
  Gemischtes Beerencoulis 205
  Rote Beerensauce 192
Beurre blanc 38
Blaubeersirup 195
Bohnen
  Limabohnen-Dip 165
  Sauce mit Saubohnen und Petersilie 50
  Schwarze Bohnensauce 87
  Würzige Bohnen-Salsa 113
Bolognese 54
Bolognese, leichte 155
Bordelaise, Sauce 31
Bratensauce, traditionelle 17
Brokkoli
  Brokkoli-Sahnesauce 70
  Leichte Brokkoli-Käsesauce 154
Brotsauce 18
Brunnenkresse
  Brunnenkresse-Mayonnaise 138
  Grüne Sauce 20
  Käse-Dip mit Brunnenkresse 163
  Leichte Brunnenkresse-Sauce 145
  Sahnesauce mit Brunnenkresse 92
  Thunfisch-Dip 169

C
Cajun-Butter 99
Cajun-Huhn 62
Carbonara 54
Carbonara, leichte 155
Chili
  Chili-Salsa 106
  Chilisauce 77, 88
  Leichte Chilisauce 152
  Süße Chili-Würzsauce 115

Clementinensauce 197
Cocktailsauce 66
Cranberries
  Cranberry-Orangen-Sauce 19
  Portweinsauce mit Cranberries 85
  Rote Beerensauce 39
  Rote Cranberrysauce 96
Crème Anglaise 177
Cumberland-Sauce 43
Curry
  Curry-Dressing 131
  Currysahne 90

D
Demi-Glace, Sauce 32
Dill
  Gurkencreme mit Dill 75
  Senfsauce mit Dill 70

E
Erdbeeren
  Erdbeermarmeladen-Sauce 190
  Erdbeer-Vinaigrette 134
  Fruchtige süßsaure Sauce 21
  Rhabarber-Erdbeer-Sauce 192
  Sommerliche Erdbeersauce 194
  Süßes Erdbeercoulis 202
  Süßsaure Sauce 85
  Süßsaures Dressing 131
Erdnüsse
  Erdnussbutter-Dip 170
  Pikante Erdnusssauce 76
  Pikante Satay-Sauce 22
Estragon
  Estragoncreme 93
  Leichte Estragonsauce 144

F
Fischfond 10
Fleischfond 11
Fond 10–11
French Dressing 120
French Dressing, leichtes 120
Früchte
  Blutrotes Fruchtcoulis 202
  Duftige Fruchtsauce 193
  Exotische Würzsauce 117
  Fruchtige süßsaure Sauce 21
Frühlingssauce 46

G
Geflügelfond 11
Gemüsefond 10
Gemüsesauce mit Forelle und Mandeln 61
Grapefruit-Salsa 110
Grillmarinade 90
Grillsauce 24
Grillsauce, delikate 151
Grüne Sauce 20
Guacamole 160
Gurke
  Gurkencreme mit Dill 75
  Gurken-Minze-Würzsauce 114
  Gurken-Würzsauce 114

H
Haselnüsse
  Haselnuss-Dressing 121
  Haselnuss-Karamell-Sauce 183

Haselnuss-Pesto 55
Haselnuss-Zitronen-Dressing 126
Helle Saucen
  Glutenfreie helle Grundsauce 14
  Leichte helle Grundsauce 143
  Sahnesauce mit Brunnenkresse 92
  Süße helle Grundsauce 176
  Vanillesauce 176
Himbeeren
  Himbeercoulis 201
  Himbeer-Dip 172
  Himbeer-Vinaigrette 135
  Himbeer-Wodka-Coulis 205
  Rote Himbeersauce 197
  Sauce Melba 191
Hollandaise mit Kräutern 35
Hollandaise, Sauce 34
Honig
  Honig-Dip 170
  Honig-Senf-Dip 163
Huhn
  Cajun-Huhn 62
  Geflügelfond 11
  Gemüsesauce mit Hühnerfleisch 63
Hummus 160

I
Ingwersauce 187

J
Joghurt
  Fruchtige Joghurtsauce 200
  Honig-Dip 170
  Joghurt-Dressing mit Basilikum 124
  Joghurt-Dressing mit Minze 124
  Joghurt-Dressing mit Petersilie 125
  Kräuterjoghurt-Dressing 124
  Vanille-Dip 171
  Vanille-Joghurt-Sauce 200
Johannisbeeren
  Schwarze Johannisbeersauce 195
  Schwarzes Johannisbeercoulis 204

K
Kaffee
  Kaffeesauce 185
  Kaffee-Vanillesauce 184
  Mokkasauce 185
Kapern
  Kaperncreme 90
  Kapernsauce 91
  Leichte Kapernsauce 144
Karamell-Dip 173
Karamell-Sauce 182
Karamellsirup-Sauce 184
Käse
  Blauschimmelcreme 93
  Dip mit Blauschimmelkäse 165
  Feine Käsesauce 30
  Gorgonzolasauce mit Walnüssen 52
  Käse-Dip mit Brunnenkresse 163
  Käse-Dip mit Schnittlauch und Frühlingszwiebeln 165
  Käsefondue 166
  Käse-Kräutersauce 67
  Käsesauce 14 Sauce Mornay 14
  Käsesauce mit gebackenen Tomaten 52
  Käsesauce mit Lauch 53
  Käsesauce mit Schinkenspeck 57

Käsesauce mit Spinat 53
Käsesauce mit Zuckermais 72
Leichte Blauschimmelcreme 154
Leichte Käsesauce 143
Schnittlauch-Käse-Sauce 71
Kirschlikörsauce 189
Knoblauch
    Aglio, olio e peperoncino 47
    Aïoli 37
    Dip mit geröstetem Knoblauch 164
    Knoblauchbutter 98
    Knoblauch-Dip mit Schnittlauch 162
    Knoblauch-Ingwer-Dressing 128
    Knoblauch-Mayonnaise 139
    Kräuterjoghurt-Dressing 124
    Pilzsauce mit Knoblauch 156
Kochschinken
    Kräutersauce mit Schinken 57
Kokosnuss-Sauce, karibische 200
Koriander
    Koriander-Dressing 126
    Koriander-Pesto 78
    Limetten-Dressing 127
Krabben-Dip, cremiger 170
Kräuter
    Italienisches Kräuter-Dressing 129
    Käse-Kräutersauce 67
    Kräuterbutter 97
    Kräuterbutter mit Limette 81
    Kräuter-Dip 164
    Kräuter-Mayonnaise 138
    Kräuter-Vinaigrette 133
    Tomaten-Kräuter-Dressing 129
Kumquat-Sauce, glasierte 198

L
Lammfond 11
Lauch
    Gemüsesauce mit Hühnerfleisch 63
    Käsesauce mit Lauch 53
    Lauch-Pilz-Sauce 157
    Lauchsauce mit Schinken 58
    Wildpilzsauce mit Lauch 96
Limetten
    Kräuterbutter mit Limette 81
    Limetten-Dressing 127
    Limetten-Kiwi-Sauce 199
    Limetten-Vinaigrette 134
    Paprikasauce mit Limette 76
Linsen
    Paprika-Linsen-Dip 168
    Pikante Linsensauce 95

M
Madeirasauce 85
Mangos
    Exotisches Mangocoulis 205
    Mango Chutney 105
    Mango-Salsa 109
    Mangosauce 189
Marie Rose, Sauce 66
Marmelade
    Orangen-Dip 172
    Orangenmarmeladen-Sauce 187
Mayonnaise 37
Mayonnaise, marokkanische 137
Meerrettich
    Creme aus frischem Meerrettich 17
    Leichte Meerrettich-Creme 151

    Meerrettich-Dressing 132
    Meerrettich-Mayonnaise 137
    Meerrettich-Senf-Sauce 94
    Salsa mit Roter Beete und Meerrettich 112
    Scharfe Meerrettichbutter 99
Melba, Sauce 191
Melonen
    Pfirsich-Melonen-Salsa 108
    Würzige Melonen-Salsa 111
Minze
    Apfelsauce mit Minze 151
    Gurken-Minze-Würzsauce 114
    Joghurt-Dressing mit Minze 124
    Minze-Salsa 103
    Minzsauce 18
Mokkasauce 185
Mousseline, Sauce 33
Muscheln
    Tomatensauce mit Muscheln 62
    Weißweinsauce mit Muscheln 74

N
Nektarinencoulis, goldenes 203

O
Orangen
    Cranberry-Orangen-Sauce 19
    Orangen-Dressing mit Sesamsamen 126
    Orangen-Dressing mit Zimt 125
    Orangen-Ingwer-Sauce 193
    Orangen-Sahnesauce 178
    Orangen-Senf-Dressing 128
    Orangen-Sultaninen-Sauce 189
    Orangen-Vanille-Sauce 188
    Orangen-Vinaigrette 133

P
Paprika
    Cajun-Huhn 62
    Hot Salsa 103
    Hummus mit rotem Paprika 164
    Paprika-Linsen-Dip 168
    Paprikasauce mit Limette 76
    Paprika-Würzsauce 115
    Pikante Paprikasauce 20
    Rote Paprikasauce 21, 73
    Sahne-Dip mit rotem Paprika 168
    Salsa mit gebackenem Paprika 106
    Zucchini-Paprika-Sauce 51
Passionsfrucht-Sauce 196
Peperoni
    Aglio, olio e peperoncino 47
    Pikante Peperonisauce 76
Pesto
    Klassisches Pesto 41
    Pesto Genovese 47
    Rotes Pesto 78
    Rucolapesto 97
    Scharfes Petersilienpesto 79
Petersilie
    Feine Petersiliensauce 66
    Joghurt-Dressing mit Petersilie 125
    Leichte Kräutersauce 145
    Leichte Petersiliensauce 143
    Petersilienbutter 99
    Petersilien-Mayonnaise 136
    Petersiliensauce 16
    Scharfes Petersilienpesto 79

Pfefferkörner
    Grüne Pfeffersauce 20
    Leichte Pfeffersauce 147
Pfirsiche
    Exotische Pfirsich-Salsa 107
    Pfirsich-Melonen-Salsa 108
    Pfirsichsauce 190
    Würziges Pfirsichcoulis 202
Pflaumen
    Pflaumensauce mit Ingwer 86
    Rote Pflaumensauce 87
    Süße Pflaumensauce 196
Pilze
    Frische Pilzsauce 146
    Jägersauce 29
    Kräftige Tomatensauce 50
    Lauch-Pilz-Sauce 157
    Leichte Pilzsauce mit Salbei 149
    Leichte Weißweinsauce mit Pilzen 149
    Pikante Pilzsauce 75
    Pilz-Sahnesauce 23
    Pilzsauce mit Knoblauch 156
    Senfsauce mit Pilzen 88
    Wildpilzsauce 68
    Wildpilzsauce mit Lauch 96
    Wildpilz-Weinsauce 22
    Zucchini-Pilz-Sauce 46
Pistazienbutter 80
Primavera, Sauce 46

R
Rahmsauce 29
Räucherlachs
    Sahnesauce mit Räucherlachs 60
Remoulade 34
Rhabarber
    Rhabarber-Erdbeer-Sauce 192
    Rhabarbersauce 79
Rinderfond 11
Robert, Sauce 33
Rouille 80
Rucolapesto 97
Rum
    Rumbutter 201
    Rum-Rosinen-Sauce 186

S
Safransauce 40
Salsa mit Roter Beete und Meerrettich 112
Salsa Tropical 110
Salsa Verde 102
Salsa-Dip, schneller 166
Sardellen
    Sardellenbutter 80
    Sardellensauce 15
Sardinen-Dip 169
Sauerampfersauce 40
Saure-Sahne-Dip mit Schnittlauch 163
Schaumsauce 33
Schnittlauch
    Käse-Dip mit Schnittlauch und Frühlingszwiebeln 165
    Knoblauch-Dip mit Schnittlauch 162
    Leichte Kräutersauce 145
    Sardinen-Dip 169
    Saure-Sahne-Dip mit Schnittlauch 163
    Schnittlauch-Mayonnaise 136

Schokolade
    Karamell-Dip 173
    Marshmallow-Sauce 183
    Samtiger Schokoladen-Dip 173
    Schnelle Schokoladensauce 180
    Schokoladen-Fondant 179
    Schokoladenfondue 172
    Schokoladen-Ingwer-Sauce 183
    Schokoladen-Orangen-Dip 173
    Schokoladen-Vanille-Sauce 181
    Üppige Schokoladensauce 181
    Weiße Schokoladensauce 181
Selleriesauce 67
Senf
    Balsam-Senf-Dressing 120
    Honig-Senf-Dip 163
    Leichte Senfsauce 144
    Meerrettich-Senf-Sauce 94
    Orangen-Senf-Dressing 128
    Rotisseur-Creme 92
    Rotisseur-Sauce 67
    Senf-Kräuter-Dressing 128
    Senf-Kräutersauce 94
    Senf-Mayonnaise 137
    Senfsauce mit Dill 70
Sherrysauce, süße 180
Soubise, Sauce 28
Spanische Sauce 32
Spanische Sauce, leichte 148
Spinat
    Käsesauce mit Spinat 53
    Spinatsauce mit Muskatnuss 74

T
Tapenade 161
Taramasalata 160
Tartar-Dip 169
Tartare, Sauce 36
Thailändischer Dip 97
Thousand-Island-Dressing 121
Thousand-Island-Dressing, leichtes 150
Thunfisch
    Feine Thunfischsauce 59
    Thunfisch-Dip 169
    Thunfisch-Mayonnaise 138
    Thunfischsauce mit Brunnenkresse 61
    Thunfisch-Zucchini-Sauce 157
    Zucchinisauce mit Thunfisch 59

Toffeesauce 184
Tomaten
    Basilikumbutter mit getrockneten Tomaten 98
    Chilisauce 88
    Feine Tomatensauce 15
    Herzhafte Tomaten-Salsa 105
    Herzhafte Tomatensauce 69
    Italienischer Tomaten-Dip 166
    Käsesauce mit gebackenen Tomaten 52
    Kräftige Tomatensauce 50
    Leichte Tomatensauce mit Basilikum und Oliven 156
    Mediterrane Tomatensauce 152
    Pfeffrige Tomatensauce 73
    Pikante Tomatensauce 49
    Sauce von gebackenen Kirschtomaten 72
    Scharfe rote Würzsauce 114
    Scharfe Tomatensauce 49
    Scharfes Tomaten-Dressing 131
    Schnelle Tomatensauce 15 ,153
    Tomaten-Basilikum-Dressing 122
    Tomaten-Basilikum-Salsa 102
    Tomaten-Basilikum-Sauce 48
    Tomatencoulis 78
    Tomaten-Dressing mit Balsamessig 129
    Tomatenketchup 25
    Tomaten-Kräuter-Dressing 129
    Tomaten-Oliven-Salsa 112
    Tomatensauce mit Chorizo 56
    Tomatensauce mit frischen Kräutern 89
    Tomatensauce mit Knoblauch 96
    Tomatensauce mit Koriander 69
    Tomatensauce mit Pancetta 58
    Würzige Tomaten-Salsa 105
    Würzige Tomatensauce 89
    Würziges Tomaten-Dressing 123
Tzatziki 161

W
Waldorf-Dressing 132
Walnüsse
    Gorgonzolasauce mit Walnüssen 52
    Walnuss-Dressing 121
    Walnuss-Petersilien-Vinaigrette 134

Wein
    Weißwein-Sahnesauce 40
    Leichte Burgundersauce 148
    Leichte Weißweinsauce mit Pilzen 149
    Madeirasauce 85
    Portweinsauce mit Cranberries 85
    Rotweinsauce 42, 84
Weinbrandbutter 201
Weinbrandsauce 180
Würzsauce, scharfe rote 114

Z
Zabaione 177
Zitronen
    Haselnuss-Zitronen-Dressing 126
    Kapernsauce 91
    Petersilien-Mayonnaise 136
    Sahnige Zitronensauce 79, 192
    Sauce Hollandaise mit Kräutern 35
    Schnittlauch-Mayonnaise 136
    Zitronenbutter 98
    Zitronen-Dressing 123
    Zitronen-Honig-Sirup 188
    Zitronen-Mayonnaise 136
    Zitronensahne 171
    Zitronensauce 176
    Zitronen-Vinaigrette 133
Zucchini-Paprika-Sauce 51
Zuckermais
    Käsesauce mit Zuckermais 72
    Zuckermais-Würzsauce 116
Zwiebeln
    Fruchtige Zwiebelsauce 117
    Leichte Zwiebelsauce 146
    Salbeisauce 94
    Sauce Soubise 28
    Zwiebel-Salsa 104
    Zwiebelsauce 84

DANKSAGUNG

Mein besonderer Dank geht wieder einmal an meinen Ehemann Robbie, und zwar für seine fortgesetzte Unterstützung, sein Engagement für dieses Buch und für seine Begeisterung beim Verkosten vieler Saucen aus diesem Band. Innigster Dank auch an Sarah Bradford und Bev Saunder, die unermüdlich und engagiert die Rezepte getestet und die Saucen probiert haben, sowie an Gwen Whiting für ihre große Hilfe beim Tippen der Rezepte.

    Ich möchte auch Julia Charles vom Verlag Duncan Baird Publishers danken, die mich ein zweites Mal angesprochen und gebeten hat, dieses Buch zu schreiben, und für ihre fortgesetzte Unterstützung während dieses Projekts. Weiter möchte ich Manisha Patel danken für das kreative Design, Rachel Conolly für das umfassende und gründliche Lektorat, Lucy McKelvie für ihre Hingabe und Leidenschaft beim Vorbereiten und Styling der Gerichte für die Fotografie, Sailesh Patel für die künstlerische Betreuung der Fotografie sowie William Lingwood für seine geschmackvollen Fotografien für dieses Buch.